中国乡村振兴与治理人才素养提升培训丛书

总主编：袁秋菊

乡村治理综合素养提升教程

主　编／袁秋菊
副主编／王鹏程　胡　欣

华中科技大学出版社
http://press.hust.edu.cn
中国·武汉

内容提要

本书深入探讨了中国乡村治理的多维视角和实践路径。首先,在"乡村治理综合理念"篇,回顾了中国从古代到现代的乡村治理模式变迁,分析了不同历史时期的乡村治理特点,讨论了乡村治理的法律基础,包括村民自治、村民委员会运行机制和农村纠纷解决机制。同时,还介绍了精准扶贫与乡村治理现代化的关系,探讨了如何通过扶贫与扶志、扶智相结合推进乡村发展。其次,在"'五位一体'综合推进乡村治理"篇,详细讨论了人才、产业、文化、生态和组织治理的策略与实践。再次,在"新时代中国乡村治理的路径"篇,聚焦人才培养、产业优化、文化构建、生态治理和组织治理的创新方法。最后,在"新时代中国乡村治理的创新路径及案例"篇,通过典型案例展示了新时代中国乡村治理的成功实践,如京山市马岭村、阳新县王英镇仙岛湖和黄陂区姚家山村的发展模式。

图书在版编目(CIP)数据

乡村治理综合素养提升教程 / 袁秋菊主编 . -- 武汉:华中科技大学出版社,2024.11. -- (中国乡村振兴与治理人才素养提升培训丛书). -- ISBN 978-7-5772-1304-0

Ⅰ.D638

中国国家版本馆 CIP 数据核字第 2024BR5033 号

乡村治理综合素养提升教程　　　　　　　　　　　　　　　　　　　袁秋菊　主编
Xiangcun Zhili Zonghe Suyang Tisheng Jiaocheng

策划编辑:周晓方　宋　焱
责任编辑:林珍珍
封面设计:廖亚萍
责任监印:周治超

出版发行:华中科技大学出版社(中国·武汉)　　电话:(027)81321913
　　　　　武汉市东湖新技术开发区华工科技园　　邮编:430223
录　　排:华中科技大学出版社美编室
印　　刷:武汉开心印印刷有限公司
开　　本:787mm×1092mm　1/16
印　　张:17.5
字　　数:359千字
版　　次:2024年11月第1版第1次印刷
定　　价:59.90元

本书若有印装质量问题,请向出版社营销中心调换
全国免费服务热线:400-6679-118　　竭诚为您服务
版权所有　侵权必究

乡村治理综合素养提升教程
编写委员会
（以姓名拼音为序）

陈靓秋	湖北商贸学院教务处处长、教授
程艳霞	武汉华夏理工学院商学院院长、教授
贺霄娟	武昌理工学院商学院副院长、教授
胡柳波	武汉东湖学院管理学院院长、教授
胡晓峰	武汉工程科技学院经济与管理学院院长、教授
黄其新	江汉大学商学院副院长、教授
雷银生	武汉轻工大学管理学院院长、教授
李　莉	武汉科技大学法学与经济学院教授
李　林	武昌首义学院经济管理学院常务副院长、教授
李　林	荆门市委组织部部务委员
刘筱红	华中师范大学中国农村研究院教授
马玉芳	武汉生物工程学院管理学院教授
王思成	湖北省人大常委会办公厅一级巡视员
吴金红	武汉纺织大学管理学院院长、教授
熊　航	华中农业大学宏观农业研究院副院长、教授
熊文杰	武汉商学院工商管理学院党委书记、教授
薛兵旺	武汉商学院旅游管理学院院长、教授
杨崇君	武汉商学院旅游管理学院党委书记、教授
袁秋菊	汉口学院学科带头人，武汉商学院武汉研学旅行研究院研究员、教授
张　立	京山市罗店镇马岭村党支部书记
赵琛徽	中南财经政法大学人力资源管理系主任、教授

序言

每个乡村都是一幅独特的画卷

乡村，浸润着丰富的人文情怀和深厚的历史积淀。它们静谧而生机勃勃，记录着世代乡村居民的生活轨迹，成为无数人的心灵寄托。在这片土地上，春播秋收交织出一幅幅耕读文明的画卷，也见证了中国社会的变迁。

随着时代的发展，乡村治理不断被赋予新的意义。它不仅是政府治理体系的延伸，更是人们对文化传承、社会和谐的深切关怀。在这个全球化进程日益加速的时代，乡村不再是封闭的自给自足之地，而是与城市同步发展的重要组成部分，承载着推进国家现代化进程的重要责任。

本教材《乡村治理综合素养提升教程》正是基于这样的背景编撰的。我们不仅关注乡村的经济发展和社会管理，更深入探讨其背后蕴藏的人文情怀和社会意义。我们从乡村治理的理念出发，希望唤起每个人对乡村文化、乡土精神的尊重和珍视，探索乡村治理与文化传承、社会进步的有机融合之道。

一、什么是乡村治理？

乡村治理不仅仅是一种行政管理的模式，而且是深入经济、社会、文化和生态等多领域的综合性工作。乡村治理关系着亿万乡村居民的生活福祉，关乎乡村社会的稳定与发展，也直接影响国家现代化进程的全面布局。从中国乡村治理的演变历程中可以看出，古代的家长制度体现了家族自治的传统，近代的乡村治理模式受到封建官僚制度和地方势力的影响，现代的集体化时期强调集体所有制和集体领导，而改革开放以来，乡村治理逐步朝着法治化、社会化和市场化方向发展，特别是乡村振兴战略的提出，推动了乡村治理理念的全面升级和实践路径的深刻变革。

乡村治理不仅涉及政府层面的决策和资源配置，更体现了乡村社区的自治精神和乡村居民的自我管理能力。在法律基础方面，村民自治权利的法律保障和村民委员会运行机制构建了乡村治理的基础框架，为乡村事务的有效处理和社区矛盾的调解提供了制度支持。在精准扶贫和乡村现代化治理方面，中国不断探索精准扶贫、精准脱贫的实践路径，并推进扶贫与扶志、扶智相结合，以确保每一位乡村居民都能享有公平、可持续的发展机会。

综合推进乡村治理体系建设需要"五位一体"（即人才治理、产业治理、文化治理、生态治理和组织治理）、协同推进。这些治理要素相互交织，共同构建乡村治理的整体框架，旨在促进乡村经济高质量发展，提升乡村居民的生活质量，保护乡村的自然生态环境。

乡村治理不仅仅是一种管理技术或制度安排，更是对乡村社会的深刻理解和真挚关怀，是对乡村文化的传承和创新的承诺。在新时代中国乡村治理的路径上，我们需要在尊重乡村自身发展规律的基础上，通过创新思维和多元参与，共同打造适应中国国情的乡村治理新模式，为实现乡村振兴战略目标贡献智慧和力量。

二、为什么要进行乡村治理？

乡村治理是中国社会发展的重要组成部分，它关乎亿万乡村居民的福祉，也是实现国家长治久安的基础。随着中国经济社会的快速发展，城乡差距逐渐拉大，乡村面临经济转型、社会结构调整、文化传承与创新、生态环境保护等多重挑战。因此，加强乡村治理，对于促进乡村经济社会全面进步、维护乡村居民权益、推动城乡融合发展、实现社会和谐稳定具有十分重要的意义。

通过有效的乡村治理，可以优化乡村发展环境，激发农民的积极性和创造性，推动农业现代化和农村产业升级，提高农民收入水平。同时，乡村治理还有助于加强基层民主建设，保障农民的知情权、参与权、表达权和监督权，促进农村政治文明建设。此外，乡村治理还涉及生态环境保护、文化教育传承等方面，对于推动可持续发展、弘扬中华优秀传统文化具有积极作用。因此，加强乡村治理是新时代中国特色社会主义事业的必然要求，是实现中华民族伟大复兴中国梦的重要基础。

三、如何进行乡村治理？

1. 深入理解和尊重乡村社区的基础和特征

乡村治理作为连接现代政治文明与千年农耕文化的桥梁，其首要之务并非简单地复制或移植城市治理模式，而是要深入理解并尊重乡村社区固有的基础和特征。乡村，这个与城市截然不同的生活空间，其社会结构紧密而富有弹性，经济发展水平虽然相对落后，但潜力巨大，文化传统深厚而多样，自然生态环境则是其最为宝贵的财富。

在乡村治理的实践过程中，我们不能仅凭一腔热情和简单的设想盲目行动。真正有效的治理，必须建立在对乡村社区的深入了解之上。这需要我们放下身段，走进田间地头，与农民朋友面对面交流，听他们讲述自己的故事和困惑。同时，还需要借助对历史文献的研究，挖掘乡村社区过去的治理经验和智慧，为今天的治理工作提供借鉴和启示。通过实地调研和深入交流，我们可以更加全面地了解乡村社区的发展现状和所面临的挑战，这不仅有助于我们把握问题的本质和症结，还能够为我们制定更加符合乡村实际、更加具有针对性的政策和措施提供科学依据。只有这样，才能真正做到因地制宜、精准施策，推动乡村治理体系和治理能力现代化，实现乡村振兴的宏伟目标。

2.在法律和制度的坚实基础上采取精准化和差异化政策措施

乡村治理的有效性依赖于法律和制度的健全与执行。在中国广袤的农村地区，法治建设如春风化雨，滋润着每一寸土地，为乡村治理注入了新的活力。村民自治权利的法律保障，如同坚固的基石，确保村民能够依法行使自己的权利，参与乡村事务的管理活动。村民委员会作为基层自治组织，其运行机制日益完善，为村民自治提供了有力的制度保障。同时，农村纠纷解决机制的建立，有效化解了矛盾，促进了农村社会的和谐稳定。这些法律方面的保障不仅确保了村民权益的合法性，更为乡村治理提供了有力支持。乡村治理是一项复杂而艰巨的任务，需要采取精准化和差异化政策措施。因为不同地区、不同乡村面临的具体问题各不相同，所以只有根据实际情况制定具体政策，有针对性地开展工作，才能取得实效。在这个过程中，精准扶贫与精准脱贫的实践经验为我们提供了宝贵的启示。通过深入了解贫困地区的实际情况，制定切实可行的帮扶措施，我们成功实现了贫困群众的脱贫致富。这充分证明了采取精准化和差异化政策措施在乡村治理中的重要作用。

3.推动"五位一体"综合治理体系的全面实施

推动"五位一体"综合治理体系的全面实施是乡村治理的关键策略之一，人才治理、产业治理、文化治理、生态治理和组织治理相辅相成、相互依存，共同构建了乡村社区的整体治理框架。在人才治理方面，需要建立适应乡村发展需求的人才培养和引进机制，以支持乡村经济和社会的可持续发展；在产业治理方面，应推动农业高质量发展，优化乡村产业结构，以提升乡村经济的竞争力和可持续性；在文化治理方面，要着重强调乡村文化的传承与创新，激发乡村居民的文化自信和认同感；在生态治理方面，主要包括保护和修复乡村的生态环境，确保资源的可持续利用和环境的良好状态；在组织治理方面，需要提升村民自治组织的运行效能和参与度，加强基层民主建设，实现社区治理的民主化和法治化。这些综合措施共同构筑了多层次、多维度的治理网络，为实现乡村社区的全面发展和乡村居民生活质量的提升奠定了坚实的基础。

4.创新驱动和实践探索

对于乡村治理,创新驱动和实践探索是实现可持续发展的关键。在当前快速变化的时代背景下,通过创新驱动和实践探索,可以为乡村社区找到适应未来发展需求的新路径和新模式。在数字经济快速发展的背景下,可以利用信息技术和互联网手段推动乡村产业发展和文化振兴。在乡村人才培养路径上,创新驱动意味着要通过多元化教育和培训手段,培养适应乡村发展需求的各类人才;在乡村产业优化路径上,创新驱动可以通过引入先进技术和管理模式,推动农业的智能化、数字化和生态化发展,培育新型农业经营主体和新兴产业,提升乡村经济的竞争力和可持续性;在乡村文化构建路径上,创新驱动强调通过文化创意产业、文化旅游等方式,挖掘和传承乡村的历史文化资源,激发乡村居民的文化创造力和参与热情,培育具有地方特色和市场竞争力的文化产品和服务;在乡村生态治理路径上,创新驱动主要体现在探索和应用新技术、新材料,加强生态环境监测和修复工作,打造乡村生态农业、生态旅游等绿色发展模式,保护和恢复乡村的自然生态系统,实现经济增长与生态保护的良性循环;在乡村组织治理路径上,创新驱动意味着要充分利用信息技术和社会化管理手段,提升村民自治组织的治理效能和服务水平,建立健全的村民自治制度和规范化运行机制,促进基层民主的深入开展和乡村社区自治能力的提升。

总而言之,创新驱动和实践探索是推进乡村治理现代化的关键路径之一。只有不断探索适应新时代需求的创新模式和路径,结合实际情况制定有效政策和措施,才能实现乡村社区的全面发展和乡村居民生活质量的提升。

前言

随着全球化和信息化时代的到来,乡村治理正面临前所未有的机遇与挑战。乡村不仅是国家治理体系的基础,更是文化传承与生态保护的重要载体。《乡村治理综合素养提升教程》正是在这样的背景下应运而生的,旨在为乡村治理工作者、研究人员以及对该领域感兴趣的读者提供一套系统的知识和技能框架,以提升乡村治理的效率和质量,推动乡村的全面发展与进步。

当前我们正处于一个快速变化的时代,经济全球化、科技进步、气候变化以及人口老龄化等因素,对乡村治理提出了新的要求。乡村治理不仅关系到农村地区的稳定与发展,更直接影响到国家的粮食安全、生态平衡和社会和谐。因此,加强乡村治理,提升治理者的综合素养,成为实施乡村振兴战略的关键一环。本教材的编写宗旨在于通过整合多学科的理论与方法,结合国内外乡村治理的实践经验,为读者提供一个全面、深入、实用的知识体系,帮助读者理解乡村治理的基本概念、原则和模式,掌握乡村治理的关键领域和核心技能,学习如何在实践中应用理论知识解决具体问题,培养创新思维和战略眼光,以应对乡村治理中的复杂挑战。

本教材获得了湖北省普通高校人文社会科学重点研究基地(培育类)湖北农业现代化与农村发展研究中心资助。分为四篇共十五章,第一篇"乡村治理综合理念"主要总结了中国乡村治理模式的变迁、乡村治理的法律基础、精准扶贫与乡村治理现代化三个方面的内容;第二篇"'五位一体'综合推进乡村治理",从人才治理、产业治理、文化治理、生态治理、组织治理五个方面进行了系统介绍;第三篇"新时代中国乡村治理的路径"主要提出了新时代中国乡村人才培养路径、产业优化路径、文化构建路径、生态治理路径和组织治理路径;第四篇"新时代中国乡村治理的创新路径及案例"分析了新时代乡村治理的创新路径,同时分享了部分乡村治理典型案例。教材由汉口学院教授、武汉商学院武汉研学旅行研究院研究员袁秋菊负责整体设计与统稿工作,以及第四章和第八章内容的编写;江汉大学王鹏程博士协助进行章节设计与统稿,并负责第九章和第十章的编写;汉口学院王博编写第一章、胡欣编写第六章和第七章、陈滢伊编写第二章和第十三章、李兰编写第五章和第十一章、杜永川编写第十二章、汪晓斌编写第十四章;武汉市人民政府研究室郭磊磊编写第三章。同时，第十五章中的京山市马岭村案例由袁秋菊、胡欣、王博、郑鸣皋共同编写，阳新县王英镇案例由习蕾编写，姚家山村案例由高燕编写。本教材在编写过程中，学习和借鉴了许多相关研究成果，引用了大量参考文献，同时得到了汉口学院教学质量工程项目"工商管理"省级培育学科、"人力资源管理"省级一流本科专业建设点、"人力资源管理课程群"省级教学团队建设的资助，在此对相关文献资料的作者、编辑、资助单位一并表示衷心感谢！

　　乡村治理是一项长期而复杂的任务，需要政府、市场、社会组织和公众的共同参与和协作。本教材适用于高校师生、乡村治理工作者、政策制定者、社区领导者、社会组织成员、学术研究人员以及对乡村治理感兴趣的广大读者阅读参考。展望未来，我们期待乡村治理能够实现以下几点：提升村民的参与度，实现乡村治理过程的民主化；利用现代信息技术，提高乡村治理的效率和透明度；平衡不同利益，促进社会公平正义，实现乡村社会的和谐稳定；注重生态保护和资源合理利用，实现乡村发展的可持续性。

　　《乡村治理综合素养提升教程》是我们对乡村治理理论与实践的一次深入探索。我们相信，通过对本教材的学习，读者能够获得宝贵的知识和启发，为推动乡村治理的进步和乡村的全面发展做出积极贡献。同时，我们也期待读者能够提出宝贵的意见和建议，共同推动本教材的不断完善和发展。

编　者

2024年6月

目录

第一篇　乡村治理综合理念

第一章　中国乡村治理模式的变迁 ···3
第一节　我国古代乡村治理模式 ···3
第二节　我国近代乡村治理模式 ··10
第三节　集体化时期的乡村治理模式 ··15
第四节　改革开放以来的乡村治理模式 ··16

第二章　乡村治理的法律基础 ··19
第一节　村民自治权利的法律保障 ··19
第二节　村民委员会运行机制 ··22
第三节　农村纠纷解决机制 ··24

第三章　精准扶贫与乡村治理现代化 ··29
第一节　决胜全面小康的攻坚之战 ··29
第二节　精准扶贫与精准脱贫的实践 ··36
第三节　推进扶贫与扶志、扶智相结合的实践 ····································42

第二篇　"五位一体"综合推进乡村治理

第四章　人才治理：构建满足乡村治理需要的人才体系 ·····························47
第一节　乡村振兴战略下乡村人才治理的意义 ····································47

第二节　我国人才治理的发展路径 ··· 51
第三节　我国乡村人才扶植培育政策 ··· 58

第五章　产业治理：推进农业的高质量发展 ··································· 66
第一节　产业治理赋能乡村振兴的背景及意义 ····························· 66
第二节　乡村产业治理的探索与实践 ··· 68
第三节　乡村产业治理的典型模式 ··· 71

第六章　文化治理：实现乡村治理的思想保障 ································· 83
第一节　乡村文化治理的内涵和特征 ··· 83
第二节　乡村文化治理的原则 ··· 88
第三节　乡村文化治理的系统结构与功能 ··································· 92

第七章　生态治理：乡村治理的重要支撑 ······································· 98
第一节　乡村生态治理的原则及要义 ··· 98
第二节　我国乡村生态治理的体制机制 ···································· 103
第三节　我国乡村生态治理的价值取向 ···································· 110

第八章　组织治理：乡村治理的保障条件 ····································· 116
第一节　组织治理在乡村治理中的作用 ···································· 116
第二节　乡村组织治理的结构形式 ··· 124
第三节　乡村组织治理的运行机制 ··· 129

第三篇　新时代中国乡村治理的路径

第九章　新时代中国乡村人才培养路径 ·· 135
第一节　提升乡村人才公共文化水平 ······································· 135
第二节　健全多元乡村人才治理体系 ······································· 138
第三节　培育乡村振兴新型职业农民 ······································· 142
第四节　引导优秀毕业生回乡任职 ··· 147
第五节　探索乡村教育的数字化转型 ······································· 150

第十章　新时代中国乡村产业优化路径··············153
 第一节　数字经济助力乡村产业高效发展··············153
 第二节　精准发力壮大乡村特色优势产业··············156
 第三节　强化顶层设计多渠道推动产业升级··············159
 第四节　借力新媒体实现乡村文化产业振兴··············165

第十一章　新时代中国乡村文化构建路径··············168
 第一节　全面强化乡村文化教育的实践环节··············168
 第二节　夯实乡村文化构建的基础保障··············176
 第三节　开展创新性文化建设和交流··············181

第十二章　新时代中国乡村生态治理路径··············187
 第一节　加强乡村生态保护与生态修复··············187
 第二节　积极推进农业循环化发展··············191
 第三节　推进乡村环境污染综合治理··············198
 第四节　建立合理的乡村生态补偿机制··············201

第十三章　新时代中国乡村组织治理路径··············207
 第一节　在壮大农村集体经济中推进组织过程··············207
 第二节　将法治理念贯穿组织治理全过程··············209
 第三节　提高村民自治组织的积极性··············213
 第四节　借助社会力量协同推进乡村组织治理··············216

第四篇　新时代中国乡村治理的创新路径及案例

第十四章　新时代中国乡村治理的创新路径··············223
 第一节　转变乡村基层政府管理职能··············223
 第二节　乡村社区自治文化环境建设··············232
 第三节　构建乡村治理良性互动机制··············237

第十五章　新时代中国乡村治理的典型案例 …………………………………241
　第一节　马岭村探索边远乡村持续发展案例 ………………………………241
　第二节　阳新县王英镇仙岛湖旅游助力乡村振兴发展案例 ………………248
　第三节　姚家山村以"红"带"绿"，引领"武汉抗战第一村"致富案例……253

参考文献 ……………………………………………………………………………259

第一篇
乡村治理综合理念

第一章
中国乡村治理模式的变迁

学习目标

1. 了解中国乡村治理模式的历史演变及其与国家政策、社会结构和文化传统的关联。

2. 理解不同历史时期乡村治理模式的特点、功能以及它们对当时社会稳定和经济发展的影响。

3. 了解改革开放以来乡村治理模式的变革过程,以及当前乡村治理模式的主要特点和发展趋势。

随着时间的推移,中国乡村治理模式经历了深刻变革的过程。从封建时代的宗族自治到现代的村民自治,再到当前的乡村振兴战略,每一种治理模式都是对时代需求的回应和适应,也是人民智慧和制度创新的结晶。本章主要从历史和现实的维度全面阐述这一复杂而丰富的主题。

第一节 我国古代乡村治理模式

我国古代乡村在历史的发展过程中形成了多种制度。这些制度在不同时期和地域有着各自的特点,形成了各具特色的乡村治理模式。

一、我国古代乡村治理模式的起源、发展与历史演变

(一)我国古代乡村治理模式的起源

在古代中国,乡村不仅是农业生产的基地,也是社会生活和文化传承的重要

场所。乡村治理模式的起源和发展，深刻影响了中国几千年的社会结构和文化传统。

古代中国的乡村治理模式起源于宗族制度。宗族是最基本的社会单位，家族长老或族长在乡村中具有极高的权威。他们不仅负责家族内部的事务，还承担着调解纠纷、维护秩序等社会职能。宗族自治的特点在于血缘关系的紧密联系和对家族荣誉的维护。尽管宗族自治在乡村治理中占据重要地位，但官府也通过设置乡官、里正等职位，对乡村进行间接治理。官府的介入，一方面加强了对乡村的控制，另一方面促进了乡村治理的规范化和法治化。

古代乡村治理模式的形成，还体现在法律与习俗的结合、土地制度与赋税制度、社会结构以及文化和宗教等方面。法律为乡村治理提供了基本的规范和框架，而习俗则反映了地方特色和社会共识，两者的结合使得乡村治理既具有权威性，又具有灵活性；土地制度与赋税制度是古代乡村治理的经济基础。从井田制到均田制，不同的土地制度反映了社会生产力的发展和阶级关系的变动。赋税制度则直接影响农民的生活水平和乡村的经济状况；士绅阶层的出现，为乡村治理带来了新的元素。士绅不仅在文化教育上发挥作用，也在乡村治理中扮演着重要角色，成为官府与农民之间的桥梁；儒家强调道德教化和礼仪规范，这对乡村治理有着积极的指导作用。道教和佛教则在精神文化层面，为乡村治理提供了支持。

总之，古代乡村治理模式的起源和演变是一个复杂的过程，它涉及宗族自治、官府介入、法律与习俗的结合、经济基础、社会结构以及文化与宗教的渗透等多个方面的因素。这些因素相互作用，共同塑造了我国古代乡村治理的基本面貌。尽管古代乡村治理模式在不同朝代有所变化，但其核心理念和价值观念延续至今，对现代乡村治理仍有重要的启示和借鉴意义。

（二）我国古代乡村治理模式的发展与历史演变

在探讨我国古代乡村治理模式的发展与历史演变时，首先需要回顾我国古代乡村的基本面貌和治理特点。从部落公社到宗法制度，再到乡约制度，我国古代的乡村治理模式经历了漫长而复杂的演变过程。这些变化不仅反映了社会结构和政治制度的演进，也展现了古人的智慧，提供了地方实践经验。

1. 中央集权与地方自治的演进

从分封制到郡县制的转变，标志着封建社会中央集权的加强，对乡村治理模式产生了深远的影响。在郡县制下，地方官员的任命和监督方式体现了中央对地方治理的直接控制，但也保留了一定程度的自治空间。随着时间的推移，中央与地方的关系不断调整，乡村治理逐渐形成了一种中央指导与地方实践相结合的模式。中央集权与地方自治的平衡，既保证了国家政策的统一执行，又兼顾了地方特色和需求。

2. 乡约村规的深化与普及

乡约村规作为乡村自治的重要组成部分，随着社会的发展而不断深化和普及。这些规定不仅涵盖村民的日常生活规范，还包括对农业生产、土地使用等经济活动的管理。乡约村规的制定和执行，体现了村民对自身事务的参与和自治能力，增强了乡村社会的凝聚力。随着法律制度的完善，乡约村规逐渐和国家法律相融合，形成了更为系统和规范的乡村治理体系。

3. 教育与文化的推动作用

教育与文化的推广对乡村治理模式的发展起到了推动作用，尤其是儒家文化的普及，为乡村治理提供了道德支撑。士绅阶层作为文化传播的主体，通过办学、讲学等方式，提高了村民的文化素养和社会责任感。教育的普及有助于提升村民对乡约村规的认识，促进了乡村治理的民主化和法治化。多样文化的引入，丰富了乡村治理的内涵，促进了社会和谐。

4. 社会各阶层的互动

社会阶层的变化对乡村治理模式产生了重要影响，崛起的士绅阶层在乡村治理中扮演了积极的角色。士绅阶层通过参与乡约村规的制定、经济活动的组织、文化传播活动等，影响了乡村治理的方向和效果。社会各阶层之间的互动，形成了复杂的社会关系网。这些关系网在乡村治理中发挥了协调和平衡的作用。社会各阶层的互动反映了乡村治理的多元性和包容性，为乡村的和谐与稳定提供了社会基础。

5. 经济制度与赋税政策的调整

经济制度与赋税政策的调整对乡村治理模式产生了直接影响，尤其是在土地制度和税收方式的变革上。土地制度的调整，如均田制、占田制等，旨在保障农民的土地权益，减少社会矛盾，促进了乡村社会的稳定。赋税政策的调整，如减轻农民负担、调整税收方式等，直接影响到农民的经济状况和乡村的财政健康。经济制度与赋税政策的调整，需要乡村治理模式同步进行相应的调整，以确保经济政策的顺利实施，便于社会秩序的维护。

二、古代乡村治理模式的特点

古代乡村治理模式是我国古代社会治理的重要组成部分，其特点主要体现在制度、组织、功能等方面。

（一）制度的特点

古代乡村治理模式的制度特点主要体现在其乡绅阶层和很强的等级性。在古代，我国乡村治理的权力主体是乡绅，乡绅一般是当地家庭富裕的人或德高望重的人。乡绅有权管理当地的公共事务，如维护社会秩序、调解纠纷、管理土地等。乡绅的权力是受到当时官府认可的，其治理行为也必须符合当时官府的法律和规定。古代乡村治理模式具有很强的等级性，不同等级的人有不同的职责和权力。

（二）组织的特点

古代乡村治理模式的组织特点主要体现在其具有很强的层级性，分工明确。在古代中国，乡村治理的组织结构是由乡绅、乡村官员、里正、甲首等不同级别的官员组成的。这些官员在各自的职责范围内有着明确的分工，如乡绅负责管理乡里的公共事务，乡村官员负责管理土地、税收等具体事务，里正和甲首则负责维护当地的治安和秩序。各级官员必须服从上级官员的指挥。

（三）功能的特点

古代乡村治理模式的功能特点主要体现在其具有维护社会秩序、保障农业生产、调节社会矛盾等功能。在古代中国，乡村治理的主要目的是维护社会秩序，保障农业生产，调节社会矛盾。乡绅和乡村官员在维护社会秩序方面起着重要的作用，他们通过调解纠纷、打击犯罪等手段来维护当地的治安。在保障农业生产方面，乡村治理模式有着重要的意义，它可以通过管理土地、制定农业政策等手段来促进农业生产的发展。此外，乡村治理模式还可以通过调解家庭纠纷、土地纠纷等来缓解社会矛盾。

总之，古代乡村治理模式的特点主要体现在乡绅阶层和很强的等级性、层级性，以及维护社会秩序、保障农业生产、调节社会矛盾等方面。这些特点使得古代乡村治理模式具有很强的适应性和生命力，成为中国古代社会治理的重要组成部分。[①]

---

① 张健.中国社会历史变迁中的乡村治理研究[D].咸阳：西北农林科技大学，2008.

三、古代乡村治理模式的影响

古代乡村治理模式的主要特点是以"家国同构"为核心,强调"以德治国""以民为本""以法治国"。在这种模式下,乡绅、里长和村民委员会等组织扮演着重要的角色,乡绅和里长作为乡里之长,不仅负责管理乡里事务,还要负责维护社会秩序、调解纠纷、处理犯罪等事务。村民委员会则是由村民自行组成的组织,负责管理村庄内部的公共事务和维护村庄秩序。在这种模式下,乡绅和里长等人不仅需要具备较高的道德品质和治理能力,还需要具备丰富的法律知识和行政经验。

古代乡村治理模式对中国历史发展的影响主要体现在维护社会稳定和促进经济发展两个方面。

在维护社会稳定方面,古代乡村治理模式通过乡绅和里长等人的管理和调解,有效地维护了乡里之间的和谐关系,减少了乡里之间的矛盾和纠纷。这种治理方式强调以德治国和以民为本,乡绅和里长等人具备较高的道德品质和治理能力,能够有效地调解纠纷和处理犯罪。在这种模式下,乡里之间的和谐关系得到了有效的维护,社会稳定得到了保障。

相关案例:
古代乡贤在乡村建设中的作用

在促进经济发展方面,古代乡村治理模式强调"以民为本"和"以法治国",乡绅和里长等人具备丰富的法律知识和行政经验,能够有效地维护村庄内部的秩序和公正。这种治理方式不仅有利于维护社会稳定,还有利于促进经济发展。

总之,古代乡村治理模式对中国历史发展产生了深远的影响。这种治理方式强调"以德治国""以民为本"和"以法治国",乡绅和里长等人具备较高的道德品质和治理能力,能够有效地维护乡里之间的和谐关系,减少乡里之间的矛盾和纠纷,维护社会稳定,同时促进社会经济发展。

四、古代乡村治理模式演变的原因与影响

古代乡村治理模式是中国古代社会政治制度的重要组成部分,其演变过程受到多种因素的影响。

(一)政策因素

推动古代乡村治理模式演变的一个重要因素是政策。随着历史的推移,政策的变化对乡村治理模式产生了深刻的影响。例如汉朝实行的"乡里制",唐朝实行的

"县里制",都对乡村治理模式产生了重要的影响。这些政策的实施,推动了乡村治理模式的演变。

(二)制度因素

古代乡村治理模式的演变还受到制度因素的影响。例如,唐朝实行的三级(县、乡、里)行政管理制度,对乡村治理模式产生了重要的影响,有效地推动了乡村治理模式的演变。

(三)文化因素

古代乡村治理模式的演变还受到文化因素的影响。例如,儒家思想是古代乡村治理模式演变的重要思想基础。儒家思想强调"仁政""民本",对乡村治理模式产生了深远的影响。儒家思想的普及和传承,推动了乡村治理模式的演变。

总之,古代乡村治理模式演变的原因是多方面的,包括政策、制度、文化等因素。政策的实施、制度的建立、文化的传承和普及对乡村治理模式演变起到了重要的推动作用。

五、古代乡村治理模式对当代乡村治理的启示和借鉴

(一)古代乡村治理模式对当代乡村治理的启示

古代乡村治理模式是我国古代社会基层治理的重要组成部分。这一模式经历了漫长的发展演变过程,在政府与民众的互动、基层组织的建设等方面具有显著的特点。[1]

首先,强调政府与民众的互动。在古代,政府对乡村的治理主要依靠乡绅、里正等基层组织。这些基层组织既是政府的代表,也是社会的领袖。乡绅、里正等基层组织在治理乡村时,既要服从政府的指挥,又要关注民众的需求和利益。这种政府与民众的互动,不仅有助于政府更好地了解乡村的情况,也有助于民众更好地参与乡村治理,形成政府和民众共同治理的局面。

其次,注重基层组织的建设。在古代,乡绅、里正等基层组织是乡村治理的重要力量,它们不仅具有行政职能,还具有社会职能,如调解纠纷、维护治安、管理

---

[1] 谢东升,张华.我国乡村治理模式的历史演进及启示[J].现代经济信息,2015(5):43-44.

教育等。乡绅、里正等基层组织在治理乡村时，需要具备一定的专业知识和技能。这些专业知识和技能的掌握，需要通过基层组织的建设来实现。这种基层组织的建设，不仅有助于提高乡村治理的效率和质量，也有助于培养乡村治理的人才，为当代乡村治理提供借鉴和启示。

最后，强调民主和公正。在古代，乡绅、里正等基层组织在治理乡村时，需要遵循一定的规则和程序，如选举、议事、决策等。这些规则和程序的制定，需要充分考虑乡村的实际情况和需求，如土地分配、税收政策、教育资源等，同时也要保证民主和公正原则得以体现。这种民主和公正原则，不仅有助于提高乡村治理的合法性和稳定性，还有助于保障乡村居民的权利和利益，为当代乡村治理提供了借鉴和启示。

在当代乡村治理中，我们可以充分借鉴古代乡村治理模式的优点，也要根据当代乡村治理的实际情况，探索和创新适合当代乡村治理的模式，以更好地服务于乡村居民，促进乡村的和谐发展。①

（二）古代乡村治理模式对当代乡村治理的借鉴意义

古代乡村治理模式是中国历史上长期形成的一种治理方式，它在中国乡村社会的发展中发挥了重要作用。对当代乡村治理而言，古代乡村治理模式具有重要的借鉴意义。

首先，古代乡村治理模式强调政府的主导作用。在古代，乡村治理的主体是政府，政府通过设立乡绅、里正等来管理乡村事务。在当代乡村治理中，政府仍然应该发挥主导作用，通过制定和实施相关政策来推动乡村治理。政府可以加强对乡村治理的指导和监督，确保乡村治理的规范性和有效性。

其次，古代乡村治理模式强调社会参与。社会参与可以提高乡村治理的效率和质量，增强乡村治理的公正性和包容性。在古代，乡村治理的参与者除了政府官员之外，还包括乡绅、里正等力量。在当代乡村治理中，应该鼓励和引导社会力量参与乡村治理。

最后，古代乡村治理模式强调和谐稳定的乡村秩序。和谐稳定的乡村秩序是乡村治理的基础和前提，只有维护乡村的和谐稳定，才能实现乡村治理的长期稳定和发展。在古代中国，乡村治理的目的是维护乡村的和谐稳定，促进乡村的经济发展和社会进步。在当代乡村治理过程中，我们更应注重维护乡村的和谐稳定，促进乡村的经济发展和社会进步。

---

① 王馨，赵鑫.中国乡村治理模式历史演进及启示[J].三晋基层治理，2022（10）：26-30.

第二节 我国近代乡村治理模式

在波澜壮阔的中国近代史中，乡村作为社会的基本单元，其治理模式的演变反映了国家政治经济的深刻变革，是理解中国社会发展的关键。自19世纪中叶以来，随着外来势力的冲击和内部社会结构的变动，中国的乡村治理经历了从封建宗法到现代法治的转型。本节主要探讨这一转型过程中的乡村治理模式，分析其特点、成因以及对当代乡村治理的启示。

一、乡村治理的历史沿革

（一）封建时期的乡村治理

封建时期的乡村治理是中国历史上一个复杂而丰富的主题，其核心是宗法制度和地方乡绅的作用。在这一时期，乡村治理体系深深植根于儒家思想，强调家族、血缘和地缘关系的重要性。

一是宗法制度的影响。宗法制度是封建社会乡村治理的基础，它规定了家族成员之间的权利和义务，并要求敬重祖先。家族中的长辈或族长通常拥有决策权，他们负责维护家族的秩序和荣誉，同时在一定程度上影响着乡村的治理。宗法制度下，家族内部的纠纷往往通过内部调解解决，对外部权力的依赖较小。

二是地方乡绅的作用。乡绅作为封建社会中的知识分子和地方精英，在乡村治理中扮演着重要角色。乡绅通常受过良好的教育，拥有一定的社会地位和影响力。他们不仅在文化教育上有所贡献，还在乡村的经济发展、纠纷调解乃至地方治安中发挥着重要作用。乡绅通过自身的威望和知识，协助维护乡村的稳定和秩序。

三是官府与乡村的关系。尽管宗法和乡绅在乡村治理中起着重要作用，但官府的影响也不容忽视。官府通过设置地方官员，如县令、知府等，对乡村进行间接管理。这些官员担负征收赋税、维护地方治安、执行法律等职责。然而，由于交通和通信方面的限制，官府对乡村的直接控制力度有限，很多时候依赖于地方乡绅的协助。

封建时期的乡村治理具有以下几方面的特点。

首先，家族自治。家族内部事务主要由家族成员自行解决，体现了自治的精神。

其次，乡绅领导。乡绅以其学识和社会地位，成为乡村治理的领导者和协调者。

再次，官府监督。官府通过地方官员对乡村进行监督和管理，但直接干预较少。

最后，文化影响。儒家文化对乡村治理有着深远的影响，强调道德教化和社会责任。

封建时期的乡村治理是一个多层次、多维度的体系，它融合家族自治、乡绅领导和官府监督等多种元素。这种治理模式在一定程度上保证了乡村的稳定和发展，但也存在诸多局限性，如权力过于集中、缺乏有效的法律制度支持等。随着历史的演进，这种治理模式逐渐被新的治理体系取代，但其留下的治理智慧仍然值得我们深入研究和思考。

（二）近代转型期的特点

近代转型期的中国乡村治理充满变革与挑战。随着封建社会的解体和外来势力的冲击，乡村治理模式经历了深刻的变革过程。

一是外来势力的介入。19世纪中叶以后，随着鸦片战争的爆发和不平等条约的签订，西方列强对中国乡村治理产生了深远的影响。西方的法律、教育和宗教等逐渐渗透到中国乡村社会，与传统的治理模式产生了冲突和融合。

二是政治变革的影响。晚清至民国时期，中国政治经历了从帝王制到共和制的转变。这一变革对乡村治理产生了直接的影响。一方面，中央政府试图加强对乡村的控制，推行新政，如进行土地改革、普及教育等；另一方面，政治动荡和军阀割据导致中央对乡村的控制力减弱，地方势力和社会组织的作用日益凸显。

三是乡村自治的尝试。在近代转型期，乡村自治成为一种新的治理尝试。一些地方开始实行村民自治，通过选举产生村长或村议会，参与乡村事务的决策和管理。这种自治模式在一定程度上提高了农民的参与意识和自治能力，但也面临诸多挑战，如农民文化水平不高、自治经验不足等。

四是土地改革的推进。土地问题是近代中国乡村治理过程中的核心问题之一。在这一时期，政府试图通过土地改革来解决土地分配不公和农民贫困问题。从太平天国的"天朝田亩制度"到近代的"二五减租"，各种土地改革方案层出不穷，但往往出于种种原因而难以彻底实施。

五是农民运动的兴起。随着社会矛盾的激化，农民运动在近代中国逐渐兴起。义和团运动的推动使农民以更积极的姿态参与到乡村治理中来，争取自己的权益。这些运动在一定程度上推动了乡村治理的变革，但也带来了新的矛盾和冲突。

虽然这一时期的乡村治理面临诸多困难和挑战，但也为中国乡村治理的现代化积累了宝贵的经验。在这一过程中，我们可以看到中国乡村社会从传统走向现代的艰难历程，以及农民在这一过程中的觉醒和抗争。这段历史对于我们今天理解和推进乡村治理现代化也具有重要的启示意义。

(三）民国时期的治理模式

民国时期的乡村治理模式是在动荡和变革中逐渐形成的。这一时期的乡村治理具有以下几个显著特点。

一是国家与地方权力的博弈。民国时期，中央政府试图加强对乡村的控制，但由于军阀割据和政治动荡，其对乡村的实际控制力有限。地方政府和地方势力在乡村治理中扮演着重要角色。地方官员、乡绅、宗族领袖等地方精英在维护乡村秩序、调解纠纷、征收赋税等方面发挥了重要作用。

二是乡村自治的实践。民国时期，中央政府提倡乡村自治，试图通过村民自治来提高农民的参与意识和自治能力。一些地方开始实行村民自治，通过选举产生村长或村议会，参与乡村事务的决策和管理。然而，由于文化水平、经济基础和政治环境的限制，乡村自治的实践并不普遍，效果也参差不齐。

三是土地改革的尝试。土地问题是民国时期乡村治理过程中的核心问题。政府和社会各界都试图通过土地改革来解决土地分配不公和农民贫困问题。从北洋政府的土地改革到近代的"二五减租"，各种土地改革方案层出不穷。这些改革在一定程度上缓解了农民的负担，但由于地方势力阻挠、改革执行不力等，土地问题并未得到根本解决。

四是农民运动的兴起。随着社会矛盾的激化，农民运动在民国时期逐渐兴起。农民开始以更积极的姿态参与到乡村治理中来，争取自己的权益。从北伐战争时期的农民运动到抗日战争时期的农民抗日救国运动，农民运动在一定程度上推动了乡村治理的变革，但也带来了新的矛盾和冲突。

五是教育与文化的推广。民国时期，政府和社会各界开始重视乡村教育和文化建设，试图通过提高农民的文化素质来进行乡村治理。新文化运动和乡村建设运动等都对乡村教育和文化建设产生了积极影响。然而，由于经济基础和教育资源的限制，乡村教育和文化建设的推进并不顺利。

总之，民国时期的乡村治理是在国家与地方权力博弈、乡村自治实践、土地改革尝试、农民运动兴起和教育文化推广等多重因素的交织下逐步形成的。这一时期的乡村治理虽然取得了一定的进展，但也面临诸多困难和挑战。

二、近代乡村治理的主要模式

（一）官僚制度下的乡村治理

官僚制度下的乡村治理是民国时期乡村治理的一个重要方面，它体现了国家权力对乡村社会的渗透和控制。这一制度在维护乡村秩序、推动经济发展和社会变革方面发挥了重要作用，但同时也存在不少问题和局限性。

民国时期的官僚制度在乡村治理中表现为政府对乡村事务的直接介入和管理。政府通过设立县、乡、村等行政区划，派遣官员负责地方治理。这些官员通常受过正规的教育和训练，具有一定的行政管理能力。他们负责征收赋税、维护治安、推行管理政策等，是国家权力在乡村的代表。在官僚制度下，征收赋税是乡村治理的重要组成部分。政府通过地方官员征收各种赋税，如田赋、丁税、商税等，以维持国家财政和支持政府运作。然而，征收赋税往往加重了农民的经济负担，特别是在战乱频发、经济困难时期，农民的负担更是沉重。官僚制度下的乡村治理还包括治安维护和法律执行。地方官员负责维护乡村的社会治安，打击犯罪活动，保护人民群众的生命财产安全。同时，他们还负责执行国家的法律和政策，处理社会纠纷和诉讼。然而，由于司法体系不完善和官员素质参差不齐，法律执行过程中往往存在不公和腐败现象。

民国时期，政府试图通过官僚制度推行一系列社会改革政策，如土地改革、教育普及、卫生改善等，以促进乡村的经济社会发展。这些政策在一定程度上改善了农民的生活条件，提高了农民的文化素质，但也面临着执行难度大、执行效果有限等问题。

总之，官僚制度下的乡村治理虽然在一定程度上维护了乡村的稳定和发展，但也存在不少问题和局限性。首先，官僚体制往往存在效率低下、腐败严重等问题，影响了政策的有效执行。其次，官僚制度下的乡村治理往往忽视了农民的主体地位和参与意愿，导致农民对政府不满和抵触。最后，官僚制度下的乡村治理难以适应乡村社会的多样性和复杂性，难以满足不同地区、不同群体的需求。

（二）乡绅自治模式

乡绅自治模式是近代中国乡村治理中的一个独特现象，它体现了地方精英在乡村社会中的重要作用和影响力。乡绅作为乡村社会中的知识分子和经济领袖，在维护乡村秩序、推动社会进步和促进地方发展方面发挥着关键作用。

乡绅通常受过良好的教育，具有较高的文化素养和社会地位。他们可能是退休官员、地方士绅或有学问的地主。由于其学识和社会地位，乡绅在乡村社会中有较高的威望，他们的言行对乡村治理有着重要的影响。在乡绅自治模式下，乡村社会逐渐形成了各种自治组织，如乡约、保甲、宗族组织等。这些组织在乡绅的领导下，负责处理乡村的日常事务，如纠纷调解、公共设施维护、节日庆典等。这些自治组织在一定程度上减轻了政府的负担，提高了乡村治理效率。

相关案例：近代乡绅在乡村建设中的作用

乡绅在乡村治理中的一项重要职责是纠纷调解。他们利用自己的威望和智慧，调解村民之间的矛盾和冲突，维护乡村的和谐与稳定。乡绅的调解往往基于传统的道德规范和社会习俗，具有较强的权威性和有效性。乡绅在乡村教育和文化传播方面也发挥了重要作用。他们兴办私塾、书院，传授儒家经典和现代知识，提高村民的文化素养。同时，乡绅还通过举办各种文化活动，如戏剧表演、庙会等，传播先进的思想和文化，促进乡村社会的开放和进步。乡绅还积极参与乡村的经济发展和社会服务。他们投资农业、手工业和商业，推动乡村经济繁荣。同时，乡绅还建立慈善机构或医疗机构等，为村民提供社会服务，改善村民的生活条件。

尽管乡绅自治模式在乡村治理中发挥了积极作用，但也存在一些局限性。首先，乡绅的领导地位往往基于其经济和文化优势，可能导致权力的不平等分配和社会阶层固化。其次，乡绅的治理理念和方法可能过于保守，难以适应快速变化的社会需求。最后，乡绅自治模式在面对外部冲击和内部矛盾时，可能缺乏足够的应对能力和创新精神。

（三）农村改革实践

农村改革实践是一系列旨在解决农村问题、改善农民生活条件、推动农村社会进步的尝试。这些改革实践在不同历史时期、不同地区呈现多样化的特点，但共同目标是促进农村的现代化和社会的公平正义。

第一，土地改革是农村改革实践的核心内容。面对封建土地所有制带来的严重社会问题，如土地集中、农民贫困等，改革者试图通过重新分配土地、限制地租等措施，实现土地的公平利用和农民的经济解放。例如，"平均地权"思想、"二五减租"政策，都是我国在近代进行土地改革的重要尝试。

第二，近代农村改革实践关注农业的现代化。改革者通过引进现代农业技术、改进耕作方法、推广良种，提高农业生产效率。同时，建立农业合作社、农业银行等机构，为农民提供技术支持和金融服务，促进农业的规模化和集约化经营。

第三，农村改革实践包括对农民的教育和促进农民文化水平的提升。改革者认为，提高农民的文化素质和科技知识是实现农村现代化的关键。因此，在农村地区兴办学校、开展"扫盲"运动、推广卫生知识等，成为改革的重要内容。这些措施有助于提高农民的自我发展能力，增强他们对现代生活方式的适应性。

第四，农村改革实践还涉及社会组织的创新和自治实践。改革者鼓励农民自发组织合作社、互助会等，通过集体行动解决农民生产、生活中的困难。这些组织不仅提高了农民的组织化程度，也培养了他们的自治意识和参与精神。

第五，在一些农村改革实践中，妇女的解放和性别平等得到重视。改革者推动妇女参与农业生产、接受教育、参与社会活动，以打破传统的性别角色分工，提高妇女的社会地位。

尽管这些农村改革实践在理念上具有前瞻性，但在实际推进中面临诸多挑战，包括改革政策的执行力度不足、地方势力的阻挠、农民的传统观念难以改变等。这些挑战使得一些改革措施难以落地生根，效果有限。因此，改革者需要不断反思和调整策略，以适应农村社会的实际情况。

第三节　集体化时期的乡村治理模式

集体化时期是中国历史上一个特殊阶段，这一时期的乡村治理模式具有深刻的社会影响和复杂的治理特点。

一、集体化时期的政策背景与实施

集体化时期的乡村治理模式是在中国共产党领导下，为了实现农业现代化和社会主义改造而推行的一系列政策、采取的一系列措施。这一时期开始于20世纪50年代，以人民公社化运动为标志，一直持续到20世纪70年代末改革开放前夕。

集体化政策的实施，首先是通过互助组和初级合作社的形式，将个体农户的土地、农具和牲畜集中起来，实行统一管理和集体劳动。随后，这些初级合作社逐步合并为高级合作社，最终形成了人民公社。人民公社是集体化时期乡村治理的最高组织形式，它不仅负责农业生产的组织和管理，还承担乡村的政治、经济、文化和社会事务。集体化政策的实施在当时对于提高农业生产效率、促进农村经济发展具有重要意义。通过集体劳动和统一管理，可以更有效地利用土地资源，提高农业机械化和现代化水平。同时，集体化政策也有助于缩小城乡差距，实现农村社会的公平和正义。

然而，集体化政策的实施也面临着诸多挑战和问题。由于缺乏有效的激励机制和科学的管理方法，集体化农业生产往往存在效率低下、资源浪费等问题。此外，集体化政策的强制性和"一刀切"的做法，也引发了一些农民的抵触和不满情绪。

二、集体化时期的乡村治理结构

集体化时期的乡村治理结构以人民公社为核心，形成了一个高度集中和统一的管理体系。人民公社下设生产大队和生产队，分别负责不同规模的农业生产和管理。

生产队是集体化时期最基本的生产和管理单位，由数十户农民组成，负责组织农民的集体劳动，分配生产任务，记录工分，以及管理生产资料和生活服务设施。生产队的领导通常是政治觉悟高、生产能力强的农民。生产大队则是由若干生产队组成的更高一级的管理单位，负责协调和管理更大范围内的农业生产和乡村事务。生产大队的领导通常由公社党委任命，具有较高的政治权威和管理能力。人民公社则是集体化时期乡村治理的最高组织形式，它不仅负责农业生产的组织和管理，还负责乡村的政治、经济、文化和社会事务。人民公社的领导由上级党委任命，在当地具有最高决策权和指挥权。

集体化时期的乡村治理结构具有高度集中性和统一性，有利于实现农业资源的集中利用和统一调度。然而，这种治理结构也存在一些问题，如过度集中的权力容易导致官僚主义和腐败、缺乏有效的民主监督和参与机制、农民的主体地位和创造性得不到充分发挥等。

第四节 改革开放以来的乡村治理模式

自1978年改革开放以来，我国乡村治理经历了从传统计划经济体制向市场经济体制转变的过程，治理方式也在不断创新与完善。

一、改革开放以来乡村治理的演变历程

（一）计划经济体制下的乡村治理（1978—1992年）

改革开放初期，我国乡村治理仍然沿袭计划经济体制下的管理模式。在这一阶段，乡村治理的主要任务是完成国家下达的各项经济指标，如粮食产量、集体收入等。乡村干部负责组织和协调农业生产，解决农村经济问题。同时，乡村治理还涉及社会事务，如计划生育、社会治安等。

（二）社会主义市场经济体制下的乡村治理（1992—2012年）

随着社会主义市场经济体制的确立，乡村治理逐步从计划经济体制向市场经济体制转变。这一阶段，乡村治理的主要任务不再是完成国家下达的经济指标，而是促进乡村经济的发展和农民增收。乡村干部开始重视农村产业结构的调整，鼓励农民发展个体经济，以增加收入。此外，乡村治理开始引入市场机制，通过政策引导、市场竞争等手段，提高农村经济效益。

(三)全面深化改革背景下的乡村治理(2012年至今)

随着我国全面深化改革的推进,乡村治理也在不断变革。在这一阶段,乡村治理的主要任务是实现乡村全面发展和进步。乡村干部需要统筹城乡发展,推动乡村基础设施建设,提高乡村公共服务水平。此外,乡村治理还需要解决乡村社会问题,如环境保护、土地流转、农民权益保障等。在这一阶段,乡村治理逐渐呈现系统化、法治化、民主化等特点。[1]

二、改革开放以来的乡村治理模式变革

改革开放以来的乡村治理模式经历了深刻的变革,这些变革不仅影响了农业生产方式,也重塑了农民的生活方式和社会结构。

(一)家庭联产承包责任制的实施

家庭联产承包责任制是中国改革开放初期在农村推行的一项重要政策,它标志着从集体化向个体化的转变。这一制度将土地承包给农户,农户自主经营、自负盈亏,这极大地激发了农民的生产积极性。在这一制度下,农民获得了土地的使用权,可以根据市场需求自主决定种植作物的种类和数量。这种制度的实施,使得农业生产效率得到显著提高,农产品的产量和多样性大大增加。同时,农民的生活水平也得到了改善,农村地区的经济活力得到了增强。然而,家庭联产承包责任制也带来了一些新的问题和挑战。例如,土地的分散化经营导致农业规模化、集约化程度不高,农业生产的组织化程度较低。此外,随着农村劳动力向城市转移,一些地区出现了土地闲置和农村人口老龄化的问题。

(二)乡村治理结构的变革

改革开放以来,乡村治理结构也发生了重大变革。随着农村集体经济组织的弱化,村民自治成为乡村治理的重要形式。村民委员会成为基层自治组织,负责处理村内公共事务和公益事业。村民自治的实施,增强了农民的民主意识和参与意识,提高了乡村治理的透明度和公正性。农民可以通过选举等方式参与乡村治理活动,对村内事务有更多的发言权和决策权。但是,村民自治在实践中也面临一些困难和挑战。例如,一些地区的村民自治组织功能不健全,民主选举和决策机制不够完善。

---

[1] 佟雪莹.推进我国乡村治理现代化的路径选择[J].知与行,2018(1):21-25.

此外，随着农村社会结构的变迁，如何适应新的社会需求，构建有效的乡村治理结构，成为亟待解决的问题。

（三）农业产业化和现代化的推进

改革开放以来，中国农业经历了从传统农业向现代农业的转变。农业产业化和现代化成为推动农业发展的重要方向。通过引进现代农业技术、推广农业机械化、发展农业科技等措施，农业生产效率和农产品质量得到了显著提升。农业产业化的发展，促进了农业与第二、三产业的融合，形成了多元化的农业经营体系。农民不再仅仅依赖土地种植，还可以通过参与农产品加工、销售等环节，增加收入。然而，农业产业化和现代化的推进也面临一些挑战。例如，农业资源的合理配置、农业生态环境的保护、农产品市场的风险管理等，都需要在推进农业现代化的过程中予以重视和解决。

（四）农村社会结构和文化的变化

改革开放以来，随着经济的发展和政策的变革，农村社会结构和文化也发生了深刻的变化。农村劳动力的流动、农村人口结构的变化、农村教育和文化事业的发展，都对乡村治理产生了重要影响。农村劳动力向城市和非农产业的转移，促进了农村地区的经济发展和社会进步，但同时也带来了农村地区的空心化、老龄化等问题，对乡村治理提出了新的挑战。农村教育和文化事业的发展，提高了农民的文化素质和科技知识，为乡村治理提供了人才和智力支持。但是，农村社会结构和文化的变化也带来了一些新的问题。例如，农村地区的传统价值观念和生活方式受到冲击，农村社会的道德建设和文化建设面临新的挑战。如何在变革中保持农村社会的稳定和谐，成为乡村治理需要考虑的重要问题。

思考题

1. 中国乡村治理模式在不同历史时期的主要特点是什么？
2. 影响中国乡村治理模式变迁的关键因素有哪些？

第一章思考题
参考答案

第二章
乡村治理的法律基础

 学习目标

1. 了解村民基层自治权利的法律保障,这包括良法善治、乡村治理法治化,以及乡村振兴和基层群众自治的制度安排。
2. 认识村民委员会运行的法律机制,了解其发展历史、发展过程,以及相关法律的监督作用。
3. 认识农村纠纷解决机制和农民权益保障机制,认识农村社会纠纷问题,以及新时代农村纠纷的主要特征和解决纠纷的机制。

在我国一系列政策文件中,法治建设在乡村振兴战略中具有相当重要的地位。法治建设不仅是实现乡村治理现代化的基本路径,也是提升乡村社会文明程度的关键因素。

第一节 村民自治权利的法律保障

一、乡村振兴与"良法善治"

法治建设不仅为乡村振兴提供了清晰的指导和准则,也确保健全的法律体系和良好的治理方案得以落实。乡村振兴的过程深受乡村文化以及乡村社会规范的影响。社会规范实际上是对人们思维和行为模式的一种约束和引导,既合理又高效的社会规范能够促进社会和谐与稳定,并对社会各方面产生积极的推动作用。过时的社会规范与教条有可能催生社会不平等现象,引发社会危机,阻碍社会发展和进步。农民在长期的生活和社交活动中逐步形成了一套稳定的行为规范,这些行为规范已经

成为在社会上被广泛接受的行为标准。在推动乡村振兴的过程中，法律的规范性作用还需要进一步加强。

亚里士多德认为，法治是代表公众可以普遍遵守法律，法律应该经过深思熟虑和适当的制定。法治不仅仅是社会公平和正义的核心理念，它同样构成了明确人们权利和义务的基石。法治不只是促进村民自治和达到高品质法律管理的关键标准，同时也是其主导原则。因此，加强农民的法治教育，提升乡村治理的法治化水平，对于推进乡村全面振兴具有极其重要的意义。

二、乡村振兴与乡村治理法治化

乡村振兴不仅需要人力和物力的全面支持，还必须依赖于科学有效的政策制定和执行机制，以确保人力和物力能够充分发挥其潜能。《中华人民共和国乡村振兴促进法》（以下简称《乡村振兴促进法》）第3条明确指出："促进乡村振兴应当按照产业兴旺、生态宜居、乡风文明、治理有效、生活富裕的总要求，统筹推进农村经济建设、政治建设、文化建设、社会建设、生态文明建设和党的建设，充分发挥乡村在保障农产品供给和粮食安全、保护生态环境、传承发展中华民族优秀传统文化等方面的特有功能。"

相关案例：
乡村治理法治化

在乡村振兴的宏伟蓝图中，所涉及的议题相当复杂，因此构建一个有序的标准框架显得尤为重要。乡村振兴的核心理念是维护农民的基本权益，而"以农民为中心"的指导原则构成了这一理念的坚实逻辑基础，为乡村振兴的全面推进提供了方向。《乡村振兴促进法》第4条强调，实施乡村振兴战略要坚持农民主体地位，充分尊重农民意愿，保障农民民主权利和其他合法权益，调动农民的积极性、主动性、创造性，维护农民的根本利益。法治不仅是政治文明在日常社会互动中的直接体现，也是人们追求更高生活品质的坚实基础。通过法治的推动，社会秩序得到了有力维护，公平和正义得到了切实执行，同时民众的福祉也得到了保障。正如德国法律学者萨维尼所强调的，法律本身并不能实现真正的和谐与统一，相反，它的核心价值深深植根于人们的日常生活。在追求"良法善治"和"规范治理"的法治化进程中，我们应充分利用相关优势，在乡村的具体社会实践中展示其独特的风采和魅力，以推动乡村法治建设稳步前进。

三、乡村振兴与基层群众自治制度

我国真正意义上的乡村自治始于1982年12月4日颁布的《中华人民共和国宪法》（以下简称1982年宪法），其正式建立了中国特色的基层乡村自治制度，打破了人民公社体制下"政社合一"的局面，建立起政社分开的乡镇政权体制。按照其规定，城市和乡村按居民居住地区设立的居民委员会或者村民委员会是基层群众性自治组织。①这以国家根本大法的形式确认了村民委员会的性质和地位。在此过程中，家庭联产承包责任制的逐步推行为乡镇基层政权的变革提供了重要的经济基础，使得人民公社体制从成为发展农村生产力的束缚到逐渐被瓦解。

1987年11月，第九届全国人民代表大会常务委员会第五次会议通过了《中华人民共和国村民委员会组织法（试行）》（以下简称《村民委员会组织法（试行）》），其对乡村自治的相关问题做出了更加细致的规定，使乡村自治走上了法治化轨道。《中华人民共和国村民委员会组织法》（以下简称《村民委员会组织法》）于1998年和2010年分别进行了修订，使乡村自治逐渐走向规范化，适应了新形势下乡村基层建设的任务，并确定了党的基层组织在乡村自治中的地位。

党的十七大报告坚持把发展社会主义民主政治作为我党和国家工作的关键，并将基层民主作为发展社会主义民主政治的基础性工程重点推进；党的十八大报告提出，人民民主不断扩大，民主制度更加完善，民主形式更加丰富，人民积极性、主动性、创造性进一步发挥；党的十九大报告进一步强调，发展社会主义民主政治，巩固基层政权，完善基层民主制度，保障人民知情权、参与权、表达权、监督权；党的二十大报告指出，积极发展基层民主，基层民主是全过程人民民主的重要体现，健全基层党组织领导的基层群众自治机制，加强基层组织建设，完善基层直接民主制度体系和工作体系，增强城乡社区群众自我管理、自我服务、自我教育、自我监督的实效。党的十八大以来，中国的法治化和现代化进程进入新时代，乡村治理与自治也随之迈入新时代，每年的中共中央"一号文件"都将"三农"问题作为主题，把健全村民自治机制、构建新型乡村治理体系确定为重点任务之一。②2018年1月2日发布的《中共中央 国务院关于实施乡村振兴战略的意见》强调，乡村振兴，治理有效是基础，同时提出坚持法治为本，树立依法治理的理念，强化法律在维护农民权益、规范市场运行、农业支持保护、生态环境治理、化解农村社会矛盾等方面的权威地位。同年，《村民委员会组织法》的修订，将村民委员会每届的任期由3年改为5年，并强调党的核心领导作用，以及进一步完善新时代乡村自治制度。可见，新时代背景下的法律和政策都将乡村治理与自治摆在了乡村发展的重要位置。

从基层治理的角度来看，村民自治的核心理念是"村治"的自治思想；从国家宏观视角来看，村民自治实际上是国家在推动基层治理创新方面的一种具体实践方式。一方面，作为国家政策的实施者，村党支部肩负着组织和引导村民委员会以及

---

① 国务院法制办公室.中华人民共和国法规汇编（1982—1984）（第六卷）[M].中国法制出版，2005：11.

② 公丕祥.新中国70年进程中的乡村治理与自治[J].社会科学战线，2019（5）：10-23.

村民自治活动的重大责任，以确保自治机制能够规范化运作。这个过程不仅明确了国家权力的管理范围，还加强了乡村居民的民主权利，并促进了国家与乡村基层之间的有效互动。另一方面，村民委员会不只是代表基层民众的自治机构，更是我国基层民主政治发展的核心力量。它展示了基层性、群众性以及自治性这三种特质。更具体地说，村民委员会的核心思想是所有的工作都基于村民的真实需求进行，目的是维护村民的权益并推动他们的自治。村民委员会主要由本村的居民组成，他们拥有选举和被选举的权利，以确保村干部选举过程的民主性。村民委员会在村务管理和监督过程中起到了主导作用，这也是村民自治制度中的一个高效执行机构。在实施村民自治的过程中，村民会议或村民代表会议被视为决策的中心环节。村民会议或村民代表会议主要集中讨论与村民利益密切相关的关键村务问题，进行集体决策，并对村民委员会的各项工作进行全方位的监督，以确保村民自治的民主性和有效性。在新时代的大背景下，党和国家制定了乡村振兴战略，各级地方政府也加大了对这一战略的推进力度，以实现乡村振兴的目标。

第二节　村民委员会运行机制

一、村民委员会发展历史

村民委员会这一组织是在废除人民公社和生产大队的旧有体制之后，伴随着乡镇政府组织结构的恢复而逐步形成的。其发展经历了初步设立、逐步成长、持续发展、不断完善等多个关键阶段。

（一）起始阶段（1980—1987年）

20世纪80年代初期，广西的罗城和宜山两县的合寨村、北牙冷水村以及牛毕新维村等地区，出现了全国最初的村民委员会。有些村民决定采用匿名投票的方式来选择村民委员会的代表成员。相较于生产大队，村民委员会在建立方式和领导构架上存在明显的不同。这项具有深远历史意义的创新获得了上级党委的大力支持和高度认可。随着时间流逝，这一方法得到了党中央的密切关注，并逐步被广大人民群众接受。1982年宪法明确规定了村民委员会的性质和选举方式，明确地支持村民自治，并在全国范围内促进了废弃生产大队和成立村民委员会的行动。在这一变革过程中，许多村庄从传统的生产大队组织方式，成功地转型为村民委员会。这一行动极大地提高了村民的民主参与意识。

（二）成长发展阶段（1987—1998年）

1987年发布的《村民委员会组织法（试行）》为村民委员会的标准化操作奠定了坚实的法律基础。在执行阶段，各个省份根据自己的具体状况，制定了配套策略和步骤。随着实践经验的积累，一个以"四个民主"——民主选举、民主决策、民主管理和民主监督为中心的村民自治制度框架逐步完善。现在，村民委员会已经成为村庄事务的核心管理机构，村民通过民主方式选举村民委员会成员已经成为乡村治理的标准操作程序。

（三）成熟阶段（1998—2010年）

1998年，修订后的《村民委员会组织法》正式发布并开始执行，这标志着村民自治步入了一个崭新的发展阶段。随着选举法和组织法的逐步实施，我国的村民委员会制度得到了进一步的完善，村民的民主权利得到了更加全面和充分的保护。

（四）新阶段（2010年以后）

2010年，精心修订的《村民委员会组织法》发布，此次修订旨在系统总结并吸纳村民委员会制度在实施过程中所积累的宝贵经验和教训。通过这一修订，法律条文不仅增补了关于民主监督的详尽内容，而且进一步健全了该领域的法律体系，从而为村民委员会制度的高效实施奠定了更为坚实的基础，创造了更为有利的条件。

二、《村民委员会组织法》的监督作用

根据《村民委员会组织法》的规定，村内的财务管理是主要监管点，而在实际的执行过程中，村内的财务管理也被视为村内监管的关键环节。通过对村庄权力结构的观察，我们可以发现，在乡村治理体系中，监督应贯穿实施选举权、决策权和管理权的整个过程，而不仅仅是财务管理方面。在乡村治理中，民主选举、决策制定、管理和监督这四个环节是密切相关的，它们共同为乡村治理提供了坚实的基础。其中，民主选举是基础，民主监督机制则是其不可缺少的支柱。在没有民主选举的情况下，各个机构很难真实地反映村民的意向和利益，从而导致无法建立一个完善的民主体制。同理，如果没有有效的监督，那么民主的选举、决策制定和管理将丧失其核心价值。确保村务信息的透明度和公开性，构成了行使村务监督权的基础条件。因此，《村民委员会组织法》把民主管理和民主监督整合为一个章节，并建立了相应的基本制度，以确保监督权能够得到有效实施。首先，明确村务监督委员会或

者其他形式的村务监督机构拥有参与村民委员会会议的权利，以确保村民委员会的决策过程受到全程监督；其次，要求建立村务公开制度，并详细罗列了五条必须公开的事项；再次，要求实施民主评议，每年至少进行一次民主评议，村民委员会成员连续两次被评议为不称职的，其职务终止。除此之外，还规定村民委员会和村务监督机构应当建立村务档案，同时指明了村务档案应包括所有与村务有关的关键信息。最后，明确村民委员会成员实行任期和离任经济责任审计，并规定了审计所包含的事项。上述一系列制度既是村民监督权得到保障的前提，也构建了村民行使监督权的基本框架。

第三节　农村纠纷解决机制

一、农村纠纷的类型及特点

历史上，农村地区的纠纷往往发生在一个相对封闭的环境中，涉及的问题包括家庭、邻里关系，以及土地、债务、宅基地等多个方面。这类纠纷的一个突出特点是，受到传统农村社会结构的限制，并且根源相对较为简单。随着新时代的到来，农村的社会经济结构发生了显著的变化，这也使得一些传统的农村纠纷以新的面貌出现，并在其原有的基础上展现出新的特点。

在新农村建设过程中，土地的征收、开发和建设等一系列复杂的问题时有出现。目前，农村的劳动力构成呈现明显的不平衡态势，农民普遍缺少高水平知识和技能，并且对地方政府及其政策有着高度的依赖性。村级的经济管理制度还没有完全满足新农村发展的需求，这导致农村纠纷时有发生。这些纠纷不只是关于补偿问题，还涉及城市化带来的迁移难题、农村子女的教育和就业难题，以及农民工的薪资问题等。

二、新时代农村纠纷的主要特征

（一）纠纷类型多样

随着新时代农村的建设和发展，农村纠纷主体和本质都发生了明显的变化。这类纠纷不仅对经济行为造成了长远的冲击，还深入生活的各个方面。从纠纷的种类来看，现代农村的纠纷已经不仅仅局限于传统的婚姻、家庭和邻里之间的矛盾，而是扩展到了经济贸易、政治选举、企业侵权、安全事故等多个方面，甚至出现了多种类型的纠纷交织的情况。纠纷的种类增多,复杂性和交叉性越来越明显,如果处理不当,极易导致群体性事件。观察农村纠纷主体,我们可以发现,农村纠纷已经超越了村民间的冲突层面,扩展到了村民与村民委员会、乡镇政府、企业等多个主体之间的冲突。随着农村社区持续变革,村民的法律觉悟和自我认知逐渐提升,这使得他们能够更加深刻地理解拆迁安置、土地补偿、干部选举等群体间的关系,并学会利用法律手段来维护自己的权益。

(二)纠纷数量不断增长

随着乡村振兴战略的全面推进,传统的农村发展模式正在经历深刻的变革和挑战,这进一步加剧了农村社会问题的复杂性。农村社会结构的变迁导致新型农村纠纷的出现,例如金融集资争议、网络消费纠纷、劳动权益问题、土地占用赔偿、土地权属确认、农民工劳动权益保障和涉农经济合同等。纠纷的类型正在不断增多。这一发展趋势不仅体现为纠纷的数量持续上升,更体现为涉及的纠纷主体范围越来越广。

(三)纠纷容易激化

在新时代背景下,农村社会正在经历一场空前的结构性改革和外来工业文明的冲击,这些因素共同推动了农民在生活和生产模式上的巨大转变。这种转变不可避免地导致了大量与农业相关的纠纷。这些纠纷涉及房屋的拆迁、土地的征收、农村的环境污染以及农民工的劳动关系等多个领域。在维护自己权益的过程中,有些人选择通过法律途径,有些人则可能选择使用暴力或其他非传统的解决方式。由于农村纠纷的复杂性和广泛性,所以纠纷往往难以在短时间内得到妥善解决,这可能导致纠纷升级。加之农村地区群众法律意识相对淡薄、情绪化倾向较强,容易出现"缠诉缠访"现象,严重时纠纷甚至可能转化为刑事案件,对农村经济社会发展造成严重影响。

(四)纠纷解决机制不健全

在农村地区,虽然行政部门和人民法院是主要的纠纷解决机构,但农民在遭遇民事纠纷时,更多地倾向于依靠公共权力和救济手段。尽管民事诉讼具有权威性和普遍性,但由于案件数量庞大、处理效率不高、执行困难和成本昂贵等,农民的权益保护仍然面临诸多挑战。另外,调解、仲裁等非诉讼方式在解决纠纷时也遇到了难题。由于宗族的影响力下降和其他一些非强制性因素,调解并不总是能产生效果。而仲裁作为一种现代经济纠纷解决方式,在农村地区还没有得到广泛的认可和运用。

三、农村纠纷解决机制的类型

（一）农村调解机制

农村调解机制的核心运作理念在于借助中立第三方主体的权威地位，促进纠纷的和解。相较于诉讼，调解机制以其高效便捷和高度适应性，在农村纠纷解决策略中占据核心地位，对于农村地区的稳定与和谐发挥着关键作用。基于第三方主体的多样性，当前农村调解方式主要划分为人民调解、行政调解、仲裁调解和司法调解四类，且其权威性日益凸显。

人民调解作为一种制度化的纠纷解决手段，主要通过人民调解委员会这个第三方机构来介入和协调纠纷。按照宪法的相关规定，村民委员会作为一个基层自治实体，有义务成立调解委员会，其主要目的是有效地处理农村地区出现的各种争议。在实际操作中，人民调解会根据纠纷的特点和当事人的具体需求，自然地发展出多种调解方式。

行政调解主要依托行政部门的力量，其处理范围多与行政权力直接相关。行政调解与行政操作有所不同，其结果并不具备强制执行效力。行政调解广泛运用于农村社会的各个层面，如公安部门对轻微打斗的治安调解、劳动部门对劳动关系纠纷的调解以及民政部门在离婚纠纷中的前期调解等。

仲裁调解是基于各个行政区成立的仲裁委员会进行的，它是仲裁裁决前的自主选择程序。在处理中等规模的纠纷时，仲裁调解具有明显的优越性，其显著特点是及时响应和双方的自愿参与。得到双方认可之后，仲裁调解的结果被赋予强制执行的效力。

在司法调解中，法院起主导作用。司法调解呈现"双轨制"特性，法院既可以主动发起调解，也可以由当事人主动提出启动请求。司法调解在整个诉讼流程中起着关键性作用，它的主要优点是能够通过调解来分流案件，这简化了纠纷的解决步骤，也尊重了当事人的选择，确保他们的合法权益得到维护。司法调解所出具的调解书具备强制执行力，为彻底解决纠纷提供了坚实的后盾。

（二）农村仲裁机制

农村仲裁机制是基于仲裁的法律规定，通过合法成立的仲裁委员会来正式处理纠纷的程序。考虑到纠纷的特性，我们可以将仲裁委员会的仲裁方式分为前置型仲裁和任意型仲裁两种。前置型仲裁是指与劳动有关的纠纷，这种纠纷需要先由专业的劳动争议仲裁委员会进行处理。如果争议的双方对仲裁结果持有异议，他们可以向人民法院提交诉讼请求。任意型仲裁是仲裁法中的一种规则，它允许当事人在法律允许的范围内，通过协商一致的方式选择仲裁方式解决纠纷。与前置型仲裁不同，任意型仲裁并不强制要求当事人首先进行仲裁，而是提供了更多的灵活性，允许当事人根据自己的意愿选择是否进行仲裁以及选择何种仲裁方式。虽然仲裁在效率和便捷性方面具有明显的优势，但在处理民事和商事纠纷时，其成本相对较高，裁决过程具有一定的主观性，并且容易受到地理因素的影响，这导致裁决结果在不同地区之间缺乏一致性。因此，尽管农村的经济水平在不断提升，但在一般的民事纠纷和商业纠纷中，通过仲裁来解决纠纷的村民所占比例依然偏低。

（三）农村行政解决机制

农村行政解决机制是由国家公权力根据行政法规授予行政部门相关权力，以正式解决某些特定纠纷问题的机制。行政权力的实施是基于"未经授权即禁止"的法律原则，其主要目的是确保公众的权益不受侵犯，并防止对公众日常生活的过度干涉。行政机关处理的纠纷种类，往往基于各个部门法律法规的明文规定。《中华人民共和国农业法》第78条规定：违反法律规定，侵犯农民权益的，农民或者农业生产经营组织可以依法申请行政复议或者向人民法院提起诉讼，有关人民政府及其有关部门或者人民法院应当依法受理。人民法院和司法行政主管机关应当依照有关规定为农民提供法律援助。这项规定清晰地界定了行政部门在处理农民纠纷时的法律责任。《中华人民共和国行政复议法》第30条明确指出，行政复议机关收到行政复议申请后，应当在五日内进行审查。对符合相关规定的，行政复议机关应当予以受理。该法律条文明确规定了在进行诉讼之前，特定纠纷必须满足行政处理的前置条件。

（四）农村司法解决机制

从广义的角度来看，司法机关包括人民法院、人民检察院、人民公安和监察委员会。其中，监察委员会在职务犯罪的侦查和起诉过程中起到了关键作用。从狭义的角度来看，司法机关主要指的是人民法院，因为它在履行审判职责时，起到了法律上的决策性作用。在其他途径不能解决争端的情况下，司法途径往往被视为最后的解决方法。

从制度构建的视角来看，司法解决机制在所有类型的纠纷解决机制中可以说是最完善的。为了更好地适应农村的地理特征，农村地区应设有专业法庭，其主要目的是为农民提供一个更加方便的司法解决途径。司法解决机制因其高度的程序化、独立性和强制性，成为农村纠纷解决过程中的坚实支持，确保农民的权益得到有效的维护。

 思考题

1. 村民委员会法治化如何推动乡村自治？
2. 解决农村地区纠纷的原则有哪些？

第二章思考题
参考答案

第三章
精准扶贫与乡村治理现代化

 **学习目标**

1. 了解全面小康的基本定义,以及其在社会发展中的重要性和所追求的具体目标。

2. 理解精准扶贫的核心理念,包括其提出背景、发展阶段以及如何实现精准识别和帮扶。

3. 掌握精准扶贫与精准脱贫的实践策略,包括策略的制定、内容以及实施的具体机制。

精准扶贫不仅是一项经济政策,更是乡村治理现代化的重要组成部分。通过精准识别和帮扶,能够确保每一分投入都发挥最大效用,同时,乡村治理现代化为精准扶贫提供了有力的制度支撑和创新动力。本章主要分析精准扶贫的实践过程,探讨其在促进乡村治理现代化中的关键作用,以及如何通过这一过程实现农村地区的可持续发展和社会全面进步。

第一节 决胜全面小康的攻坚之战

决胜全面建成小康社会时,习近平总书记曾指出,要突出抓重点、补短板、强弱项,特别是要坚决打好防范化解重大风险、精准脱贫、污染防治三大攻坚战,使全面建成小康社会得到人民认可、经得起历史检验。这一重要论断,体现了强烈的使命担当、问题导向和底线思维。三大攻坚战既是决胜全面建成小康社会必须攻克的现实难题,又是开启全面建设社会主义现代化国家新征程的坚实保障。

一、全面小康的概念与目标

(一) 全面小康的概念

全面小康是中国特色社会主义进入新时代的重要目标,它不仅是经济上的富裕,更是一种全面的社会进步和人的全面发展。全面小康的概念涵盖经济、政治、文化、社会和生态文明等多个层面,旨在实现全体人民的共同富裕和社会的全面和谐。在经济层面,全面小康首先体现在经济的持续健康发展上,要求国内生产总值和人均收入达到一定水平,确保人民生活水平的普遍提高。这包括消除贫困、实现城乡收入差距的合理缩小,以及提高居民的消费能力和生活质量。在政治层面,全面小康强调社会主义民主政治的建设,保障人民享有更加充分的民主权利,实现法治国家的建设。这意味着政府决策更加透明,公民参与社会治理的渠道更加畅通,以及法治环境不断完善。在文化层面,全面小康还包括文化生活的丰富多彩和精神文明的显著提高。这涉及提高国民的文化素质,丰富人民的精神世界,以及保护和传承中华优秀传统文化。在社会层面,全面小康追求的是社会公平正义和社会保障体系的完善。这包括教育、医疗、就业、住房等基本公共服务的普及和均衡发展,以及对弱势群体的特别关怀和支持。在生态文明层面,全面小康注重生态文明建设,强调人与自然和谐共生,推动绿色发展。这意味着加强生态环境保护,构建资源节约型、环境友好型社会,实现经济发展与生态环境的双赢。

(二) 全面小康的目标

俗话说"小康不小康,关键看老乡"。所谓关键,就是要看全国的贫困乡亲能不能全部脱贫。没有农村贫困群众的全部脱贫,就没有全面小康。2020年现行标准下的农村贫困群众全部脱贫、贫困县全部摘帽、解决区域性整体贫困,是实现第一个百年奋斗目标、全面建成小康社会的底线任务,是党中央向全国人民作出的郑重承诺,必须如期完成,没有任何退路和弹性。这也是习近平总书记曾经最牵挂的大事。他曾反复强调,"全面小康,覆盖的人口要全面,是惠及全体人民的小康";"在扶贫的路上,不能落下一个贫困家庭,丢下一个贫困群众";"全面建成小康社会,一个不能少;共同富裕路上,一个不能掉队"。这一系列重要论述,深刻阐明了脱贫攻坚对于全面建成小康社会、实现"两个一百年"奋斗目标、实现中华民族伟大复兴中国梦的重大现实意义和深远历史意义,深刻阐明了共同富裕的社会主义本质。

2020年，我国已经全面建成小康社会，这标志着我国在实现第一个百年奋斗目标上取得了决定性成就。这一目标的实现，不仅体现在经济总量的增长上，更体现在人民生活水平的全面提升、社会治理能力的进步，以及国家综合实力的增强上。全面小康社会的建成，是中国特色社会主义制度优越性的生动体现，也是中华民族伟大复兴中国梦实现过程中的重要里程碑。它要求我们在继续推动经济发展的同时，更加注重发展的质量和效益，更加关注社会的公平正义，更加重视人的全面发展，更加强调生态文明建设，以实现全体人民的共同富裕和社会的全面进步。

二、精准扶贫政策的提出与发展

精准扶贫政策是我国为实现全面小康社会目标、解决贫困问题而采取的一项重要政策。这一政策的提出与发展，体现了中国对贫困问题认识的深化和扶贫工作方式的创新。精准扶贫政策的提出，源自中国长期以来对贫困问题的关注和扶贫工作的实践。随着经济的快速发展，中国在减少贫困人口方面取得了显著成就，但传统的扶贫方式存在一些问题，如资源分配不均、扶贫效果不显著等。为了更有效地解决这些问题，中国提出了精准扶贫政策。

（一）精准扶贫的核心理念

精准扶贫的核心理念是实现对贫困问题的精准识别、精准帮扶和精准管理，以确保扶贫资源的高效利用和扶贫效果的最大化。这一理念的提出，是对传统扶贫模式的深刻反思和创新，旨在解决以往扶贫工作中存在的资源浪费、效果不明显等问题。其首要步骤是对贫困户进行精确识别。通过建立贫困户档案，收集贫困户的基本信息，包括家庭收入、劳动力状况、受教育水平等，以便准确了解贫困户的实际情况和需求。在精准识别的基础上，强调根据贫困户的具体情况，制定个性化的帮扶计划，包括提供小额贷款、技术支持、职业培训等，以帮助贫困户发展产业、增加收入。精准扶贫同时要求对扶贫过程进行严格管理，确保帮扶措施的实施效果，包括建立扶贫项目的跟踪评估机制，定期检查扶贫资金的使用情况，以及对扶贫成效进行评估和反馈。

此外，精准扶贫还倡导创新扶贫方式，鼓励利用现代信息技术，如大数据、云计算等，提高扶贫工作的精准度和效率；强调社会各方面的参与，包括政府、企业、社会组织和个人，共同构建多元化扶贫体系；不仅关注如何在短期内帮助贫困户脱贫，更注重长远发展，通过提升贫困户的自我发展能力，实现可持续发展。

（二）精准扶贫的发展阶段

精准扶贫的发展阶段是中国扶贫工作不断深化和创新的过程，它标志着中国扶贫战略的逐步成熟和完善。

一是初期探索阶段（2013年前后）。这一阶段主要是理念的提出和部分地区的试点。2013年11月，习近平总书记在湖南湘西花垣县十八洞村考察时首次提出了"精准扶贫"概念。这一时期，我国开始意识到传统扶贫模式的局限性，如"大水漫灌式"的扶贫无法有效解决深度贫困问题。因此，精准扶贫作为一种新的扶贫理念被提出，旨在通过更精准的识别和帮扶，提高扶贫效率。

二是全面推广阶段（2014—2015年）。这一阶段，我国政府开始在全国范围内推广精准扶贫理念。2014年1月，中共中央办公厅、国务院办公厅印发《关于创新机制扎实推进农村扶贫开发工作的意见》，明确指出建立精准扶贫工作机制，成为国家扶贫工作的核心内容。2015年10月，习近平总书记在减贫与发展高层论坛中强调，通过扶持生产和就业发展一批，通过易地搬迁安置一批，通过生态保护脱贫一批，通过教育扶贫脱贫一批，通过低保政策兜底一批；要广泛动员全社会力量，支持和鼓励全社会采取灵活多样的形式参与扶贫。2015年11月发布的《中共中央 国务院关于打赢脱贫攻坚战的决定》明确把精准扶贫、精准脱贫作为基本方略。全国范围内的扶贫工作开始按照精准扶贫的要求进行调整和优化。这一阶段，精准扶贫政策更加注重实际操作和效果，通过具体的扶贫措施，确保贫困户能够获得实质性的帮助。

三是深化实施阶段（2016—2019年）。这一阶段，精准扶贫政策进一步深化，政府加大对贫困地区的投入，强化对扶贫项目的监管和评估。同时，精准扶贫政策开始与乡村振兴战略相结合，不仅关注贫困户的短期脱贫，更注重贫困地区的长远发展和贫困户的可持续发展能力。

四是成效评估与总结阶段（2020年至今）。这一阶段，政府对精准扶贫政策的实施效果进行了全面评估。2021年7月1日，习近平总书记向全世界宣布我国已经建成小康社会。随后，进一步总结经验并分析问题，为后续相关工作的持续优化提供了依据。

精准扶贫的发展阶段是中国扶贫工作不断进步和完善的历程，它不仅体现了政府对贫困问题的深刻理解和积极应对，也展示了中国扶贫工作的创新和成效。随着精准扶贫政策的深入实施，中国在减少贫困人口、提高人民生活水平方面取得了显著成就，为全球减贫事业贡献了中国智慧和中国方案。

三、脱贫攻坚战的策略与实施

打赢脱贫攻坚战是一项重大政治任务，是实施乡村振兴战略的重要一环，主要针对深度贫困地区和特殊困难群体，采取一系列强有力的措施，确保全面小康社会建设目标的实现。

（一）策略制定背景

在中国扶贫工作大背景下，提出打赢脱贫攻坚战，不仅是对贫困状况的直接回应，也是对扶贫工作深层次需求的深刻洞察。

从历史成就与现实挑战来看，中国通过大规模的扶贫工作，成功地使数亿人口摆脱了贫困，创造了人类历史上的减贫奇迹。然而，随着扶贫工作的深入开展，剩下的贫困人口多集中在自然条件恶劣、基础设施落后、经济发展缓慢的深度贫困地区。这些地区的贫困问题更复杂，传统的扶贫模式难以奏效，需要更为有力的措施来解决。深度贫困地区通常具有以下特点：地理环境恶劣，交通不便，信息闭塞；产业结构单一，经济发展水平低；教育、医疗等公共服务严重不足；人口素质普遍较低，自我发展能力弱。这些因素相互交织，形成了一种复杂的贫困状态，需要更为精准有力的扶贫策略。

打赢脱贫攻坚战的提出正是基于这样的背景。打赢脱贫攻坚战的核心是"精准"和"集中"。"精准"要求深入分析贫困的根源，识别贫困户的具体情况，制定符合实际的帮扶措施。"集中"则要求整合资源，集中力量，对深度贫困地区和特殊困难群体进行重点帮扶，确保扶贫资源的有效利用。

（二）策略内容

一是精准识别。精准识别是精准扶贫的首要步骤，它要求我们通过深入的实地调查和综合的数据分析，全面了解贫困户的具体情况，包括家庭结构、健康状况、教育水平、收入来源等，建立详尽的贫困户档案，这不仅能够确保扶贫资源的精准投放，还能够为后续的帮扶措施提供翔实的依据。此外，精准识别还包括动态监测贫困户的变化，及时更新信息，以适应扶贫工作的实际需要。

二是产业扶贫。产业扶贫旨在通过发展贫困地区的特色产业，激发贫困户的内生动力，提高其经济收入。这需要深入了解当地的自然资源、文化传统和市场需求，因地制宜地发展适宜的产业，如特色农业、乡村旅游、手工艺品制作等。同时，政府和社会各界应提供技术支持、市场信息、销售渠道等，帮助贫困户提升产品质量，拓宽销售市场，从而实现稳定增收。

三是易地搬迁扶贫。易地搬迁是针对生活在条件极其恶劣、生态环境脆弱地区的贫困户采取的特殊措施。这一措施不仅包括为贫困户提供新的居住地，还包括为其提供必要的生产生活条件，如耕地、水源、住房等，确保他们能够在新环境中稳定生活。此外,搬迁过程中还要重视贫困户的文化适应、技能培训等,帮助他们顺利融入新的社区,实现生产生活方式的转变。

四是教育扶贫。教育扶贫的核心在于提升贫困地区的教育水平,确保每个孩子都能接受公平而有质量的教育。这包括改善学校基础设施,提高教师素质,丰富教学内容,以及为贫困家庭的学生提供奖学金、免费教材等支持性措施。通过教育扶贫,不仅可以提高贫困地区人口的整体素质,还可以为这些地区的孩子打开通往更广阔世界的大门,从根本上阻断贫困的代际传递。

五是健康扶贫。健康扶贫关注的是减少因病致贫、因病返贫的现象。这需要加强贫困地区的医疗卫生服务体系建设,提高这些地区医疗服务的可及性和质量。具体措施包括建立和完善基层医疗卫生机构,提供基本医疗保障,开展健康教育和疾病预防工作,以及对贫困户实施医疗救助和减免政策。通过这些措施,可以有效降低贫困户因疾病带来的经济负担,提高他们的健康水平。

六是生态扶贫。生态扶贫是通过生态保护和修复,促进贫困地区可持续发展的一种扶贫方式。生态扶贫包括实施退耕还林还草、水土保持、生态补偿等项目,这既保护和改善了生态环境,又为贫困户提供了就业机会和收入来源。同时,生态扶贫还鼓励发展绿色产业,如生态农业、林下经济等,实现生态效益与经济效益的双赢。

七是社会保障扶贫。社会保障扶贫的目的是确保贫困户的基本生活得到保障,减少他们因意外、疾病、失业等陷入贫困的风险。这需要完善社会保障体系,包括养老保险、医疗保险、失业保险、最低生活保障等。通过提供稳定的社会保障,帮助贫困户抵御风险,增强他们面对生活困难时的安全感和稳定性。

(三)实施机制

一是组织领导。组织领导是确保扶贫工作顺利开展的关键。通过成立专门的扶贫开发领导小组,集中力量、统一指挥,提高扶贫工作的组织性和系统性。扶贫开发领导小组通常由政府高层领导担任组长,相关部门负责人参与,确保扶贫政策的制定和执行能够实现跨部门协调一致。此外,扶贫开发领导小组还负责制定扶贫战略、审定扶贫项目、解决扶贫过程中的重大问题,确保扶贫工作有序推进。

二是资源整合。资源整合是提高扶贫效率的重要手段。通过整合政府、企业、社会组织等各方资源,可以形成强大的扶贫合力。政府可以提供政策支持和资金投入,企业可以提供技术支持和市场渠道,社会组织可以提供人力资源和社会服务。通过建立合作机制,各方可以发挥各自优势,实现资源共享,提高扶贫资源的使用效率和效益。

三是资金保障。资金保障是扶贫工作得以开展的物质基础。加大财政投入,确保扶贫资金充足和合理使用,是扶贫工作顺利进行的前提。政府需要通过预算安排、专项资金等方式，为扶贫工作提供稳定的资金来源。同时，还需要加强对扶贫资金的监管，确保资金使用透明、高效，避免资金的浪费和滥用。

四是项目推进。项目推进是扶贫工作的具体实施。通过实施一批扶贫项目，可以将扶贫政策转化为具体的行动，确保帮扶措施落地生效。扶贫项目需要根据贫困地区的实际需求和资源条件，精心设计和组织实施。在项目推进过程中，还需要加强项目管理和监督，确保项目按计划实施，达到预期效果。

五是监督评估。监督评估是确保扶贫工作质量和效果的重要环节。建立扶贫工作的监督评估机制，可以及时发现和解决扶贫过程中的问题，提高扶贫工作的针对性和有效性。监督评估包括对扶贫政策的执行情况、扶贫项目的实施效果、扶贫资金的使用情况等进行定期检查和评估。通过监督评估，可以总结经验、发现问题、改进工作，不断提高扶贫工作的整体水平。

打赢脱贫攻坚战是中国精准扶贫战略的重要组成部分，通过精准施策和集中力量，有效解决了深度贫困地区和特殊困难群体的贫困问题，为全面建成小康社会奠定了坚实基础。

四、脱贫攻坚取得的决定性成就

党的十八大以来，中国特色社会主义进入新时代，扶贫开发工作进入脱贫攻坚新阶段。以习近平同志为核心的党中央坚持以人民为中心的发展思想，把贫困人口脱贫作为全面建成小康社会的底线任务和标志性指标，在全国范围内全面打响脱贫攻坚战，力度之大、规模之广、影响之深，前所未有。按照扶持对象精准、项目安排精准、资金使用精准、措施到户精准、因村派人精准、脱贫成效精准等"六个精准"的基本要求，实施发展生产脱贫一批、易地搬迁脱贫一批、生态补偿脱贫一批、发展教育脱贫一批、社会保障兜底一批的"五个一批"的实现途径，解决扶持谁、谁来扶、怎么扶、如何退的"四个问题"，以推进贫困治理体系和治理能力现代化为主要目标，经过7年多的不懈努力，脱贫攻坚取得了决定性成就，谱写了人类反贫困历史的新篇章。

一是贫困人口大幅度减少。自精准扶贫政策实施以来，数千万贫困人口摆脱了贫困，贫困发生率显著下降。这一成就的取得，得益于政府的坚强领导、全社会的共同努力以及精准扶贫政策的有效实施。

二是贫困地区基础设施显著改善。交通、通信、水利、电力等基础设施的建设，极大地改善了贫困地区的生产生活条件，为贫困地区的经济发展和人民生活水平的提高提供了有力支撑。

三是产业扶贫成效显著。通过发展特色产业，贫困地区的产业结构得到了优化，贫困户的自我发展能力得到了提升。许多贫困地区通过发展特色农业、乡村旅游、电子商务等产业，实现了经济的快速发展和贫困群众的稳定增收。

四是教育和医疗条件大幅改善。通过加大对贫困地区教育和医疗的投入，贫困地区的教育和医疗条件得到了大幅改善。学校设施得到改善，师资力量得到加强，医疗服务水平得到提升，有效阻断了贫困的代际传递，提高了贫困地区人民的健康水平。

五是社会保障体系更加完善。通过完善养老保险、医疗保险、最低生活保障等社会保障制度，确保贫困群众的基本生活得到保障，减少了他们因意外、疾病等陷入贫困的风险。

六是生态环境得到有效保护和改善。在脱贫攻坚过程中，政府高度重视生态环境保护，开发了一系列生态扶贫项目，如退耕还林还草、水土保持、生态补偿等，有效保护和改善了贫困地区的生态环境，实现了社会经济与生态环境的协调发展。

2021年2月25日，习近平总书记在全国脱贫攻坚总结表彰大会上庄严宣告，我国脱贫攻坚战取得了全面胜利，现行标准下9899万农村贫困人口全部脱贫，832个贫困县全部摘帽，12.8万个贫困村全部出列，区域性整体贫困得到解决，完成了消除绝对贫困的艰巨任务。2021年7月1日，习近平总书记向全世界庄严宣告，我国实现了第一个百年奋斗目标，在中华大地上全面建成了小康社会，历史性地解决了绝对贫困问题，正在意气风发向着全面建成社会主义现代化强国的第二个百年奋斗目标迈进。

中国脱贫攻坚的决定性成就，体现了中国特色社会主义制度的优越性，展现了中国政府和人民的决心和智慧。这一成就不仅改变了数千万贫困人口的命运，也为全球减贫事业提供了宝贵经验。随着脱贫攻坚成果的巩固和乡村振兴战略的实施，中国将朝着全面建设社会主义现代化国家的目标稳步前进。

第二节　精准扶贫与精准脱贫的实践

党的十八大以来，以习近平同志为核心的党中央高瞻远瞩、深谋远虑，将扶贫开发工作作为关乎党和国家政治方向、根本制度和发展道路的大事，作为"四个全面"战略布局的重要工作，提升到治国理政新高度，提出了"精准扶贫、精准脱贫"的新时代扶贫工作指导思想，并多次深入贫困地区调研，对扶贫开发作出了一系列重要指示，提出了一系列新思想、新论断、新要求。我国为什么能提前十年完成联合国千年发展目标减贫任务？回顾这一辉煌历程有助于全面推进乡村振兴。以下简要介绍湖北省、甘肃省精准扶贫历程，探讨精准扶贫的经验，以期获得更多解决相对贫困问题的启示。

相关案例：龙韵艺术村旅游扶贫

一、湖北省精准扶贫精准脱贫的实践[①]

(一)背景

湖北省地域辽阔,存在发展不平衡的问题。俯瞰湖北省版图,就会发现它的四角都是山,中间是富饶的江汉平原,繁华的大都市与落后的大山区并存。湖北省是一块红色的土地,全国12个著名的革命根据地中,有4个在湖北省。湖北省也是一个扶贫工作大省,山区、革命老区、民族地区占比大,之前全省共有37个贫困县。为建成支点、走在前列、补齐短板,在中部地区率先全面建成小康社会,湖北省在中央"精准扶贫、精准脱贫"新理念、新方略指引下,立足贫困人口存量较大的省情,以"精准扶贫、不落一人"为总要求,把扶贫开发作为重大政治责任和政治任务,以贫困不除愧对历史的耻辱感、群众不富寝食难安的责任感,勇于担当、锐意进取,动员全省力量,以背水一战、舍我其谁的气势,在荆楚大地打响了脱贫攻坚大决战。

(二)做法

1. 挂图作战,决战贫困

2011年,湖北省实施四大片区扶贫攻坚和"一红一绿"两大试验区建设,积累了宝贵经验。各市(州)、县(市)成立作战指挥部,实行挂图作战。例如:一幅"作战图",挂在恩施土家族苗族自治州人民政府扶贫开发办公室。这幅图上,全州92万贫困人口的分布、脱贫时间进度等,分别用红、紫、蓝、绿、褐五种颜色标注。攻下一个贫困村,就插上一面红旗。层层签订军令状,层层压实责任。严格实行各级党政"一把手"负总责的限期脱贫责任制,明确县级党委政府抓落实的主体责任,不如期脱贫,主要领导就地免职。同时改革考核办法。对贫困县的考核,从过去主要看GDP调整为主要看扶贫成效。

2. 精准施策,"定点滴灌"

在脱贫攻坚决胜阶段,牢牢把握"精准"二字,变"大水漫灌"为"定点滴灌",确保扶贫扶到点上、扶到根上,精准识别扶真贫。例如:宣恩县探索出"四议一公开"办法,经过党支部会议提议、村"两委"商议、村党员大会审议、村民会议决议和评议结果公开的程序,精准定位贫困群体。各地建档建卡,对每个贫困户,

---

[①] 不落一人:"精准扶贫精准脱贫"战略指引下湖北实践[N].湖北日报,2016-03-04.

单独创建精准扶贫精准脱贫档案。只有开对"药方子",才能拔掉"穷根子"。各地精准施策,涌现出产业发展、易地搬迁、生态补偿、教育资助和社会保障兜底五大类型十种模式,变"输血式"扶贫为"造血式"扶贫。发展产业、促进就业成为精准扶贫工作的重中之重,增强贫困地区发展的内生动力,产业扶贫项目精准到村到户到人。"十二五"期间,湖北省29个重点贫困县新增特色种植业面积达8万亩(1亩约为667平方米),发展设施农业12.3万亩。

对丧失劳动能力的特殊贫困户,精准兜底救助。例如:通山县对全县近千户特困家庭实施"三免一保"政策,即建房免费、治病免费、子女教育免费、保障生活;红安县推行精准扶贫医疗救助政策,政府与保险公司合作,多方筹措资金,将贫困群众住院报销比例提升到90%,并对当年个人负担设定5000元上限,超出部分由政府兜底,避免因病致贫、因病返贫。湖北省范围内,通过社保托底,解决了200多万"五保""低保"人口脱贫问题,同时开展由县级财政为贫困户购买大病医疗补充保险试点,切实解决因病致贫问题。"十二五"期间,湖北省创新安置方式,完成扶贫搬迁5.3万户,惠及21.2万人。

3. 机制创新,多位一体

一是财政扶贫投入"硬杠杠"。省、市(州)、插花地区县(市),分别按当年地方财政收入增量的15%增列专项扶贫预算;各级财政存量资金中,确保50%以上用于精准扶贫;兜底硬保障,医疗、低保、教育、养老等特惠政策实现贫困户全覆盖,其中仅省财政安排精准扶贫兜底资金就高达22亿元;突出重点区域,省委、省政府专门建立片区产业发展基金,拿出50亿元支持四大片区产业发展。

二是明确部门责任。各级"三万"工作队聚焦扶贫。例如,第六轮"三万"活动把主题确定为"产业扶贫",全省各级各部门共派出15053个新农村工作队(扶贫工作队)、驻村干部91992人,共对口帮扶88个县11365个村。

三是资金整合使用。湖北省以县为主体,强力推进扶贫资金整合,集中投入,增强资金使用效益。为打造县级整合平台,省里将权力下放,实行资金、项目、招投标、管理、责任"五到县"。

四是激活金融。支持贫困县建立健全金融风险补偿和担保金机制。"十二五"期间,湖北省为每个重点县每年安排产业扶贫贴息资金300万元,共拉动贷款150多亿元。为贫困户量身定制贷款品种,10万元以内无抵押、无担保、全贴息的贫困户小额贷款基本实现全覆盖。黄冈市全面推行"政府+金融+保险+公司+农户"的扶贫新模式,全市1080家市场主体带动12.6万户贫困家庭脱贫。湖北省结合国家扶贫日等公益品牌扩大影响,吸引企业、社会各界人士为扶贫助力。全省1000多家企业参与扶贫开发,投入资金29.2亿元。

二、甘肃省推进精准扶贫精准脱贫的实践[①]

(一)背景

甘肃省地处我国西北部,自然条件不佳,经济基础薄弱,历来是贫困多发地区。改革开放以来,经过锲而不舍的努力,甘肃省全省不仅结束了"一方水土养活不了一方人"的历史,还创造了我国扶贫开发史上的多项第一。但是,到2012年底,全省仍有贫困人口692万人,排全国第七;贫困发生率为33.2%,排全国第二。一方面,甘肃省扶贫开发事业不断取得新的成效。2012年,甘肃省立足扶贫开发新实践、着眼全面建成小康社会新要求,在全省组织实施了以"单位联系贫困村、干部联系贫困户"为主要内容的"双联"行动,全省各级1.4万多个"双联"单位联系1.5万多个村,40.8万名"双联"干部联系101.3万贫困户,拉开了举全省之力向贫困宣战的序幕。2013年以来,甘肃省积极组织实施"1236"扶贫攻坚行动,全省贫困人口由692万人减少到417万人,贫困发生率由33.2%下降到20.1%,全省农民人均年纯收入由4507元增加到5736元,走出了一条扶贫新路子,开了个好头。另一方面,甘肃省扶贫开发形势依然严峻,在全省58个片区县和17个"插花型"贫困县中,80%的贫困村和66%的贫困人口集中在六盘山片区、秦巴山片区和藏区等三大片区,山大沟深,高寒阴湿,生态脆弱,灾害频发。这些地区贫困发生率达41%,农民人均年纯收入仅为全省贫困地区平均水平的60%,扶持成本高、脱贫难度大,返贫现象突出。

习近平总书记到甘肃省视察时强调,连片特困地区党委和政府的工作重点要放在扶贫开发上,把扶贫开发摆在更加突出的位置。习近平总书记的重要讲话为甘肃省扶贫开发工作指明了方向。

鉴于以往"大水漫灌""撒胡椒面"的粗放式扶贫已经不能满足现实需要,甘肃省决心最大限度地挖掘、整合、利用有限的资源和力量,围绕对象、目标、内容、方式、考核、保障"六个精准",制定出台了"1+17"精准扶贫精准脱贫工作方案,坚决打赢精准扶贫、精准脱贫的攻坚战和大决战。

(二)做法

1. 对象精准

在建档立卡、建立数据库的基础上,甘肃省建立了精准扶贫大数据管理平台。

[①] 扶真贫 真扶贫——甘肃推进精准扶贫精准脱贫的实践[EB/OL].(2016-07-11)[2024-10-02]. http://finance.people.com.cn/n1/2016/0711/c1004-28541567.html.

平台利用大数据和移动互联网技术，对精准扶贫大数据库中的数据进行了专业化处理，省、地市（州）、县（市）、乡（镇）实现贫困户和扶贫信息的共享。国务院扶贫开发领导小组办公室将甘肃省列为全国第一个大数据管理平台试点省份。为创新精准管理机制，规范完善全省精准脱贫施工图、任务书、时间表，实施脱贫攻坚"853"挂图作业，做到平台"8个准"、村级"5张图"、户户"3本账"。平台"8个准"即大数据平台对象识别认定、家庭情况核实、致贫原因分析、计划措施制定、扶贫政策落实、人均收支核查、对象进出录入、台账进度记录等准确；村级"5张图"即村级绘制贫困人口分布、贫困人口致贫原因统计、贫困村脱贫攻坚目标任务推进、贫困户脱贫目标任务、贫困人口进出动态统计等图；户户"3本账"即贫困农户建立脱贫计划、帮扶措施、帮扶工作等台账。解决"扶持谁、谁来扶、怎么扶"的问题，能够确保项目、资金、力量精准帮扶到位，提高了脱贫攻坚精准管理水平。

2. 目标精准

"1+17"精准扶贫精准脱贫工作方案，确定了甘肃省脱贫攻坚"两步走"的阶段目标。第一步，从2015年到2017年，集中攻坚，确保到2017年减贫300万人以上，贫困地区农村居民人均可支配收入达到7000元以上，其中扶贫对象人均可支配收入达到4000元以上，基本生产生活条件明显改善，基本公共服务和社会保障水平显著提升；第二步，从2018年到2020年，巩固提高，确保到2020年稳定实现"两不愁、三保障"（不愁吃、不愁穿，保障义务教育、基本医疗和住房），消除绝对贫困，实现所有贫困县全部摘帽、所有贫困人口全部脱贫，解决区域性整体贫困。为此，各市（州）、县（市、区）党委政府围绕"两个确保"的目标，根据国家《"十三五"脱贫攻坚规划》和精准扶贫工作要求，积极制定"十三五"脱贫攻坚专项规划。对于藏区、秦巴山区、六盘山区和"插花型"片区等不同区域，各市（州）、县（市、区）具体问题具体分析，制订到村到户减贫计划，明确贫困户、贫困村、贫困县脱贫时序，细化落实具体措施和办法。

3. 内容精准

紧盯贫困地区基础设施、公共服务等生产生活中迫切需要解决的问题和贫困群众获得感最强的项目，整合全省优势资源集中投入、重点攻坚。在富民产业增收方面，集中培育壮大草禽畜、马铃薯、蔬菜、苹果、中药材等富民特色优势产业，推进农村一、二、三产业融合发展。作为国家扶贫开发工作重点县，陇南市成县有大约50万亩核桃林。2013年6月，成县县委书记开通新浪微博，代言成县核桃，探索电商扶贫之道，被网民称为"核桃书记"；2014年，成县电子商务协会建成陇南网货供应平台，初步形成溯源体系；2015年，以成县核桃为代表的农特产品走俏热销。

与此同时，陇南市礼县"80后"副县长也发动一批农村"90后"青年经营电商，主推礼县苹果。山大沟深的陇南市全面走上电商扶贫"高速路"，仅2014年就销售特色农产品10多亿元。"互联网+电子商务"为甘肃省精准扶贫精准脱贫工作提供了新的平台路径。

4. 方式精准

把各项改革举措贯彻到脱贫攻坚上，加大扶贫投入，整合涉农资金，加大驻村帮扶、金融扶持、社会帮扶力度。例如：为进一步解决贫困户融资难题，甘肃省为每一个建档立卡的贫困户提供5万元以下、3年以内、免抵押、免担保、财政全额贴息的精准扶贫专项贷款。围绕这项贷款，甘肃省创新了三个扶贫金融工具，即建立贫困户贷款风险补偿基金，完善贷款贴息政策，发展扶贫互助资金。建立精准扶贫专项贷款是方式精准的重要内容之一。除此之外，方式精准还包括全面创新改革扶贫机制、深化户籍制度改革、建立省对县资金竞争性分配机制、用好财政产业扶贫资金。由联村单位牵头，整合"双联"干部、挂职村干部、大学生村官、县乡包村干部27818名，在全省6220个建档立卡的贫困村全部组建起了驻村帮扶工作队。同时，按照精准脱贫的要求，对全省"双联"帮扶力量进行了调整，实现了全省建档立卡贫困村都有县以上单位联系和驻村帮扶工作队、101万户建档立卡贫困户都有干部联系三个"全覆盖"，把"双联"力量进一步聚焦到脱贫攻坚上。创新投入方式，省级和片区县按当年地方财政收入增量的20%以上、地市级按10%以上、"插花"县按15%以上增列专项扶贫预算。统筹社会帮扶，鼓励、调动和吸引省内外各类社会组织和个人有愿望、有渠道、有平台参与多种形式的到村到户精准扶贫。

5. 考核精准

甘肃省的脱贫攻坚，首先瞄准"关键少数"，消除其"恋戴贫困帽"的惰性。2015年，甘肃省取消了集中连片特困地区GDP考核，重点考核减贫增收、生态治理、公共服务和党建成效。2015年11月，对2014年扶贫开发业绩突出的8名县委书记予以提拔重用，10名县长转任县委书记。对考核结果为"一般"的3个县6名党政主要领导进行了组织调整。通过精准考评，健全了正向激励机制。对精准扶贫成绩突出的市、县、乡领导干部予以重用，对没有基层工作经历的机关、国有企业、事业单位等各层面的领导干部，严格执行"逢提必下"制度，拟提拔的必须有一年以上的基层工作经历。通过精准考评，健全了惩戒约束机制。对在脱贫攻坚中认识不到位、精力不集中、措施不聚焦、作风不扎实、效果不明显的县级党政主要领导和分管领导进行组织调整或问责，对完不成阶段性扶贫任务、在扶贫工作中弄虚作假的领导干部给予严肃处理，对挂职锻炼考核不合格的干部不予重用并进行批评教育。

6. 保障精准

加强基层组织建设，强化基层人才支撑，加大干部培训力度，开展政策宣传，逐级分解任务，落实责任，传导压力。2015年，陇西县深化"协会、支部建在产业链，党员、致富能人聚在产业链，产、销农民富在产业链"的"三链"建设，先后组建各类产业党支部143个，构建起以村党组织为核心，以产业基地、龙头企业、合作组织等为支撑的"一核多元"基层组织体系，着力打造带领贫困群众脱贫致富的"领头雁"。加大贫困乡镇党委书记、乡镇长、扶贫专干和贫困村党组织书记干部队伍建设力度。实施千名干部挂职精准扶贫行动，选派机关优秀年轻干部、后备干部及国有企业、事业单位党员干部到贫困村任"第一书记"。建立省委常委牵头联系市（州）、省级领导包抓县（市、区）脱贫攻坚制度。实行党政一把手扶贫责任制，逐级签订脱贫攻坚目标责任书，各级党政主要领导为扶贫开发第一责任人。强化县级主体责任，贫困县（市、区）党政主要领导担任脱贫攻坚领导小组组长，实行责任、权力、资金、任务"四到县"制度。

第三节　推进扶贫与扶志、扶智相结合的实践

2017年6月，习近平总书记在深度贫困地区脱贫攻坚座谈会上谈到，我国深度贫困的主要成因之一是社会文明程度低，不少群众安于现状，脱贫内生动力严重不足。2017年11月20日，十九届中央全面深化改革领导小组第一次会议审议通过《关于加强贫困村驻村工作队选派管理工作的指导意见》，明确加强贫困村驻村工作队选派管理工作的主要任务之一是注重扶贫同扶志、扶智相结合，做好贫困群众的思想动员、宣传教育和情感沟通工作，激发其摆脱贫困的内生动力。扶志催生贫困地区群众脱贫致富的思想动力，扶智催生贫困地区群众脱贫致富的行为活力。应借鉴各地区以扶志、扶智推进精准扶贫的先进经验，积极探索宣传舆论、乡风文明、惠民教育、技能培训、人才计划等实践路径，全面提高贫困地区群众脱贫致富的自我发展能力，从根本上促进我国贫困地区和贫困群众可持续发展，不断满足人民对美好生活的向往，早日实现中华民族伟大复兴中国梦。[①]在扶智中扶志，其目的是使贫困者掌握一定的生存技能和本领，帮其"立志"，实现扶志脱贫。当然，贫困群众"失志"是多种因素综合作用的结果，既有政策对接和扶持不到位、工作人员工作不精准等外部原因，也有贫困群众自身的内部原因。因此，从实际出发，深挖扶智策略，瞄准扶志目标，对于完成从扶智到扶志、实现精准脱贫具有重要的价值和意义。

---

① 张蓓.以扶志、扶智推进精准扶贫的内生动力与实践路径[J].改革，2017（12）：41-44.

第一，充分调研，掌握第一手材料。要了解"失志"的成因，避免技术性匮乏致贫，就要弄清"失智"与"失志"二者的关系，确定是因"失智"而"失志"致贫，还是因"失志"而"失智"致贫。对于因"失智"而"失志"致贫的群众，相关部门可以组织专家和技术人员对贫困者直接进行技术培训，并给予足够的政策和资金支持。对于因"失志"而"失智"致贫的群众，要实现脱贫的目标，就要做好两项工作：其一，做好思想政治工作，转变贫困者的思想观念和心理问题；其二，在做好贫困者思想工作和心理工作的基础上，对贫困者进行有针对性的技术培训和指导，帮助贫困者掌握一技之长，通过扶志实现扶智。无论是哪种原因，都要求相关部门制定科学合理的对策，有针对性地指导工作，完成预期目标和任务。通过调研，了解并掌握"失志"者真实的生活状态、生存的实际困难，以及是否真正因为"失智失技失能"而"失志"，并做好记录与统计工作，为下一步有目标、有针对性、有序地开展工作提供翔实的资料。

第二，科学决策，进行有针对性的帮扶。在充分调研汇总的基础上，政府各相关机构和基层组织要从实际出发，制定有针对性的帮扶措施，进而实现精准脱贫的目标。其一，组织相关专业技术人员与贫困群众进行技术对接，进行有针对性的技术培训。要保证把培训前、培训中、培训后各个环节有效衔接，真正做到贫困群众定位精准、组织精准、培训精准、指导精准，切切实实保证对贫困群众组织培训和指导的连续性和可持续性，从而实现预期的扶智目标。其二，在扶智培训中，要从每个人的实际出发、因人而异、精准施策，坚决避免"一刀切"、主观主义和官僚主义，真正做到一人一智、一人一技、一人一能，坚决避免劳民伤财的形式主义。其三，通过精准扶智，使贫困群众增强生活信心，提高生活勇气，从而从"失志"走向"立志"，达到扶志的目的。

第三，立足问题，实行攻关式指导。通过扶智达到扶志脱贫的目标，除了进行常态化的技术培训和指导外，还需要贫困群众在思想和行动上高度配合，坚决避免"干部干，群众看""干部忙得欢，群众旁边站"等现象的发生。在工作中，干部要让贫困群众知道，扶贫不是片面的资金和政策支持，不是走过场、走形式，而是一项有利于国计民生的政治任务。这就要求我们做好贫困群众的扶志工作。具体来讲：首先，要了解贫困群众的真实思想状态和存在的真实问题；其次，要在充分调研的基础上进行有针对性的攻坚克难，对于贫困群众思想深处的错误认识和"等靠要"的惰性心态，进行有针对性的、讲求方法的教育引导，转变其思想观念，克服其惰性心理和心态，通过扶志，使他们积极接受扶智；最后，在对贫困群众进行思想帮扶与教育的基础上，对他们进行有针对性的技术指导和培训，使他们成为有理想、有信心、有作为、有技能的劳动者，从而将他们真正转化为精准脱贫的支持者和拥护者，为实现精准脱贫打下坚实基础。

第四,强化监督,让扶志、扶智常态化。要实现国家治理体系和治理能力现代化,有必要强化对扶志、扶智工作的监督,通过监督,及时发现和总结扶志、扶智工作中存在的问题与不足,及时总结经验教训,向先进地区学习,结合当地的实际情况不断完善和修正相关策略,并处理好二者之间的关系,使之成为精准扶贫精准脱贫的积极力量。

社会主义现代化建设是一项长期的历史任务,"失志者"与"失智者"在不同的历史时期以不同的方式存在。在社会主义现代化建设的伟大历史进程中,要通过扶志、扶智,化"失志者""失智者"为"立志者""强智者",使之成为中国特色社会主义现代化建设的常态工作,以推动我国早日实现国家治理体系和治理能力现代化。

思考题

1. 如何评估精准扶贫政策的效果?
2. 在精准扶贫与精准脱贫的实践中,如何平衡短期目标与长期发展目标的关系?

第三章思考题
参考答案

第二篇
"五位一体"综合推进乡村治理

第四章
人才治理：构建满足乡村治理需要的人才体系

 学习目标

1. 了解人才在乡村振兴中的核心作用，以及人才治理对乡村发展的重要性。
2. 理解我国人才治理的历史演变、当前面临的问题以及未来发展的趋势。
3. 掌握乡村人才培养、引进、评价和激励的相关政策，并了解政策的执行情况和评估效果。

在全面推进乡村振兴的大背景下，人才治理显得尤为关键。本章从乡村振兴与人才治理的紧密联系入手，分析人才在乡村发展中的核心作用，以及如何通过战略性规划人才资源，全面推进乡村振兴。一方面，审视乡村振兴战略下乡村人才治理的意义，探讨人才如何成为乡村发展的驱动力，分析人才治理对于实现乡村可持续发展的重要性；另一方面，从历史的角度审视人才治理的演变过程，分析人才治理当前面临的挑战，并预测其未来的发展趋势。此外，还将重点分析我国乡村人才扶植培育政策，从政策背景与目标出发，详细解读政策内容与措施，评估政策的实施效果，探讨如何通过政策引导，激发乡村人才的潜力，促进人才的合理流动和有效配置，为乡村治理提供坚实的人才保障。

第一节 乡村振兴战略下乡村人才治理的意义

在乡村振兴战略的宏伟蓝图中，人才治理被赋予了前所未有的重要性。乡村人才不仅是推动农业现代化、促进农村经济社会发展的关键力量，更是实现乡村全面

振兴的核心资源。本节将深入剖析乡村振兴与人才治理之间的内在联系，探讨如何通过人才的培养、引进和激励，激发乡村发展的内生动力，为乡村治理注入源源不断的活力与智慧。

一、乡村振兴与人才治理的关联

（一）人才是乡村振兴的核心驱动力

在全面推进乡村振兴的伟大征程中，人才的作用不容忽视。乡村要振兴，必须依靠各类人才的引领、支持和参与。人才不仅是创新的源泉，也是推动乡村经济社会发展的关键因素。因此，构建满足乡村治理需要的人才体系，成为实现乡村振兴战略目标的重要任务。

1. 人才与乡村振兴的紧密联系

人才是推动乡村产业兴旺、生态宜居、乡风文明、治理有效、生活富裕的关键因素。在现代农业、农村电商、乡村旅游等新兴产业领域，需要具有专业知识、技能和创新能力的人才来引领和带动。这些人才能够带来先进的理念和技术，促进产业升级和转型，提高农业生产效率和市场竞争力。同时，他们还能为乡村引入新的资金、技术和市场渠道，帮助乡村实现跨越式发展。

2. 人才在乡村振兴中的战略价值

一是促进乡村经济社会发展。通过引进和培养高素质人才，优化乡村产业结构，提升乡村产业链水平，推进农业现代化和乡村一、二、三产业融合发展。这不仅能拓宽农民的收入来源，还能创造更多的就业机会，吸引外出劳动力回流，形成良性循环。

二是提升乡村治理效能。优秀的人才具备较强的组织和管理能力，他们参与到乡村治理中来，能够推进实现乡村治理体系和治理能力现代化。例如，通过引入优秀的村干部和志愿者，可以改善乡村基层组织的领导力和执行力，确保各项政策措施落到实处。

三是推动乡村文化繁荣。文化是乡村的灵魂，而人才则是文化传播和创新的载体。通过培养和挖掘具有乡土特色的文化人才，可以传承和弘扬优秀传统文化，培育文明新风，增强乡村凝聚力和向心力。这对于建设宜居宜业和美乡村具有重要意义。

(二) 人才治理对于乡村发展的重要性

在世界多极化、经济全球化、社会信息化、文化多样化深入发展的时代，人才治理已成为推动乡村发展的核心要素。乡村要振兴，必须重视人才治理，充分发挥人才在乡村经济社会发展中的关键作用。

1. 人才治理与乡村发展的内在联系

人才治理是指通过一系列政策、制度、机制等手段，对人才进行培养、引进、使用、评价和管理，以实现人才资源的优化配置和高效利用。乡村发展涵盖经济、社会、文化、生态等多个方面，旨在提高乡村居民的生活水平，促进乡村经济社会的全面进步。

人才治理与乡村发展之间存在紧密的内在联系。一方面，人才治理是乡村发展的重要支撑。乡村要发展，必须依靠各类人才的智慧和力量，通过优化人才治理，吸引更多的人才到乡村工作、创业、生活，为乡村发展注入新的活力和动力。另一方面，乡村发展也为人才治理提供了广阔的舞台和空间。随着乡村经济社会的不断发展，其对人才的需求日益旺盛，这为人才治理提供了更多的机遇与可能性。

2. 人才治理对乡村发展的推动作用

首先，促进乡村产业升级和转型。随着科技的进步和市场的变化，乡村产业面临转型升级的迫切需求，而人才治理正是推动乡村产业升级和转型的关键。引进和培养高素质人才，可以带来先进的理念和技术，推动乡村产业向高端化、智能化、绿色化方向发展。同时，人才治理还可以促进乡村产业与其他产业的融合发展，形成产业链、价值链、创新链的协同发展，提高乡村产业的竞争力和可持续发展能力。

其次，提升乡村治理体系和治理能力现代化水平。乡村治理体系和治理能力现代化是乡村发展的重要保障，而人才治理则是提升乡村治理体系和治理能力现代化的重要途径。通过优化人才治理，可以选拔和培养一批懂治理、善治理的优秀人才，促使其参与到乡村治理中来，推进乡村治理体系和治理能力现代化。同时，人才治理还可以促进乡村基层组织的建设和发展，提高基层组织的领导力和执行力，确保各项政策措施落到实处。

二、乡村人才治理的战略价值

在全球化与现代化浪潮中，乡村发展始终是国家发展的重要组

相关案例：培养新型职业农民助力乡村振兴

成部分。乡村不仅承载着丰富的自然资源和文化遗产，更是国家经济社会稳定的基础。而乡村人才治理作为推动乡村发展的关键因素，战略价值日益凸显。

（一）促进乡村经济社会发展

乡村人才治理，指的是通过一系列政策措施和体制机制，培养、吸引、留住和管理乡村人才，以推动乡村经济社会全面发展。乡村人才不仅包括农业技术人员、乡村教师、医生等专业人才，还涵盖乡村企业家、文化传承者等多元化人才。这些人才是乡村发展的核心动力，他们的素质和能力直接决定了乡村经济社会的发展水平。

一是提升农业生产效率。通过培养农业技术人才，引进现代农业科技，能够有效提升农业生产的科技含量和效率，从而提升农产品的产量和质量，提高农民收入。

二是推动乡村产业升级。乡村人才治理能够吸引和培养一批懂技术、善经营、会管理的乡村企业家，推动乡村产业结构优化升级，发展乡村旅游、特色种植、农产品深加工等新兴产业，促进乡村经济的多元化发展和韧性提升。

三是促进乡村社会进步。通过培养乡村教师、医生等公共服务人才，乡村人才治理能够提升乡村公共服务水平，改善乡村居民的生活质量，推动乡村社会全面进步。

四是保护和传承乡村文化。乡村人才治理还能培养和留住一批文化传承者，保护和传承乡村的非物质文化遗产，维护乡村文化的多样性和独特性。

（二）提升乡村治理效能

乡村治理是国家治理体系的重要组成部分，其效能高低直接关系到乡村社会的稳定和发展。在乡村振兴战略的大背景下，乡村治理效能的提升显得尤为重要。而乡村人才治理作为提升乡村治理效能的关键手段，其战略价值不容忽视。

乡村治理效能是指乡村治理体系在维护乡村社会稳定、推动乡村发展、保障乡村居民权益等方面的实际效果和能力。提升乡村治理效能，意味着乡村治理体系能够更好地适应乡村社会的变化和发展，更有效地解决乡村面临的问题，从而推动乡村全面振兴。乡村人才治理与乡村治理效能之间存在密切的联系。一方面，乡村人才治理是提升乡村治理效能的重要手段。通过培养和引进高素质、专业化的乡村人才，可以优化乡村治理结构，提高乡村治理的专业化、科学化和现代化水平，从而增强乡村治理的效能。另一方面，乡村治理效能的提升也是乡村人才治理的重要目标。乡村人才治理的目的在于推动乡村发展，而乡村发展的基础就是乡村治理效能的提升。通过乡村人才治理提升乡村治理效能的路径主要包括以下几个方面。

一是优化乡村治理人才队伍结构。通过培养和引进高素质、专业化的乡村人才，优化乡村治理人才队伍结构，提高乡村治理的专业化水平。这包括加强乡村干部队伍建设，提高乡村干部的综合素质和治理能力；加强乡村专业人才队伍建设，引进和培养农业科技、教育、医疗等领域的专业人才，为乡村发展提供有力的人才支撑。

二是推动乡村治理体系和治理能力现代化。通过推动乡村治理体系和治理能力现代化，提高乡村治理的科学化水平。这包括推进乡村治理制度创新，完善乡村治理法律法规和政策体系；加强乡村治理信息化建设，提高乡村治理的信息化水平；推动乡村治理方式创新，探索符合乡村实际的治理模式和路径。

三是增强乡村治理的主动性和参与性，提高乡村治理的现代化水平。这包括加强乡村制度建设，完善村民自治机制；加强乡村社会组织和群众团体建设，发挥其在乡村治理中的积极作用；加强乡村法治建设，保障农民群众的合法权益。

（三）推动乡村文化繁荣

文化是乡村的灵魂，也是乡村发展的重要支撑。而人才治理则是推动乡村文化繁荣和社会进步的关键因素。通过培养和挖掘具有乡土特色的文化人才，可以传承和弘扬优秀传统文化，培育文明新风，增强乡村凝聚力和向心力。同时，人才治理还可以促进乡村教育、卫生、体育等社会事业的发展，提高乡村居民的生活质量和幸福感。

第二节 我国人才治理的发展路径

本节主要审视人才治理的演变过程，分析人才治理当前面临的挑战与机遇，并展望其未来的发展趋势。通过理清这一历史脉络，揭示人才治理在国家战略中的重要地位，分析其如何成为推动社会进步和乡村全面振兴的关键力量。

一、历史回顾：人才治理的演变过程

（一）从计划经济到市场经济的转变

随着我国改革开放的深入，经济体制从计划经济逐步向市场经济转变。这一转变不仅重塑了我国的经济格局，也对人才治理产生了深远的影响。在计划经济时期，

人才资源的配置主要依赖于政府的计划和行政手段,个人的职业选择和发展空间受到了一定的限制。然而,随着市场经济的建立和发展,市场在资源配置中的决定性作用逐渐凸显,人才治理也开始向市场化、法治化的方向转变。

在市场经济条件下,人才治理更加注重个体的自主性和市场的调节作用。政府逐渐从直接管理人才的角色转变为提供政策支持和服务的角色,通过制定和实施一系列人才政策,引导和激励人才资源的合理配置和高效利用。同时,企业和社会组织在人才治理中的作用也日益凸显,成为吸引、培养和留住人才的重要力量。

在这一转变过程中,我国的人才治理体系不断完善,人才市场机制不断健全,人才流动渠道不断拓宽,人才评价标准和方式也不断科学化、规范化。这些变化为我国的人才事业发展提供了有力的制度保障和环境支持。

(二)人才政策的不断调整和优化

随着经济社会的发展,我国的人才政策也在不断调整和优化。从最初的"尊重知识、尊重人才"到后来的"科教兴国""人才强国"以及"创新驱动发展""大众创业、万众创新",再到"创新是第一动力、人才是第一资源"等理念,我国的人才政策始终与时俱进,紧密围绕国家发展的战略需求进行调整。

在人才政策的调整过程中,我国始终坚持以人为本的原则,注重人才的全面发展和个性化需求,同时高度重视人才的引进和培养工作,通过实施一系列人才计划和项目,吸引海外高层次人才回国发展,提升国内优秀人才的创新力和竞争力。

此外,我国还不断完善人才评价、激励和保障机制,为人才的发展提供全方位的支持和服务。例如,通过改革职称制度、完善薪酬体系、建立人才公寓等措施,为人才创造更好的工作和生活条件;通过加强知识产权保护、完善科技成果转化机制等措施,激发人才的创新活力。

总的来说,我国的人才治理是一个不断适应经济社会发展需求以及不断创新和完善的过程。从计划经济到市场经济的转变,以及人才政策的不断调整与优化,都体现了我国对人才事业的高度重视和大力支持。未来,随着经济社会的持续发展和转型升级,我国的人才治理将面临新的挑战和机遇,需要继续深化改革、创新机制、完善政策,为人才的发展创造更加良好的环境和条件。

二、人才治理的现状与挑战

(一)人才结构不均衡

随着全球化和信息化的深入推进,人才结构不均衡这一问题日益凸显。当前,我国的人才结构在一定程度上仍呈"金字塔"型,即高端人才相对较少,而中低端人才相对较多。这种结构不仅限制了我国在全球竞争中的优势,还使得某些行业和领域面临人才短缺的困境。一是高端人才短缺。高端人才,如科学家、技术专家、管理精英等,是推动社会进步和经济发展的关键力量。然而,目前我国在高端人才的培养和引进方面还存在较大差距,这在一定程度上制约了我国的创新能力和国际竞争力。二是中低端人才过剩。中低端人才市场面临供过于求的困境。这导致许多人在就业市场上难以找到合适的工作,而企业也面临人才选拔和使用的困难。

(二)人才流动与留任方面的问题

人才流动与留任方面的问题是当前人才治理面临的另一个重要挑战。随着经济的发展和社会的进步,人才流动越来越频繁,带来了许多新的问题。

一是人才流失严重。由于国内某些行业和领域发展滞后,许多优秀人才选择到国外发展,导致国内人才流失严重。这不仅削弱了我国的国际竞争力,还使得国内企业和机构面临人才短缺的困境。

二是人才流动无序。由于缺乏有效的人才流动管理机制,人才流动往往呈现无序的状态。这不仅影响了企业和机构的正常运营,还可能导致人才资源的浪费和损失。

三是留任机制不完善。许多企业和机构在留任机制方面存在不足。由于缺乏有效的激励机制和福利待遇,许多优秀人才难以长期留任,导致企业和机构的人才稳定性受到威胁。

(三)人才培养与激励机制不足

人才培养与激励机制是人才治理中的重要环节,但目前我国在这方面还存在一些不足之处。

一是培训体系不完善。当前,我国的人才培训体系还不够完善,许多企业和机构缺乏有效的人才培养机制和计划,这导致许多员工难以获得必要的技能和知识,限制了他们的职业发展,也降低了企业的竞争力。

二是激励机制不健全。在激励机制方面,许多企业和机构存在不足。由于缺乏有效的薪酬体系、晋升机制,福利待遇不佳,许多员工难以获得应有的回报和认可,导致他们的积极性和创造力受到抑制。

综上所述,当前我国人才治理面临人才结构不均衡、人才流动与留任方面的问题以及人才培养与激励机制不足等多重挑战。为了解决这些问题,我们需要进一步完善人才治理体系,加强对高端人才的培养和引进力度,优化中低端人才的配置和使用,建立有效的人才流动与留任机制,完善人才培养和激励机制。只有这样,我们才能更好地应对当前人才治理的挑战,推动我国经济社会的健康可持续发展。

尽管我国在乡村人才培养方面取得了一定的成就,但仍面临诸多挑战。一方面,由于城乡发展差距和教育资源分配不均等,乡村地区人才流失严重;另一方面,现有的人才结构不合理,高层次、复合型人才匮乏,制约了乡村产业的升级和创新发展。此外,人才培养和使用机制不够完善,也影响了人才的积极性和创造性。

三、未来发展趋势

(一) 更加注重人才的全面发展

未来的人才治理将更加注重人才的全面发展,以满足经济社会发展的多元化需求。这种全面发展的理念将贯穿人才培养、人才流动、人才使用和人才激励等各个环节,推动人才治理体系不断完善和创新。

1. 人才培养的全面发展

未来的人才治理将更加注重人才培养的全面发展,这包括知识、技能、态度和价值观等多个层面。在知识层面,不仅要注重专业知识的传授,还要加强跨学科、跨领域知识的传授,培养具备广博知识背景和较高专业素养的复合型人才。在技能层面,除了专业技能的培养,还要注重通用技能、软技能的提升,如沟通能力、团队协作能力、创新能力等。在态度和价值观层面,要培养人才的国际视野、社会责任感、团队合作精神等,使其具备全面发展的素质和能力。

2. 人才流动的全面优化

随着经济社会的发展,人才流动将越来越频繁。未来的人才治理将更加注重人才流动的全面优化,建立健全人才流动管理机制。这包括完善人才市场的信息化建设,提高人才流动的透明度和效率;加强对人才流动的引导和调控,促进人才资源的合理配置;建立健全的人才流动服务体系,为人才提供全方位的服务和支持。通过这些措施,推动人才流动的全面优化,实现人才资源的最大化利用。

3. 人才使用的全面创新

未来的人才治理将更加注重人才使用的全面创新。这包括创新人才选拔机制,打破传统的以学历、职称等为单一标准的人才评价方式，建立以能力、业绩为导向的人才评价体系；创新人才使用方式，推动人才在不同领域、不同行业、不同地域之间流动和共享，实现人才资源的优化配置；加强对人才使用的监督和评估，确保人才使用的科学性和有效性。

4.人才激励的全面升级

激励是人才治理中的重要环节，未来的人才治理将更加注重人才激励的全面升级。这包括建构和完善薪酬体系，建立与市场接轨、与绩效挂钩的薪酬制度，激发人才的积极性和创造性；加强非物质激励，如提供职业发展机会、营造良好的工作环境和氛围等，满足人才的多元化需求；建立健全的激励机制和制度，确保激励的公平性和可持续性。

5.人才治理体系的全面完善

未来的人才治理将更加注重人才治理体系的全面完善。这包括加强顶层设计和战略规划，制定科学合理的人才政策和发展规划；加强人才治理的法治化建设，完善相关法律法规和政策措施；加强人才治理的信息化建设，提高人才治理的效率和水平。通过这些措施，推动人才治理体系的全面完善和创新发展。

综上所述，未来的人才治理将更加注重人才的全面发展，推动人才治理体系不断完善和创新。这种全面发展的理念将引领人才治理更加科学、高效、公平，为经济社会的发展提供有力的人才保障和支撑。同时，我们也需要认识到人才治理的复杂性和长期性，只有政府、企业、社会等各方共同努力、协同推进，才能实现人才治理的全面发展和优化。

（二）强化人才政策的区域性与行业性

未来的人才治理将强化人才政策的区域性与行业性，以满足不同区域和行业对人才的需求。这种区域性与行业性的强化将促进人才治理的精准化、高效化和专业化，为经济社会的发展提供有力的人才保障。

1.人才政策区域性的强化

一是区域特色与人才需求的紧密结合。未来的人才政策将更加注重区域特色与人才需求的紧密结合，不同区域因其地理位置、资源禀赋、产业结构等不同，对人才的需求存在显著差异。因此，人才政策应充分考虑区域特色，制定符合区域发展实际的人才引进、培养和使用策略。例如，对于经济发达、科技创新活跃的东部地区，应重点引进和培养高端人才和创新型人才；对于以重工业为主、资源丰富的西部地区，则应注重培养技术技能人才和复合型人才。

二是区域人才合作与交流的加强。随着区域一体化的加速推进，区域间的人才合作与交流日益频繁。未来的人才政策将更加注重加强区域间的人才合作与交流，推动人才资源的共享和优化配置。通过建立区域人才合作机制、举办人才交流活动等方式，促进不同区域间的人才互动和合作，实现人才资源的互利共赢。

三是区域人才政策的协调与整合。当前，各地在人才政策制定和实施上存在一定的碎片化现象，导致人才资源的浪费和重复投入。未来的人才政策将更加注重区域间人才政策的协调与整合，形成统一、高效的人才政策体系。通过加强政策协调、整合政策资源、优化政策环境等方式，提高人才政策的整体效能和影响力。

2.人才政策行业性的强化

一是行业特色与人才需求的精准对接。不同行业因其产业特点、技术要求和市场需求等不同，对人才的需求存在显著差异。未来的人才政策将更加注重与行业特色和发展需求的精准对接，更加符合行业发展实际。通过深入了解行业发展趋势和人才需求变化，制定更具针对性和实效性的人才政策，为行业发展提供有力的人才支撑。

二是行业人才评价与激励机制的完善。人才评价是人才政策的重要组成部分，对于激发人才活力、促进人才发展具有重要意义。未来的人才政策将更加注重完善行业人才评价与激励机制，建立符合行业特点的人才评价体系和激励机制。通过制定科学合理的评价标准和方法，以及具有吸引力的激励措施，激发人才的创新创造活力，推动行业持续健康发展。

三是行业人才培训与提升体系的建立。随着技术的不断进步和市场的不断变化，行业对于人才的需求也在不断更新和升级。未来的人才政策将更加注重建立行业人才培训与提升体系，为行业人才提供持续的学习和发展机会。通过加强行业人才培养基地建设、推广在线教育和远程教育等方式，为行业人才提供多样化的培训和学习资源，促进其知识更新和技能提升。

（三）推动人才治理的数字化转型

随着信息技术的飞速发展，数字化转型已成为各行各业不可逆转的趋势。在人才治理领域，数字化转型同样具有重要意义。

数字化转型在人才治理中主要体现在以下几个方面：一是数据采集与分析，即通过大数据技术收集和分析人才信息，为决策提供科学依据；二是信息化平台建设，即构建高效、便捷的人才治理信息系统，提升治理效能；三是智能化技术的运用，如通过人工智能、机器学习等技术的运用，提高人才治理的精准度和效率。

数字化转型对于人才治理的意义包括以下几个方面：一是有助于实现人才治理的精细化、科学化和智能化，提高治理效能；二是有助于优化人才资源配置，促进人才流动和合理使用；三是有助于提高人才治理的透明度和公信力，增强社会信任。

在人才治理数字化转型过程中，关键技术包括大数据技术、云计算技术、人工智能技术等。这些技术为人才治理提供了强大的技术支持，使得治理过程更加高效、精准和智能。

目前，已有不少地区和组织在人才治理数字化转型方面取得了显著成效。例如，通过建立人才数据库和智能分析系统，实现了人才资源的精准匹配和高效配置；通过构建人才治理信息化平台，实现了对人才信息的全面管理和实时监控。这些实践案例为其他地区和组织提供了宝贵的经验和借鉴。

尽管人才治理数字化转型具有诸多优势，但在实践过程中也面临一些挑战和问题。比如：数据安全和隐私保护问题日益突出，需要采取有效措施加以解决；数字化转型对人才治理体系和治理能力提出了更高的要求，需要不断提升相关人员的专业素养和技能水平。

展望未来，人才治理数字化转型呈现以下发展趋势。

一是智能化水平不断提升。随着人工智能技术的不断发展，人才治理将更加智能化。例如，通过智能分析系统对人才数据进行深度挖掘和分析，为决策提供更加精准的科学依据。

二是数据共享与协同治理成为主流。未来的人才治理将更加注重数据共享和协同治理。通过构建统一的人才治理信息平台，实现不同地区、不同部门之间的数据共享和协同，提高治理效能。

三是个性化服务成为重要方向。随着人才需求的多样化，未来的人才治理将更加注重个性化服务。通过深入了解人才的个性化需求和发展潜力，为他们提供更加精准的职业规划和发展建议。

四是治理体系不断完善。随着数字化转型的深入推进，人才治理体系将不断完善。通过优化治理流程、提升治理能力等措施，确保人才治理数字化转型的顺利进行。

综上所述，人才治理数字化转型是未来发展的重要趋势。通过深入研究和探索数字化转型在人才治理中的应用和实践，我们可以为相关领域的发展提供有益的参考和借鉴。同时，我们也需要关注数字化转型过程中面临的挑战和问题，并采取有效措施加以解决。

第三节 我国乡村人才扶植培育政策

本节主要聚焦我国乡村人才扶植培育政策,通过梳理政策背景与目标,探讨政府如何通过一系列具体措施,为乡村人才的成长与发展提供支持。同时,评估相关政策的实施效果,分析其在促进乡村人才队伍建设和激发乡村发展活力方面的作用,为构建一个充满活力的乡村人才体系提供政策建议。

一、政策背景与目标

(一)政策背景

随着全球化进程的加快和我国经济的持续快速发展,乡村地区面临前所未有的发展机遇与挑战。然而,长期以来由于城乡发展不平衡、资源分配不均等问题,乡村地区在人才方面一直处于相对劣势的地位。乡村人才的短缺与流失,不仅制约着乡村经济的持续发展,也影响着乡村社会的稳定与进步。因此,乡村人才扶植培育已成为当前我国乡村振兴战略的紧迫任务。

1. 乡村人才振兴的紧迫性

一是乡村经济发展需要人才支撑。乡村经济是我国经济的重要组成部分,但长期以来由于人才短缺,乡村经济发展受到严重制约。农业科技创新、农产品深加工、乡村旅游等领域缺乏专业人才,导致乡村产业升级缓慢,市场竞争力不强。因此,通过乡村人才扶植培育为乡村经济发展提供人才支撑,已成为当务之急。

二是乡村社会治理需要人才引领。乡村社会治理是维护乡村社会稳定、促进乡村和谐发展的重要保障。然而,目前乡村基层干部队伍整体素质不高,治理能力不强,难以满足乡村社会治理的需求。因此,加强乡村人才扶植培育,提高乡村基层干部队伍的整体素质和治理能力,对于推进乡村社会治理现代化具有重要意义。

三是乡村文化弘扬需要人才传承。乡村文化是我国传统文化的重要组成部分,是乡村社会的精神纽带。然而,随着城市化进程的加快,乡村文化面临传承危机。加强乡村人才扶植培育,培养一批懂乡村、爱乡村的文化人才,对于传承和弘扬乡村文化、推动乡村文化振兴具有重要意义。

2. 乡村人才振兴的重要性

一是促进乡村经济持续发展。乡村人才是乡村经济发展的关键要素。乡村人才扶植培育可以为乡村经济发展提供源源不断的人才支持，推动乡村产业升级和转型发展，提高乡村经济的竞争力和可持续发展能力。

二是提升乡村社会治理水平。乡村人才是乡村社会治理的重要力量。乡村人才扶植培育可以提高乡村基层干部队伍的整体素质和治理能力，推进乡村社会治理体系和治理能力现代化，维护乡村社会稳定和谐。

三是传承和弘扬乡村文化。乡村人才是乡村文化传承和弘扬的重要载体。乡村人才扶植培育可以培养一批懂乡村、爱乡村的文化人才，推进乡村文化传承和发展，增强乡村居民的文化自信和凝聚力。

（二）政策目标

针对乡村人才振兴的紧迫性和重要性，我国乡村人才扶植培育政策的目标主要包括以下几个方面。

一是建立完善的乡村人才培育体系。通过制定相关政策，加大对乡村教育的投入力度，完善乡村教育基础设施，提高乡村教育质量，为乡村地区培养更多高素质、专业化的人才。

二是引导人才向乡村流动。制定优惠政策，提高乡村地区吸引力，引导城市人才向乡村流动，解决乡村地区人才短缺的问题。同时，鼓励乡村地区人才回流，为乡村发展贡献力量。

三是加强乡村人才培训和教育。针对乡村地区人才的实际需求，开展各类职业技能培训和教育活动，提高乡村人才的专业技能和综合素质。同时，加强与高校、科研机构等机构的合作，为乡村地区提供更多的人才支持。

四是建立健全乡村人才激励机制。通过制定相关政策，建立健全乡村人才激励机制，激发乡村人才的创新创造活力。对于在乡村发展中做出突出贡献的人才给予表彰和奖励，提高乡村人才的社会地位和影响力。

总之，乡村人才扶植培育是我国乡村振兴战略的重要组成部分，要通过制定相关政策措施，引导和支持乡村人才发展和创新创造，为乡村地区持续发展提供有力的人才保障和智力支持。

二、政策内容与措施

（一）乡村人才培养计划

随着乡村振兴战略的深入实施，乡村人才的培养和扶植已成为推动乡村经济、文化、社会全面发展的重要支撑。为此，我国制定了一系列针对乡村人才的政策与措施,旨在通过系统培养和扶植,打造一支适应新时代乡村发展需要的实用人才队伍。

1. 政策内容

一是加强农村实用人才培养计划。首先,加强农村实用人才基础教育。针对农村实用人才文化素质和基本技能相对较低的现状,政策强调要加强基础教育,提高他们的文化素质和基本技能。这包括推广普及九年义务教育,提高农村学校的教育质量,以及开展各类职业技能培训,帮助农村实用人才掌握基本的文化知识和实用技能。其次,开展实用技能培训。政策明确提出,要针对农村实用人才的需求和岗位特点,开展实用技能培训。这包括农业技术、现代农机操作、养殖技术等多个领域,旨在帮助农村实用人才提高专业技能水平,更好地适应农业生产现代化的需要。再次,组织实践活动。为了培养农村实用人才的实际操作能力和解决问题的能力,政策鼓励组织各类实践活动。这包括开展农业技术示范推广、组织农民参加职业技能竞赛、建立农业科技园区等,通过实践活动,让农村实用人才在实践中学习、成长。最后,实施专业化培训。政策提出,要根据农村实用人才的需求和岗位要求,提供专业化的培训课程和机会。这包括与高等院校和专业培训机构合作,共同开展专业化培训活动,制定专业化培训计划和课程,根据不同岗位要求进行培训。

二是加强农村紧缺人才培养计划。首先,加快培育打造农业农村生产经营及二、三产业人才。为了提升乡村人才的综合素质和能力水平,我国政策强调加快培育打造农业农村生产经营及二、三产业人才。这包括实施乡村振兴人才培育计划、开展线上线下培训、减免农民学习费用等。这些措施旨在通过系统的培训和教育,提升乡村人才的技能水平和综合素质,为乡村振兴提供有力的人才保障。其次,实施农村创新创业带头人金融扶持计划。为了鼓励乡村人才创新创业,我国政策还提出实施农村创新创业带头人金融扶持计划。这一计划包括加大创业担保贷款支持力度、提高创业担保贷款额度、创新担保方式等。这些措施旨在通过金融扶持,降低乡村人才创新创业的风险和成本,激发他们的创新创业活力。再次,扩大实施乡村紧缺人才"订单式"培养计划。针对乡村紧缺人才短缺的问题,我国政策还提出扩大实施乡村紧缺人才"订单式"培养计划。这一计划包括重点培养大专以上乡村紧缺人才、对具有大专以上学历的退役士兵优先选拔录取等。这些措施旨在通过定向培养和选拔,迅速提高乡村紧缺人才数量和质量,满足全面推进乡村振兴对人才的需求。

2. 具体措施

一是加强组织领导。为了确保乡村人才培养计划的顺利实施,政策强调要加强组织领导。这包括设立专门机构负责乡村人才培养计划的规划和推进，明确各级政府的职责和任务，形成工作合力。

二是落实财政支持。为了保障乡村人才培养计划的顺利实施，政策要求落实财政支持。这包括增加对农村实用人才培养的投入，设立专项资金用于支持乡村人才培养活动，同时鼓励社会资本和企业参与农村实用人才培养，形成多元化的投入机制。

三是加强师资队伍建设。政策提出，要加强师资队伍建设，培养和引进专业化培训师资。这包括加强对现有教师的培训，引进优秀的教育人才和专家，打造一支高素质、专业化的师资队伍，为乡村人才培养提供有力的师资保障。

四是创新培训模式。为了增强培训效果，政策鼓励创新培训模式。这包括采用线上线下相结合的培训方式，利用现代信息技术手段开展远程教育和在线培训，同时结合实地示范和实践操作，提高培训的针对性和实效性。

五是建立激励机制。为了激发农村实用人才的学习积极性和创造力，政策提出要建立激励机制。这包括制定和完善农村实用人才评价体系，对表现优秀的农村实用人才给予表彰和奖励，同时推动建立城市专业技术人才定期服务乡村制度，鼓励城市各类人才到乡村开展服务活动。

海门出台"20条实施意见"加快推进乡村人才振兴

（二）乡村人才引进、留任与培育机制

乡村人才引进、留任与培育机制作为乡村人才扶植培育政策的重要组成部分，对于促进乡村经济发展和社会进步具有重大意义。

1. 乡村人才引进机制

一是明确引进目标。我国乡村人才引进的首要目标是吸引和培养一批懂技术、善经营、会管理的高素质人才。这些人才应具备一定的农业科技知识，熟悉现代农业技术，能够推动乡村产业升级和农业现代化。同时，他们还应具备一定的市场意识和经营能力，能够带领乡村经济发展。

二是制定优惠政策。为了吸引更多的人才到乡村工作，我国制定了一系列优惠政策。这些政策包括提供具有市场竞争力的薪资和福利待遇，如社会保险、医疗保险、住房公积金等，确保引进人才的生活质量。此外，对于在乡村工作中取得突出成绩的人才，还给予一定的奖励和荣誉，如设立乡村人才贡献奖、科技创新奖等。

三是实施"柔性引才"策略。为了更好地吸引和留住人才,我国还实施了"柔性引才"策略。这一策略包括建立兼职与顾问制度,允许人才在保留原有工作关系的同时,参与到乡村工作中来。此外,还组织短期服务与交流,为人才提供更多的学习和交流机会。

2. 乡村人才留任机制

一是职业发展激励。为了留住乡村人才,我国建立了明确的晋升通道和职业发展路径。通过定期为乡村人才提供各类培训和学习机会,帮助他们提升专业技能和管理能力,为他们的职业发展打下坚实的基础。同时,还鼓励乡村人才积极参与乡村发展规划、项目决策等过程,提高其参与感和归属感。

二是荣誉和表彰激励。为了激发乡村人才的积极性和创造力,我国设立了乡村人才贡献奖、科技创新奖等荣誉奖项。对于在乡村发展中做出突出贡献的人才给予表彰和奖励,并将其纳入后备干部人才库,优先给予项目开发、资金资源等方面的支持。

三是参与和决策激励。我国鼓励乡村人才积极参与乡村事务的决策和管理。通过组织乡村人才参与乡村发展规划的制定和实施,让他们成为乡村发展的参与者和决策者。这不仅能够增强乡村人才的责任感和使命感,还能够提高乡村发展的科学性和有效性。

四是健全乡村留才机制。为了留住乡村人才,我国还建立了科学的选拔机制和财政保障机制。一方面,通过打通人才流动和晋升通道,建立公平、公正的人才选拔机制,让优秀的人才能够脱颖而出;另一方面,合理配置乡村人才队伍建设投入资金,协调各方资金加大对乡村人才的支持力度。

3. 乡村人才培育机制

一是加强农业科技人才培训。为了提高乡村人才的科技素质和能力,我国加强了对农业科技人才的培训。通过实施"神农英才"计划等专项,组织开展中华农业英才奖评选,推动扩大"公费农科生"实施范围,吸引更多的优秀人才投身农业科学研究和农业技术推广活动。

二是加强农村实用人才培训。除了农业科技人才外,我国还加强了对农村实用人才的培训。这些培训项目和计划旨在提高农村实用人才的素质和能力,促进乡村产业的发展和乡村经济的繁荣。

三是完善乡村教育体系。为了从根本上提高乡村人才的素质和能力,我国还加大了对乡村教育的投入。通过提高乡村教师的待遇和职业发展空间,吸引更多的优秀教师到乡村学校任教。同时,加强职业教育和技能培训,培养更多技能型人才,提高乡村地区的劳动力素质。

乡村人才引进与留任机制是我国乡村人才扶植培育政策的重要组成部分。我国通过明确引进目标、制定优惠政策、实施"柔性引才"策略等措施，吸引了大量高素质人才到乡村工作；通过职业发展激励、荣誉和表彰激励、参与和决策激励等方式，成功地留住了这些人才；通过加强人才培育，大大提升了农村人才的素质和能力。

（三）乡村人才评价与激励机制

乡村人才评价与激励机制作为乡村人才振兴的重要手段，对于吸引、留住和激发乡村人才的活力具有至关重要的作用。

1. 乡村人才评价机制

一是建立以创新能力、质量、贡献为导向的评价体系。为了更好地评价乡村人才的综合素质和能力，我国政策强调建立以创新能力、质量、贡献为导向的评价体系。这一评价体系不仅仅注重乡村人才的学历、职称等传统指标，更重视其在乡村振兴实践中的创新成果、工作质量和实际贡献。这种评价方式有助于激发乡村人才的创新活力，推动他们在全面推进乡村振兴中发挥更大的作用。

二是开展职业农民职称评定试点。为了鼓励农民参与乡村振兴，我国政策还提出开展职业农民职称评定试点。这一措施旨在通过职称评定，提高农民的职业地位和社会认可度，激发他们参与乡村振兴的积极性。同时，职称评定还可以帮助农民提升自身素质和能力，为乡村振兴提供有力的人才支撑。

三是探索制定乡土人才技能评价地方标准。针对乡土人才的特殊性，我国政策还提出探索制定乡土人才技能评价地方标准。这一措施旨在通过制定符合地方实际的技能评价标准，更好地评价乡土人才的技能水平和实际贡献。同时，这也有助于推动乡土人才技能评价的规范化、标准化，提高评价的公正性和准确性。

2. 乡村人才激励机制

一是创新乡村人才收入分配政策。为了更好地激励乡村人才，我国政策强调创新乡村人才收入分配政策。包括完善知识、技术、管理、技能等按贡献参与分配的办法，以及健全对乡村人才的股权、期权及分红激励机制。这些措施旨在通过合理的收入分配机制，激发乡村人才的创新活力和工作积极性。

二是构建人才服务乡村的分类激励机制。为了更好地满足不同类型乡村人才的需求，我国政策还提出构建人才服务乡村的分类激励机制。包括制定规定性、激励性、考核性措施相结合的鼓励专业人才下乡服务的政策，以及支持企事业单位专业人才离岗创业、兼职兼薪等。这些措施旨在通过多样化的激励机制，吸引更多的人才参与到乡村振兴中来。

三是提高乡村人才的各项待遇标准。为了留住乡村人才，我国政策还提出提高乡村人才的各项待遇标准。包括提高乡村教师的工资水平、落实乡村医生的社会保障政策、实施人才安居工程等。这些措施旨在通过提高乡村人才的待遇水平，增强他们的归属感和满意度，从而稳定乡村人才队伍。

三、政策实施与效果评估

（一）政策执行过程中的问题与困难

一是资源分配不均。在乡村人才扶植培育政策实施过程中，往往存在资源分配不均的问题。一些偏远或经济落后的乡村可能无法获得足够的资源和关注，导致政策执行效果不佳。

二是人才流失严重。由于乡村地区的经济、文化、教育等条件相对落后，很多有才华的人才选择到城市或其他更发达的地区发展，这导致乡村地区的人才流失严重。

三是培训体系不完善。乡村人才扶植培育政策的实施需要完善的培训体系做支撑，但现实中往往存在培训体系不完善、培训内容与实际需求脱节等问题。

（二）政策效果的定量与定性评估

一是定量评估。可以通过统计数据来评估政策效果，如乡村地区的人才数量、人才结构、人才流动率等。这些数据可以直观地反映政策实施后乡村地区人才状况的变化。

二是定性评估。可以通过访谈、问卷等方式收集乡村地区居民、企业、政府等对政策实施效果的反馈和评价，了解政策对乡村地区经济、社会、文化等方面的影响。

（三）政策调整与优化的建议

一是加大资源投入。针对资源分配不均的问题，应加大对偏远或经济落后乡村的投入，确保政策能够覆盖所有需要帮助的乡村地区。

二是完善培训体系。针对培训体系不完善的问题，应加强与高校、企业等机构的合作，建立更加完善、实用的培训体系，确保培训内容与实际需求相契合。

三是优化人才引进机制。针对人才流失严重的问题，应优化人才引进机制，为乡村地区提供更多的人才激励政策，吸引更多的人才到乡村地区工作和创业。

综上所述，乡村人才扶植培育政策的实施过程中存在一些问题和困难，但通过加大资源投入、完善培训体系、优化人才引进机制等措施，可以有效地提高政策实施效果，促进乡村地区的经济和社会发展。

 **思考题**

1.如何设计一个有效的乡村人才培养计划？

2.乡村人才引进与留任机制面临哪些挑战，应如何应对？

第四章思考题
参考答案

第五章
产业治理：推进农业的高质量发展

 **学习目标**

  1.了解推动农业高质量发展的重要性和农业高质量发展的国际经验，以及如何建立可追溯农产品质量安全管理机制，确保农产品质量安全。

  2.认识农业高质量发展的内涵和目标，理解农业高质量发展不仅强调量的增长，更强调质的提升，包括生产效率、产品质量、产业效益、市场竞争力等多方面。

  3.掌握实现农业高质量发展的主要路径。

第一节 产业治理赋能乡村振兴的背景及意义

一、产业治理赋能乡村振兴的背景

  党的十九大报告指出，实施乡村振兴战略，强调农业农村农民问题是关系国计民生的根本性问题，必须始终把解决好"三农"问题作为全党工作重中之重。乡村振兴的核心在于产业兴旺，产业是发展的基石，唯有产业兴旺，农民收入方能实现稳定增长。实施乡村治理赋能乡村振兴，其核心聚焦于产业发展，参与主体为广大农民群众。因此，必须通过推动乡村产业发展，充分激发亿万农民群众的积极性、主动性、创造性，进而提升乡村居民的收入水平。习近平总书记曾指出："要推动乡村产业振兴，紧紧围绕发展现代农业，围绕农村一二三产业融合发展，构建乡村产业体系，实现产业兴旺，把产业发展落到促进农民增收上来，全力以赴消除农村贫困，推动乡村生活富裕。"①为贯彻落实习近平总书记的重要讲话精神，要以农业供给侧结构性改革为主线，着眼于推进产业链建设，推动农村一、二、三产业的深度融合发展。在此过程中，应确保第一产业的基础地位得到稳固，积极扩大第二产业的生产产值，并充分激发第三产业的发展活力，以实现农业生产全环节的升级，加速构建现代乡村产业体系。

自"十三五"规划实施以来，党中央、国务院相继出台了一系列支持乡村产业发展的政策和文件，如《关于落实发展新理念加快农业现代化 实现全面小康目标的若干意见》《全国农业现代化规划（2016—2020年）》以及《国务院关于促进乡村产业振兴的指导意见》等，为乡村产业的持续发展提供了有力的政策保障和支持，充分体现了国家对乡村产业发展的高度重视。乡村产业发展成为当时贫困地区实现脱贫致富、全面建成小康社会目标的重要途径。从全国范围来看，地方政府积极推动乡村产业发展已成为一项紧迫而重要的任务，各地政府在国家政策的引导下，积极开展了诸多有益的探索和实践。

以产业治理赋能乡村振兴，作为我们党和政府的一项重要战略部署，旨在推动农村经济社会全面发展。作为全面推进乡村振兴的先手棋，乡村产业发展需要政府的积极引导和社会各界的广泛参与。在乡村产业发展过程中，应充分发挥地方政府在产业规划、政策引导、资源整合等方面的作用，依托当地资源禀赋，紧密结合市场需求，以农牧民增收和乡村经济发展为目标导向。具体而言，应坚持市场导向，更新发展理念，加强顶层设计，完善体制机制，优化发展环境，深入推进重点领域改革，鼓励社会各界广泛参与，充分激发各类生产要素、市场和经营主体的活力，加强村县之间的协调配合，确保乡村产业发展有序、高效推进。

近年来，随着全球经济的持续发展和农村经济结构的不断转型，农村产业的持续健康发展已成为各级政府的重要任务。然而，乡村产业治理仍面临诸多挑战，如产业结构不合理、管理体制不健全、资源利用效率不高等。因此，深入实施产业治理，以赋能乡村振兴为核心目标，完善乡村产业治理体制和管理方式，已成为当前国家发展的重要任务。

二、乡村产业治理的意义

首先，乡村产业治理是推动乡村经济发展的关键所在。通过优化产业结构，引导农民转变传统的种植、养殖和加工方式，推动传统农业向现代农业转型升级，可以有效提高农业生产的效率和质量。同时，鼓励发展新兴产业和服务业，促进多元

---

① 习近平要求乡村实现"五个振兴"[N].人民日报，2018-07-16（01）．

化经营，为农民提供更多的就业机会和收入来源，进而提升乡村经济的整体竞争力和综合效益。

其次，乡村产业治理有助于实现乡村的可持续发展。在乡村产业治理的过程中，注重生态环保和可持续发展，推动绿色农业和循环农业的发展，有利于保护乡村生态环境，提升乡村资源利用效率。这不仅有助于维护乡村的生态平衡，还为乡村经济的长远发展奠定了坚实的基础。

再次，乡村产业治理还能提升农民的生活水平和社会福祉。发展现代农业和新兴产业，可以拓宽农民的收入来源，改善农民的生活条件，有助于缩小城乡差距，实现共同富裕。同时，乡村产业治理还可以促进乡村社会的和谐稳定，增强农民的获得感和幸福感。

最后，乡村产业治理对于国家的粮食安全也具有重要意义。加强农业生产和农产品品牌建设，提高农产品的产量和质量，有助于保障国家的粮食安全，维护国家的经济安全和社会稳定。

我国统筹提升乡村产业发展、乡村建设、乡村治理水平，就是要从根本上解决目前我国农业不发达、农村不兴旺、农民不富裕的问题。通过牢固树立"创新、协调、绿色、开放、共享"的新发展理念，达到生产、生活、生态的"三生"协调，促进农业、加工业、现代服务业的"三业"融合发展，真正实现农业发展、农村变样、农民受惠，最终建成望得见山、看得见水、记得住乡愁、留得住人的美丽乡村、美丽中国。

第二节 乡村产业治理的探索与实践

随着社会经济的不断发展，政府、市场以及社会层面的问题日益凸显，新公共管理理论正面临严峻的挑战。在此背景下，治理理论应运而生并不断演进，逐渐形成了完善的理论体系。在乡村治理研究领域，国外学界主要聚焦于工业文明冲击下乡村社会的深刻变革，依托治理理论的思想引领与技术指导，进行了广泛而深入的探讨。在理论探索维度上，国际学界针对乡村治理领域，提出了包括"人治"理念、内生民主治理模式、乡村主体自主能力建设以及"自治"思想在内的一系列新颖的概念与理论框架，为乡村治理的深化研究开辟了全新的视野与路径。进而，在实践应用的层面上，学者们展现出高度的创新精神，引入了治理信息化工具、治理晴雨表监测机制以及乡村中立机构等新型治理模式。具体而言，就是通过利用创新的、公开可用的数据集，对乡村产业进行精细化治理。这一实践不仅为乡村治理政策的制定提供了丰富而深刻的参考依据，还广泛涵盖机构与治理改革、城市化与粮食系统优化、福利与贫困缓解、卫生与教育服务普及以及环境与自然资源管理等关键领域。这些实践成果为乡村治理的优化升级提供了具体、可行的操作指南与策略建议。①

将目光转向国内,我国学界对乡村治理的研究呈现明显的阶段性特征。从文献发表的数量来看,研究大致可分为三个阶段。第一阶段为1974年至2000年的探索期,学者主要关注农村流动人口、环境卫生、治安等问题,为乡村治理研究奠定了初步基础。②第二阶段为2001年至2013年的发展期,贺雪峰等学者围绕新农村建设、村民自治制度、社会资本等主题展开深入研究,推动了乡村治理理论的不断丰富和完善。③第三阶段即自2014年至今,标志着乡村治理研究步入了全面发展的阶段。在治理理论不断深化与现实社会需求的共同推动下,该领域正经历前所未有的繁荣与进步。其中,乡村旅游作为一种促进景观保护与可持续发展的新型模式,被广泛应用于农村地区,以有效应对其面临的挑战,展现出显著的社会效益与生态效益。④乡村经济社会发展研究作为乡村治理研究的重要组成部分,一直备受关注。众多学者从不同领域和角度对乡村产业治理进行了深入探讨。本部分将重点关注乡村治理中的乡村产业治理问题,从乡村产业治理主体结构与模式选择的探索、乡村产业治理实践逻辑的探索等方面对相关文献进行梳理和分析。

一、乡村产业治理主体结构与模式选择的探索

乡村产业的建设与发展,内在地呼唤多元主体的广泛参与,这一趋势引发了学界对乡村产业治理主体结构与模式选择问题的深入探究。例如,吴军通过对比不同农业产业化组织模式的制度优劣及其相互间的演化,进行了系统的制度分析。他从纵向与横向两个维度剖析了农业产业化组织模式的演化路径,并指出农业产业化联合体与"龙头企业+农场"模式具备显著的制度优势,这两种模式的形成不仅符合农业产业化组织模式的内在演化逻辑,更是组织模式演化的必然趋势和主要方向。⑤朱天义和张立荣深入探讨了在新时代背景下,农村集体经营如何持续发展的

---

① Cattaneo A, Adukia A, Brown D L, et al.Economic and social development along the urban-rural continuum: New opportunities to inform policy[J].World Development, 157 (9): 105-141.
② 梁开金,贺雪峰.村级组织制度安排与创新[M].北京:红旗出版社,1999.
③ 贺雪峰.大国之基:中国乡村振兴诸问题[M].北京:东方出版社,2019.
④ Reina-Usuga L, Camino F, Gomez-Casero G, et al.Rural tourism initiatives and their relationship to collaborative governance and perceived value: A review of recent research and trends[J].Journal of Destination Marketing & Management, 2024, 34 (11): 100-126.
⑤ 吴军.农业产业升级下的乡村治理[J].人民论坛,2019 (16): 72-73.

问题。他们指出，政府的引导和支持对于促进这些地区产业发展至关重要，同时强调了因地制宜、发挥地方特色和资源优势的重要性。①

二、乡村产业治理实践逻辑的探索

根据乡村产业建设与发展的特征与内在要求，众多学者从不同视角对乡村产业治理的实践逻辑进行了深入研究。

从资本下乡视角来看，乡村产业治理的实践逻辑研究主要集中于资本对村庄集体建设用地的经营与农业产业化发展的关系上。王蔷深入剖析了不同利益主体在资金注入过程中的策略选择和行为模式，以及这些行为对项目实施效果的影响。②廖彩荣等人揭示了在政策和制度红利、基层政府考核压力、农民土地财产权利让渡以及社会管理职能市场转移等多重因素共同驱动下，资本下乡参与产业治理的机制。③卢青青则进一步关注了资本在乡村产业治理过程中的作用方式，指出公司通过资本化运作方式整合村庄资源，重构乡村治理结构。④

从项目制视角来看，学者们主要探讨了政府在乡村产业治理中的行动机制和实践模式。朱天义和张立荣通过对比分析不同产业发展模式，指出政府主导下产业经营模式的选择受到村庄微观基础和主客观互动机理的影响。⑤原贺贺则运用科层理性与关系理性的分析工具，系统归纳了产业项目中存在的治理逻辑，包括形式合理、规避风险、完成任务和政绩寻求等。⑥

在乡村产业治理过程中，村庄精英同样扮演着重要角色。闫春化认为，村庄精英凭借其地方性知识，在产业定位、资金筹措、技术传授和市场开拓等关键环节发挥积极作用。⑦唐超和胡宜挺也强调了村治能人在推动农村产业发展中的重要作用，并提出通过制度化组织保障、利益联结和激励监督机制来充分发挥其作用。⑧然而，

---

① 朱天义，张立荣.新时代农村集体经营何以延续？——政府主导下的连片特困地区多村产业发展模式比较[J].河南师范大学学报（哲学社会科学版），2019，46（4）：30-38.
② 王蔷.财政产业项目资金注入集体资产相关利益主体的博弈行为研究[J].农村经济，2017（6）：94-101.
③ 廖彩荣，郭如良，尹琴，等.协同推进脱贫攻坚与乡村振兴：保障措施与实施路径[J].农林经济管理学报，2019，18（2）：273-282.
④ 卢青青.资本下乡与乡村治理重构[J].华南农业大学学报（社会科学版），2019，18（5）：1-10.
⑤ 朱天义，张立荣.新时代农村集体经营何以延续？——政府主导下的连片特困地区多村产业发展模式比较[J].河南师范大学学报（哲学社会科学版），2019，46（4）：30-38.
⑥ 原贺贺.整村推进背景下村庄分化的政策过程[J].地方治理研究，2020（1）：43-54.
⑦ 闫春化.扶贫产业落地中"精英帮扶"的实践及内在机理——以辽宁省Z县A村养殖业为例[J].西北农林科技大学学报（社会科学版），2019（4）：78-86.
⑧ 唐超，胡宜挺.村治能人推动农村产业融合探析——基于安徽省夏刘寨村的调查[J].湖南农业大学学报（社会科学版），2017，18（1）：7-14.

也有学者关注到精英在推动产业发展过程中可能出现的"精英俘获"问题，包括被动承接和主动侵占扶贫资源等，这些问题可能导致产业项目资源的损耗和乡村产业发展"内卷化"[①]。

乡村居民作为乡村社会的主要行动主体，其参与产业发展治理的渠道和模式也是学者们关注的焦点。邱婷通过历史分析发现，农户个体在适应农业产业化发展的过程中形成了以家庭为核心的双重经营模式。这种模式有助于激发家庭发展潜能和乡村产业发展活力，但在扩大化发展过程中仍面临诸多困境。[②]因此，如何维护和发展传统小农户与新型乡村产业经营主体之间的关系成为乡村产业治理的核心问题。

在乡村产业发展实践中，专业合作社作为农民参与乡村产业治理的组织形式和基础，被普遍认为具有加强农民间联结、农民与资本联结以及承接财政产业项目的重要作用。通过专业合作社的形式，可以有效推动乡村产业的持续发展并提升农民的经济福祉。

第三节 乡村产业治理的典型模式

中国在改革开放后，用几十年时间走完了西方发达国家几百年的发展之路，城乡生存与发展环境产生巨大落差与不平衡。那么，发达国家的乡村振兴是怎样实现的呢？乡村在发达国家是如何与城市和谐共存的呢？以下八个发达国家乡村治理的成功模式，也许可以给我国乡村治理带来一定的启发。

一、发达国家乡村治理的成功模式

（一）因地制宜型模式：日本"造村运动"

因地制宜型模式是乡村治理的一种重要形式，其核心特点在于深入挖掘本地资源并尊重地方特色。通过充分利用乡村资源，因地制宜地推动乡村建设与发展，进而实现乡村的可持续发展。在这一方面，日本的"造村运动"堪称典范。

---

① 李丹阳，钟楚原.乡村产业振兴中"内外联动"而"内不动"问题探析——基于A省S市驻村第一书记帮扶实践的田野调查[J].中共福建省委党校（福建行政学院）学报，2023（6）：128-137.
② 邱婷.双重经营：农业产业化中的家庭经营及其内在逻辑——基于鲁西南Q村蛋鸡养殖产业的调查[J].江西农业大学学报（社会科学版），2020，19（3）：333-341.

第二次世界大战结束后,日本政府为推动社会进步,实行了一系列以城市为中心的发展政策,聚焦城市工业的快速发展,力求快速提升国家整体经济水平。然而,这种发展策略不可避免地导致了城乡发展的失衡,使得农村地区的发展相对滞后。为扭转这一局面,实现城乡均衡发展,大分县前知事平松守彦率先发起了一场具有深远影响的"造村运动"。该运动强调立足乡土、自主自立、面向未来。在日本政府的积极倡导与大力支持下,各地区结合自身实际情况,因地制宜地探索并培育出各具特色的农村发展模式,形成了广受赞誉的"一村一品"现象。

相关案例:
日本"造村运动"

在实施过程中,日本政府充分利用本国独特的地形与自然条件,精心打造了一批特色农产品生产基地,如水产品产业基地、香菇产业基地及牛产业基地等。同时,为了提高农产品附加值,日本政府采取精深加工策略,对农、林、牧、副、渔等产业进行一次性精深加工处理。此外,日本政府还积极发挥综合农协的作用,在农产品的生产、加工、流通与销售等环节构建完整的产业链,确保产品的顺畅交易。

在提升农民素质方面,日本政府不断完善教育指导模式,通过开设各类农业培训班、建立符合农民需求的补习中心等方式,提高农民的综合素质和农业知识水平。同时,日本政府还给予农业生产大量补贴与投入,为农村发展提供了有力支持。

"造村运动"的成功实践表明,因地制宜型模式在乡村治理中具有重要的应用价值。它强调具体问题具体分析,通过整合和开发本地传统资源,形成区域性经济优势,进而打造具有地方特色的品牌产品。总结日本经验,在农村发展各地区条件差异较大,难以找到一种普遍适用的标准化乡村治理模式的情况下,因地制宜型乡村治理策略能够更好地发挥本地优势,提升乡村社会的整体效益。

(二)自主协同型模式:韩国"新村运动"

自主协同模式作为推动农村跨越式发展的典范,其核心在于通过将政府的积极支持与农民的自主发展相结合,共同推动并实现乡村治理的目标。韩国"新村运动"便是该模式的杰出代表。与日本的"造村运动"背景相似,韩国"新村运动"同样发生在韩国重点发展工业经济、壮大城市的背景下,由此引发的城乡两极分化、农村人口外流和贫富差距问题日益凸显。为改善这一状况,20世纪70年代,韩国政府决定在全国范围内启动以"勤勉、自助、协同"为核心的"新村运动"。该模式体现了科学的发展策略。针对乡村基础设施落后的现状,韩国政府积极投入资源,兴建公共道路、地下水管道、乡村交通及河道桥梁等基础设施,以改善乡村生活环境,提升农民生活质量。同时,韩国政府还通过推广水稻新品种、增种经济类作物、建设专业化农产品生产基地等措施,优化乡村产业结构,提升农民的经济收入水平。

此外，韩国政府还通过实施"农户副业企业"计划、"新村工厂"计划以及"农村工业园区"计划等，进一步促进乡村经济的发展；积极培育和发展互助合作型农协组织，为农户提供专业服务和生产指导，推动城乡经济共赢发展；为增强农民的参与性和积极性，在各乡镇和农村建立村民会馆，开展丰富多彩的文化活动；注重提升农民的知识文化水平，通过开展国民精神教育活动等方式，激发农民自主管理乡村和建设农村的积极性。

"新村运动"的成功实施，使韩国农业面貌焕然一新，焕发出乡村的活力，实现了农业现代化的目标。总结韩国经验，自主协同型模式在城乡差距较大的国家或地区具有显著的实用价值。在这种模式下，政府通过整治和改造乡村，维护自身合法地位并塑造良好形象；而农民则通过自身努力改变贫困现状，提升生活质量和经济收入水平。

（三）循序渐进型模式：德国村庄更新

循序渐进型模式是一种注重长期性和稳定性的乡村治理策略，强调将乡村治理视为一项可持续的社会实践工程。在此进程中，政府借助制度层面的法律法规调整，规范并引导乡村改革的方向，逐步推动乡村实现发展与繁荣。在这一方面，德国村庄更新是典型代表。

德国的乡村治理工作可追溯至20世纪初期，其中村庄更新作为德国政府改善乡村社会状况的主要途径，历经了多个发展阶段。1936年，德国政府通过实施土地改革法，开始对乡村的农地建设、生产用地以及荒废地进行科学规划。1954年，村庄更新的概念正式确立，在《土地整理法》中，德国政府明确将乡村建设和乡村公共基础设施完善作为村庄更新的核心任务。此后，德国的巴登-符腾堡州、巴伐利亚州等纷纷出台了村庄更新的发展计划。随着时间的推移，德国的村庄更新工作不断深化。1976年，在总结前期经验的基础上，德国不仅将村庄更新纳入修订后的《土地整理法》之中，而且注重保持村庄的地方特色和独特优势，对乡村的社会环境和基础设施进行整治和完善。进入20世纪90年代，村庄更新工作进一步融入科学生态发展理念，乡村的文化价值、休闲价值、生态价值与经济价值并重，实现了村庄的可持续发展。

尽管德国村庄更新的周期较长，但其所产生的价值和影响是深远的。对于乡村治理而言，这种循序渐进的发展方式更有助于保持乡村的活力和特色。总结德国的经验，循序渐进型模式意味着在经济社会快速发展的背景下，政府需要不断调适现行的乡村治理目标、方式和手段，以实现乡村社会的整体效益最大化。这是一个长期而稳定的发展过程，政府通过宏观层面的规划制定和综合管理，依托制度文本和法律框架，推动乡村社会有序发展。

(四)精简集约型模式：荷兰农地整理

精简集约型模式是国土面积有限、乡村资源相对稀缺的国家所采取的一种发展策略，其核心在于通过整合现有乡村资源，最大限度地发挥地区优势，进而推动乡村社会的和谐均衡发展。荷兰的农地整理实践，便是此种模式的典型代表。荷兰国土面积仅为4万余平方千米，却成功跻身世界第二大农业出口国之列，这一显著成就离不开其深入实施的精简集约型模式（即农地整理）。这种模式有效地促进了荷兰农业的高效、优质发展，显著提升了其国际竞争力。

早在20世纪50年代，荷兰政府便颁布了《土地整理法》，明确了政府在乡村治理中的核心职责与基本发展策略。随后，通过《空间规划法》的制定与实施，对农地整理进行了详尽而严谨的规范，确保每一块土地的使用均符合法律法规要求。20世纪70年代后，荷兰政府进一步调整和优化了农地整理的目标与方向，通过更加科学合理的规划与管理，有效避免了农地利用的碎片化现象，实现了农地经营的规模化和完整性。这一转变不仅提升了农业生产的效率与效益，也为乡村的可持续发展奠定了坚实基础。

在荷兰农地整理的实践中，荷兰政府逐渐摒弃了过去单一强调农业发展的观念，转而构建了一个多目标体系的乡村建设框架。这包括但不限于推动农业可持续发展、提升自然环境景观品质、合理规划农地利用以促进乡村旅游和服务业发展、改善乡村生活质量以满足地方需求等。通过这些举措，荷兰乡村不仅呈现出环境优美、景观宜人的面貌，而且农业经济蓬勃发展，农民生活水平显著提高。总结荷兰的成功经验，我们不难发现：精简集约型模式在资源有限的乡村地区具有广泛的应用前景。通过精耕细作、多重精简利用的方式，可以在保护自然生态环境的前提下，实现乡村经济的规模化、专业化发展。同时，这种模式也有助于推动村庄城市化进程，实现乡村社会的可持续发展。

(五)生态环境型模式：瑞士乡村建设

生态环境型模式是政府在乡村建设中，通过营造优美的环境、打造特色乡村风光、完善基础交通设施，实现乡村社会增值发展、提升乡村吸引力的一种发展路径。其中，瑞士的乡村建设成果显著，堪称此模式的典范。随着社会化和城市化进程的推进，瑞士的乡村数量和农民数量虽都有所减少，但瑞士政府始终将乡村发展视为推动国家整体进步的关键环节，致力于实现乡村社会的全面繁荣。

从瑞士政府在乡村建设中的主要举措来看，其高度重视自然环境的美化与乡村基础设施的完善。瑞士政府通过制定和实施一系列激励政策，为农业提供资金补助，并向农民提供商业贷款支持,以助力乡村环境的改善。同时,瑞士政府还通过国家财政拨款与民众自筹资金相结合的方式,将大量资金投入乡村建设,具体包括建设学校、医院、活动场所等公共服务设施,以及铺设天然气管道、增设乡村道路等基础设施,从而完善乡村公共服务体系,有效缩小城乡发展差距。在瑞士政府的持续投入与改造下,瑞士乡村呈现出风景如画、生机盎然的景象,乡村环境静谧舒适,基础设施完善且交通便利,为乡村居民提供了优质的生活条件。现阶段,瑞士乡村已实现了与周边自然环境的和谐共生,展现出独具特色的田园风光,成为人们休闲娱乐和户外旅行的理想之地。

(六)综合发展型模式:法国乡村改革

综合发展型模式的核心在于满足乡村现代化的需求,通过集中化、专业化和大型化的建设方式,推动乡村综合发展,其以法国乡村改革为范例。法国作为经济发达的资本主义国家,既拥有强大的工业基础,也拥有丰富的农业资源。在短短20多年的时间里,法国成功实现了乡村现代化建设,这主要得益于法国政府所采取的恰当的发展策略及积极有效的乡村改革措施。法国的乡村改革主要聚焦两个方面,即发展"一体化农业"与开展领土整治工作。

所谓"一体化农业",就是在生产专业化和协调化的基础上,工商业资本家与农场主通过控股或缔结同等方式,运用现代科学技术和现代企业运营模式,将农业与相关的工业、商业、运输、信贷等部门紧密结合,形成利益共同体。[①]发展"一体化农业"有助于将农业与相关部门紧密结合,借助其他部门和机构的资金和技术指导,促进农业建设,进而实现对农业的支持与反哺。

法国在发展"一体化农业"的同时,积极开展领土整治工作。通过国家层面的法律法规,对经济欠发达地区给予帮助和支持,实现乡村社会资源的优化配置,从而加快乡村社会的现代化建设步伐。在发展"一体化农业"和开展领土整治工作中,法国政府高度重视财政扶持、技术保障以及教育培训等手段的综合运用,以支持乡村建设,促进乡村社会的善治。这些措施有效加速了乡村地区的发展,使城乡发展速度、经济水平和预期目标逐步趋向平衡。

(七)城乡共生型模式:美国乡村小城镇建设

城乡共生型模式以城乡互惠共生为基本准则,通过城市对乡村的带动以及城乡一体化发展等手段,推动乡村社会的全面进步,其目标在于实现工业与农业、城市

---

① [德]马克思.法兰西内战[M].中共中央马克思恩格斯列宁斯大林著作编译局,译.北京:人民出版社,1961:117.

与乡村的互利共赢。美国乡村小城镇建设是这一模式的典范。美国作为世界上城市化水平领先的国家，在乡村治理进程中，尤为注重通过小城镇建设来推动乡村社会的繁荣与发展。

20世纪初，随着美国城市人口的持续增长和城市中心的过度拥挤，许多中产阶级选择向城市郊区迁移，这一趋势极大地促进了小城镇的蓬勃兴起。同时，交通工具如汽车的普及、小城镇基础设施的完善以及自然环境的优越，共同助力小城镇的快速发展。此外，美国小城镇的蓬勃发展与美国政府推行的小城镇建设政策紧密相关。1960年，美国实施的"示范城市"试验计划，实质上是通过引导大城市人口向中小城镇分流，促进中小城镇的发展。在小城镇建设方面，美国政府强调打造个性化特色城镇，充分利用区位优势和地区特色，同时注重生活环境和休闲旅游等多重目标的实现。小城镇拥有健全的管理体制和规章制度，能够实现对全镇经济社会发展的统筹与监管，确保小城镇发展的有序性和稳定性。鉴于美国城乡一体化格局已基本形成，小城镇建设在带动乡村发展方面发挥了重要作用。

总结美国经验，城乡共生型模式是在特定的社会人文环境中孕育而生的，多见于经济发达的国家。它以乡村完善的公共服务体系和发达的城乡交通网络为基础，有助于全面提升国家的现代化水平。在城乡共生型模式下，政府在追求经济目标的同时，更加注重乡村生态、文化、生活等多方面的均衡发展。

（八）伙伴协作型模式：加拿大乡村计划

伙伴协作型模式是在深入交流与充分沟通的基础上，通过跨部门协商合作，构建战略伙伴关系，共同致力于乡村善治目标的达成。这种模式以加拿大乡村计划为显著代表。加拿大作为全球高度发达国家之一，同样面临城乡贫富差距的挑战。为有效改善这一状况，激发乡村社会活力，加拿大政府于1998年正式推出并实施《加拿大乡村协作伙伴计划》，旨在加强乡村基础设施建设、公共事务治理以及解决村民就业教育等问题。加拿大的伙伴协作型模式的核心体现在以下五个方面：第一，通过建立跨部门的乡村工作小组，提供对乡村问题的支持和解决方案，提升工作效率，降低政府行政成本；第二，构建乡村对话机制，定期举办乡村会议、交流学习、在线讨论等活动，及时了解社情民意，积极解决民众关切的问题；第三，建立乡村透镜机制，使各级政府部门官员能够站在村民角度，始终为人民服务；第四，推动并组织多样化的乡村项目，激发企业和个人参与乡村创业的热情与积极性；第五，在欠发达的乡村地区设立信息服务系统与电子政务网站，为村民提供便捷的信息咨询及专家指导服务。通过实施乡村计划，加拿大政府成功塑造了维护村民利益、提升村民生活水平的合作伙伴形象，有力推动了乡村地区的快速发展与社会繁荣。加拿大的伙伴协作型模式成功转变了政府传统的角色定位，通过协调各部门资源，与村民形成新型合作伙伴关系,积极助力村民改善生活条件,推进乡村现代化。此模式的核心价值在于实现城乡统筹协调发展,通过平衡城市与乡村的经济社会发展,提升乡村社会的整体效能。

这些发达国家形成的八种各具特色的乡村治理模式尽管类型繁多、特点各异,但均有效整合了政府部门、农民协会、乡村精英、普通村民、城市、企业、高等院校、金融机构等多方参与主体的功能与内在价值,充分践行了多中心治理理论的核心思想,从而确保了乡村社会的稳定与繁荣发展。

二、中国乡村治理模式的创新:从"乡政村治"到"乡村民主自治"

自改革开放以来,我国乡村逐步确立起以"乡政村治"为核心、彰显中国特色的乡村治理模式,在一定程度上推动了乡村治理的进程。然而,随着市场经济的蓬勃发展和村民自治的深入推进,"乡政村治"模式的固有缺陷逐渐暴露,急需对其进行进一步的优化完善。在优化乡村治理模式的过程中,应秉持稳健和理

相关案例:乡村治理"寻乌经验"

性的原则,既要维护乡村社会的稳定性,又要确保乡村政治制度能够有机融入乡村社会的实际。具体而言,短期内,应致力于实现乡镇政府与村民委员会之间的和谐共处,推动乡村基层党组织领导权与村民自治权的顺畅衔接,不断完善村级民主自治制度。同时,还应强化乡镇人民代表大会常设性机构的法律地位和法定职权,以夯实乡村治理的法治基础。[①]从长远来看,随着乡村经济、文化、社会等条件的逐步成熟,应适时将民主自治的领域拓展至乡一级,逐步将"乡政村治"模式提升为更为广泛和深入的"乡村民主自治"模式。

(一)"乡政村治"模式的形成及其局限性

20世纪70年代末,中国农村启动了一系列经济体制改革,包括实施家庭联产承包责任制等,原有的人民公社体制失去存在的基础,政权组织与经济组织一体化的格局被打破。为适应形势变化,国家恢复建立了乡政府,并将基层政权限定在乡镇一级,同时在乡镇之下设立村民委员会,以实现村民的自我管理。1982年,宪法正式确认村民委员会为"基层群众性自治组织"。随后,1987年的《村民委员会组织法(试行)》亦明确指出立法目的是:保障农村村民实行自治,由村民群众依法办理群众自己的事情,促进农村基层社会主义民主和农村社会主义物质文明、精神文明建设的发展。村民委员会作为基层群众性自治组织,承担着村民自我管理、自我教

---

① 徐朝卫.新时代乡村治理与乡村产业发展的逻辑关系研究[J].理论学刊,2020(3):85-92.

育、自我服务的职责。村民自治的具体实践形式包括民主选举、民主决策、民主管理以及民主监督。这一变革标志着中国乡村治理进入了国家行政管理与村民自我管理相结合的治理模式，即"乡政村治"模式。"乡政村治"模式在一定程度上满足了当时乡村组织管理的需求，有效激发了农民的积极性，促进了乡村经济的健康发展，并为中国乡村政治的进步提供了推动力。① 然而，该模式本身具有较大的包容性和不平衡性，导致《村民委员会组织法》在各地的实施效果存在显著差异。

随着乡村市场经济的深入发展和村民自治实践的持续推进，"乡政村治"模式所存在的局限性逐渐凸显。具体而言，包括以下几个方面：一是村党组织领导权与村民自治权之间的关系尚待协调，村党支部书记过度集中权力的现象普遍存在；二是乡镇行政权与村民自治权之间的和谐度有待提高，许多村庄更多地表现出"行政村"而非"自治村"的特征；三是乡镇政治权力过于集中，部分政治参与制度未能有效落实，执行效果不佳，未能赢得农民群众的广泛认同，导致农民群众政治参与行为的可预测性较低。② 同时，农民组织的合法性、自主性和互助性有待加强，乡镇政府与农民组织之间的关系处理也需要改进。特别值得注意的是，乡镇作为国家的基层政权组织，承担着落实上级政府各项任务的重要职责。然而，部分任务与村民自治组织的意愿相悖，这导致乡镇政府需要依赖村党组织推进工作，并加大对村党组织的支持力度。在这种背景下，村民自治组织面临着来自乡镇政府和村党组织的双重压力，其自治性质受到挑战。

近年来，部分具有改革意识和先进理念的乡镇领导已经认识到"乡政村治"模式所面临的困境，并尝试进行一系列改革。然而，受限于"乡政村治"模式的固有框架，这些改革的成效并不显著。在乡村社会调查中，多数农民对村民自治的前景表示担忧，认为村民自治权难以实现，乡村事务仍主要由党组织决策，乡镇政府的权力依然强大。因此，从某种意义上说，"乡政村治"模式已陷入改革困境，亟待进一步深化改革以解决当前存在的问题。

（二）"乡村民主自治"模式的内涵及依据

乡村民主自治作为一种新型治理模式，致力于在自治中践行民主，在民主中深化自治，摒弃少数人自治的模式。为此，需要继续完善党领导下的村民自治制度，确保村民依法自主管理与其利益密切相关的村内事务。同时，乡村居民亦应依法参与乡内事务的管理，实现民主选举、民主决策、民主管理和民主监督。③ 这种治理模

---

① 俞可平.思想解放与政治进步[M].北京：社会科学文献出版社，2008：18-19.
② 于建嵘.岳村政治——转型期中国乡村政治结构的变迁[M].北京：商务印书馆，2001：126.
③ 汤吉军，戚振宇，李新光.农业产业化组织模式的动态演化分析——兼论农业产业化联合体产生的必然性[J].农村经济，2019（1）：52-59.

式是乡村居民依法享有自主管理乡村公共事务和公益事业的基层民主治理形式，是乡村治理体系中的有效一环。"乡村民主自治"模式的提出，既包括对理论上可行性的考量，也包括对实践中可操作性的探索。中国乡村具有深厚的自治传统，这种传统为"乡村民主自治"模式的选择奠定了文化基础。然而，历史上的自治往往是少数人的自治，缺乏民主内核。"乡村民主自治"模式旨在弥补这一历史缺陷，实现真正意义上的民主自治。

乡村民主自治是社会主义制度的内在要求，民主与自治紧密相连，共同构成了乡村治理的核心。同时，乡村民主自治也是马克思主义者的一贯主张，体现了人民当家作主的根本原则。在当前工业反哺农业、城市支援乡村的社会主义现代化建设时期，"乡村民主自治"模式的建立适应了社会形势的变化，有利于维护农民的利益。经过近30年的村民自治实践，农民的民主意识逐步增强，政治参与的利益动机逐渐形成，这为"乡村民主自治"模式的建立奠定了坚实的基础。同时，村民自治制度的实行也为"乡村民主自治"模式的建立提供了有益的经验和借鉴。在"乡政村治"模式的基础上建设"乡村民主自治"模式，可以节约政治成本，提高治理效率。

有人担心乡镇实行民主自治可能会导致乡村的混乱。从长远来看，乡村治理模式的转换不仅不会造成全局性的震荡，反而有助于促进乡村稳定发展。在"乡村民主自治"模式下，乡村居民成为自治主体，乡镇人大的地位得到提升，村民自治的外部压力得到缓解，乡村居民的政治经济利益得到切实维护，政治参与渠道更加畅通，乡村中的矛盾和问题得到合理和及时的解决。这有助于摆脱"乡政村治"模式的困境，推进乡村治理体系现代化。

（三）构建"乡村民主自治"模式的制度框架

"乡村民主自治"模式能否真正形成并良好运转，最终取决于具体政治制度的完善和变革。"乡村民主自治"模式主要由党领导下的村民自治制度、乡镇人民代表大会制度和乡镇自治制度构成。这些政治制度自我运行状况以及它们相互衔接的情况直接影响乡村民主自治水平。因此，构建"乡村民主自治"模式需要从以下几个方面入手。

1.抓紧完善村民自治制度

村民自治面临的最大难题就是处理乡镇政府、基层党组织与村民自治组织的关系问题，实现各种关系的协调。就乡镇政府与村民自治组织的关系而言，首先要看到，在乡村转型过程中，乡镇代表着国家力量，而国家通常是转型时期最重要的资源供给者，即便实行乡镇自治，国家力量也不能完全撤出村庄。更为重要的是，巩固提高一体化国家战略体系和能力要求乡镇政府保持对村庄的政治影响力,督促村庄依法完成各项任务。赫尔德说过,民主自治并不铲除所有权威,也不铲除那些提供熟练的、可靠的行政管理的机构。其次,"乡政村治"模式确立后,乡镇政府不能再依靠简单的行政命令控制村庄,乡镇行政权力发挥作用的形式面临调整,应当依法实行乡镇政府与村民委员会分权制度。村民委员会依法享有自治权,在授权范围内,乡镇政府不能随意干预村民委员会的活动。最后,乡镇行政力量要调整在村庄发挥政治影响力的方式。除法律和行政手段外,还可以采用财政手段,包括审查村民自治组织的资金使用是否合法,或通过拨付一定资金的方式与村民自治组织商议完成某项事业。

就基层党组织与村民自治组织的关系而言,首先,党在乡村的领导必须坚持。在村民自治过程中,一些传统宗族、宗教势力和黑恶势力企图借村民自治来影响村庄政治,而政党力量可以帮助村庄抑制这些内生性的矛盾,为村民自治的良性发展提供政治保证。基层组织是维持乡村政治稳定的基石。其次,党的领导和村民自治有效衔接的关键在于基层党组织如何行使领导权。在村民自治过程中,村党组织权力的行使必须纳入村民自治的轨道。村党组织成员应该由农民群众推荐,得到大多数人的同意,再由村党员大会选举确认;村党组织成员通过民主选举兼任村民委员会成员和村民代表会议成员,在村民自治组织中发挥领导作用和核心作用;形成民主决策机制,重点在于落实村民代表会议或村民会议的决策作用;以民主方式推进村党支部书记和村民委员会主任"一肩挑",解决双方相互争权的问题,这是进一步深化村民自治的有效措施。

2. 尽快健全乡镇人民代表大会制度

村民自治能否真正成为现实,乡镇政治发展是重要条件。如果乡镇层面的政治民主得不到有效落实、乡镇政治权力得不到有效约束和监督,那么村级社会民主只能是镜中花、水中月。不可否认的是,各种政治制度创新和尝试都在一定程度上推进了乡村政治进步,但这些创新和尝试也存在一些弱点,包括:部分改革缺乏法律制度的支持,缺乏合法性;选民依靠几年一次的选举实现权利,难以体现社会主义民主的真正价值;试点地区的改革办法很难在全国范围内普及,与原有政治制度体系存在较大冲突。与此相比,乡镇人民代表大会制度改革是在现行法律体系内进行的,是能够体现农民群众选举、监督、决定等多方面权利的强势民主,与原有的政治体系更容易衔接,其改革经验可以在更高层次、更大范围推广,并为未来的乡镇自治打下良好的基础。乡镇人民代表大会制度是我国人民代表大会制度的重要组成部分,乡镇人民代表大会是乡村基层的权力机关,是乡村基层民主的根本标志和组织形式。长期忽视乡镇人民代表大会制度,或者以直选、公选政治改革取代人民代表大会制度的改革，可能会使我国根本政治制度的影响力在乡镇进一步减弱。所以，我们不应忽视乡镇人民代表大会制度的改革，要真正落实乡镇人民代表大会的法定权力，使乡镇人民代表大会成为决定重大问题和任免、评价、监督乡镇政府及其官员的主体。

3.在条件成熟的时候，创建乡镇自治制度

与村民自治不同，乡镇自治属于地方自治，"它要求以一地方之人，在一地方区域以内，依国家法律的规定和本地方公共的意志，处理一地方公共之事务"①。乡镇自治要与乡镇民主相结合，具有以下特征：一是以乡镇行政管辖的区域范围为基础；二是乡镇居民主要通过乡镇人民代表大会代表选举产生的自治机关行使乡镇自治权；三是国家依法保护乡镇自治权；四是乡镇党组织的领导通过民主方式实现。乡镇人口数量多，采用直接民主形式易产生无秩序状态，难以控制。利用乡镇人民代表大会这一现成的政治制度资源，实行乡镇间接民主自治是较稳妥的选择。当然，这并不排斥乡村居民通过其他形式直接参与管理，如听证会、民主恳谈会等，以此形成参与式民主与代议式民主共存的局面。可以考虑这样一个方案：在长远的问题上，发挥乡镇人民代表大会的主动决策作用；在涉及农民群众当前生计的问题上，则从农民群众的需求和立场出发，通过农民群众积极参与具体民主操作的方式，发挥农民群众的创造力和团结力量。

乡镇自治的基本原则就是分权和法治。通过制定法律明确县行政组织和乡镇自治组织的权限。土地规划、计划生育、征兵工作等与国家利益密切相关的领域由县政府派驻乡镇的机构依法管理，乡镇自身的公共事务则在国家法律的规范下，实行乡镇地方自治。乡镇党组织和乡镇政府要依法行使权力。乡镇党组织作为乡村基层组织的领导核心，要做好乡村的政治、思想和组织工作，积极推荐优秀党员参加乡镇人民代表大会选举，获得决策和执行权力，通过党组织和党员的积极活动，使乡镇党组织的建议成为乡镇人民代表大会的决定；要改变乡镇政府向乡镇党组织负责的局面，落实乡镇政府向乡镇人民代表大会负责的宗旨。

乡镇自治改革应该纳入执政者的视野，但什么时候开始大范围的变革，还要看乡村是否具备了以下两个基本条件：一是乡镇民主政治制度的运行良好；二是有效的监督体系已成为乡镇民主自治正常运行的保障。国家通过立法、行政、司法和舆论监督保证乡镇在法治轨道上运行，不脱离国家的控制，也抑制国家权力对乡镇自治的不当干预。当乡镇民主自治具备了建立的条件时，国家就要下决心变革。当然，仅凭制度设计是无法真正建成"乡村民主自治"模式的，"乡村民主自治"模式及其制度框架有其生长的历史平台，需要相应的经济、文化和社会基础。王沪宁指出，

---

① 闻钧天.中国保甲制度[M].上海：商务印书馆，1935：436.

把政治发展确定在某些变数上的做法是不理智的,政治发展意味着建立适应一个特定社会历史、社会、文化要求变化的稳定政治体系。[1]首先,建立"乡村民主自治"模式的过程是国家向乡村社会让渡权力的过程,而让渡的国家权力需要乡村社会承接,这就要看乡村社会是否有与国家共同行使公共权力的能力,是否有真正自治和自律的农民组织,这是"乡村民主自治"模式形成的社会基础。其次,民主政治是以市场经济为前提、以资源的分散化为条件的。乡村市场经济的良性发展,既为民主自治建设提供了物质基础,又增强了农民群众的主体意识、竞争意识、法治意识和平等意识。最后,乡村民主文化的形成,将造就一大批积极参与的、有理性的农民,进一步约束国家权力的行使,迫使国家行政权力适当收缩,维护农民的自治权力。

思考题

1. 农业高质量发展的内涵是什么?
2. 如何推进农业的高质量发展?

第五章思考题
参考答案

---

[1] 王沪宁.比较政治分析[M].上海:上海人民出版社,1987:239-241.

第六章
文化治理：实现乡村治理的思想保障

 学习目标

1.了解乡村文化治理的背景与意义，了解乡村文化治理在当前社会、经济和文化背景下的重要性和必要性。

2.深入理解乡村文化治理的理论基础和原则，认识乡村文化治理面临的主要问题、挑战和潜在的机遇。

3.掌握乡村文化治理的具体操作技巧和方法，如何开展乡村文化活动、如何保护和传承乡村文化遗产等。

第一节 乡村文化治理的内涵和特征

一、概念界定

（一）乡村文化

乡村文化是一种独特的文化形态，其根植于乡村，以农民群众为核心。乡村的小农经济结构相对封闭且自给自足，在某种程度上为原始的乡村文化提供了保护，使其能够抵御外部文化的冲击，从而确保了其长期的发展和延续。乡村文化在本质上反映了农民群众在长期的生产生活中所塑造的价值观、思考方式和行为习惯。乡村文化有其独特的意义。从广义的角度来看，乡村文化是农民群众在社会生产和生活中所创造的物质和精神内容的综合体现。从狭义的角度来看，乡村文化主要集中在精神领域，包括但不限于风俗习惯、道德观点、人生哲学、人生目标以及科技教

育等多个方面的具体表现。这项研究在当前背景下，主要集中于广义的乡村文化。乡村文化与城市文化存在显著差异，它更多地呈现了乡村的独有魅力。这涵盖村庄的整体布局、建筑设计、传统节日的庆祝活动、传统习俗的继承、戏曲艺术的演出，以及乡村红白喜事的组织等多个方面。这些乡村元素在历史的沉淀和传承中，至今依然展现出独特的吸引力，并在不同的时代背景下持续发展，充分体现了乡村文化的魅力。乡村的文化活动在乡村居民的日常生活中起到了不可替代的作用，它对乡村居民的决策和行动产生了深远的影响，为他们的生活提供了全方位的指导。

（二）乡村治理

治理的核心目标是满足特定群体的需求和利益，这涉及治理者运用其被赋予的权力，在一定的范围内对被管理的对象进行调整、指导和管理，从而确保社会秩序的和谐稳定。在进行社会治理的过程中，国家有责任确保权力、责任和能力三者的和谐统一。这表明治理实体必须具备合法的公共权力，承担相应的法律责任，并拥有高效的治理能力和手段。只有当这三个因素相互补充时，治理的效果才能得到完全的体现。

乡村治理不是"乡村"和"治理"这两个词的简单组合，而是治理思想与实际操作的深度结合，这是一个非常特殊的概念。自从1998年华中师范大学中国农村问题研究中心首次提出"乡村治理"的概念，学界对乡村治理的认识和理解更加丰富和深入。在全球化大背景下，西方学者重视乡村治理的合作性，他们更倾向于为乡村居民提供方便的服务，但可能忽略了乡村居民的主观能动性和主体性。贺雪峰和桂华认为，从管理的视角看，乡村治理的核心目标是促进乡村的自我管理，并建立一个健康的管理循环。[1]郭正林更倾向于强调村民自治的重要性，他认为乡村治理实际上是乡村各个组织和机构根据各自的职责来独立管理乡村事务的一种方式。[2]虽然各位学者在观点上有所不同，但他们的核心思想都是乡村治理主体如何运用权力和策略，对乡村对象进行独立的管理。基于此，本书将乡村治理定义为：社会中的各种组织、机构和个体，通过多样化的参与、合理的分工，利用多种权力分配和高效的技术方法，对乡村在政治、经济、文化和社会等多个领域进行全方位和综合的管理，以最大限度地提高村民的公共利益，并最终实现乡村的自治管理。

---

[1] 贺雪峰，桂华.从乡村全面振兴看中国式现代化的推进之路——贺雪峰教授访谈[J].学术评论，2024（1）：16-24.
[2] 郭正林.农村权力结构的民主转型：动力与阻力[J].中山大学学报（社会科学版），2004（1）：8-14，122.

（三）乡村文化治理

乡村文化不仅功能多样且丰富，能够推动社会全面进步，更是新时代中国特色社会主义文化的核心组成部分。在农业转型的关键阶段，党的十九大报告明确提出实施乡村振兴战略，这为乡村文化治理提供了新的方向。在这一战略指导下，乡村文化治理不仅有助于乡村居民建立正确的价值观，还能使他们更快地适应社会主义市场经济环境，乡村文化治理也由此成为实现建设社会主义新农村"乡风文明"目标的有效手段。[①]在探索文化治理的过程中，胡惠林指出，文化不仅具有治理作用，还能作为一种有效工具，来应对社会主义发展过程中所遭遇的政治、经济、文化和社会等多个方面的挑战。[②]尽管如此，这种定义更多地突出了文化在治理中的角色，但对文化作为治理目标的重要性的认识相对不足。因此，在进行乡村文化治理的过程中，我们不仅要充分利用文化工具，还要高度重视文化治理的目标对象，以促进乡村社会的全方位发展。

乡村文化治理追求的目标是全方位地推动乡村的文化基础建设、科学、教育、文化和卫生事业，以及文化产业与文化事业的整体提升。它强调多个主体共同参与，而不只是依赖于政府的引导。它鼓励社会团体和公众的广泛参与，提倡社会共同治理，突出人的中心地位和治理实体的多元性。

二、乡村文化治理的特征

在历史演进过程中，我国不同地区和民族的乡村文化治理在内容和方式上都得到了进一步的丰富和深化。最近几年，一个明显的发展方向是许多农村地区正在从传统的"文化传递"方式转向"多元文化"。这种转变不仅展现了乡村文化的旺盛生命力，还反映了乡村文化在独立性和主动性方面的显著进步，更直接体现了我国在社会主义现代化进程中的乡村文化管理方面，已经取得了令人瞩目的成就。虽然由于地理位置和民族不同，乡村文化管理内容和方式各不相同，但它们的共性和特点依然鲜明可见。

（一）政治的主导性

改革开放以来，我们坚持的四项基本原则在国家政治生活的各个领域占据核心

---

① 王彤晖.当代乡村文化治理的问题及对策研究[D].济南：山东师范大学，2018.
② 胡惠林.乡村文化治理能力建设：从传统乡村走向现代中国乡村——三论乡村振兴中的治理文明变革[J].山东大学学报（哲学社会科学版），2023（1）：50-66.

地位，对乡村文化治理起到了关键性引领作用。深入研究我国各个地区和民族的乡村文化管理实践，我们可以发现，这些管理活动往往带有明显的政治导向。在乡村文化建设中，党和政府的主导角色是实现政治引导的关键手段。这一点主要在三个方面得到体现，即资源的投入、组织的构建以及效果的评估。资源的投入是指国家通过专门的资金支持，来确保乡村的文化基础设施得到完善、高效运作，进一步推动文化团队的发展，丰富各种文化活动，并在此基础上引导乡村的思想观念，形成文明的风尚。组织的构建是指各级各部门需要根据各自的职责进行分工，如广播电视、文体旅游等部门以及乡镇政府和村级组织，共同承担乡村文化建设的责任。效果的评估是由高级文化管理部门来执行的，其通过制订和实施文化建设相关计划，对乡村文化建设的各个方面，如内容、方式和成果，进行深入的监控和评估，确保乡村文化的管理与党的指导原则和政策高度吻合。

（二）文化价值的多元性

随着新时代的到来，乡村文化治理展现出蓬勃发展的新气象，但同时也迎来了文化价值多元化的新挑战。在当前全面推进乡村振兴的背景下，各类文化理论、观念和形态通过各种方式深入乡村，影响着乡村居民的文化生活。如何有序地整合和把握这些错综复杂的文化关系，确保乡村文化治理朝着社会主义文化建设的方向前进，同时满足乡村居民对于美好生活的向往，成为当前乡村文化建设的重要课题。

当前乡村文化展现出了多元价值的融合与碰撞。首先，传统文化作为乡村文化的根基，传承着乡村的历史记忆；革命文化成为乡村精神的支柱，激励着乡村居民奋勇向前；以马克思主义为指导的先进文化，为乡村文化提供了明确的发展方向。其次，乡村文化还体现在农耕、工业与信息文化的交融中。农耕文化是乡村最本真的体现，反映了乡村生产生活的变化；随着工业化的推进，工业文化也逐渐渗透到乡村，形成了亦农亦工的新景象；而信息文化的兴起，则为乡村带来了全新的发展空间和机遇。最后，乡村文化也面临着本土文化与外来文化的交融与冲突。本土文化，如民俗文化、家族文化等，是乡村独有的文化符号；而外来文化，如地域文化、国外文化等，也为乡村带来了新的文化元素。这两种文化的碰撞与融合，构成了乡村文化的一道独特风景线。

（三）具有长期性和艰巨性

乡村文化治理的持续推进充满挑战，它的长期性源于乡村居民对持续接受文化熏陶的渴求。乡村文化治理旨在不断提升乡村居民思想道德和科学文化素养水平，以满足人民日益增长的美好生活需要。而乡村文化治理的艰巨性则体现在乡村内部，一些乡村居民文化基础薄弱、传统陋习根深蒂固，同时在外部又受到外来文化的冲击、城乡差距以及国家文化建设投入不足的制约。尽管乡村文化的前景充满了变数，但在城乡融合和农业农村优先发展的大背景下，我们应当努力推动乡村文化与城市文化的和谐共生，并促进文化的双向流通和交流。与此同时，我们应当积极促进文化事业和产业的共同进步，这不仅与时代的发展趋势相契合，还能展现我国的乡村特色和独有的民族风情。

三、文化作用于乡村治理的机制

（一）互惠机制

在《影响力》一书中，罗伯特·西奥迪尼提及互惠原理，即人们倾向于以类似行为回报他人行为。在乡村社会这一"熟人圈层"中，这种互惠机制表现得尤为显著。邻里间互帮互助，共同应对日常农作挑战，体现了"远亲不如近邻"的智慧。在之前生产力相对落后时，村民们采取了创新的"合驹"方式，即共同使用牲口进行耕作，这既减轻了养殖负担，又实现了资源共享。此外，乡村中的红白喜事也展现了互惠精神，村民们通过相互借用物品、提供免费帮助，形成了一种紧密的互助网络。在这种互惠机制的影响下，村民们对村庄的认同感和归属感得以增强。乡村的公共生活通过祭祀活动和歌舞艺术等多种方式得以展现或唤醒。这些活动不仅解决了多元主体间的冲突，还维护了公共生活的完整性，为乡村建设提供了内在推动力。

（二）声誉机制

戴维·M.克雷普斯的博弈论模型向我们展示了声誉是如何受到保护和激励，以及如何在各种经济实体（如企业）中转变为企业的文化和可交换资产的。但是，当我们的焦点转向乡村这个较为封闭的地区时，信息的传递更多地倾向于人与人之间的交往。在这样的背景下，"好事不出门，坏事传千里"的情况特别明显。乡村居民对声誉的重视程度远超城市居民，因为声誉直接影响到他们在乡村社区中的人际交往和地位。作为社会关系的总和，每个人都渴望在人际交往中得到认同和尊重。为了实现这一目标，人们需要遵循共同的价值导向，并在共同价值观的引导下活动。文化作为一种人际交流的符号，通过声誉机制的作用，促使人们自我规范，以符合主流话语体系，从而保持良好的社会形象。[①]这种机制有助于加强村庄共同体内部的联系和凝聚力。

---

① 王留鑫，赵一夫.文化振兴与乡村治理：作用机制和实现路径[J].宁夏社会科学，2022（4）：100-105.

（三）公共监督机制

乡村文化的广泛传播与深度发展能够构建基于习俗观念和价值理念的组织网络，进而对群体内部行为产生规范和约束作用。这种规范和约束不仅体现在传统乡村文化的风俗习惯和道德依循上，更渗透于日常生活的方方面面。谈及文化与权力的关系，我们不难发现二者之间紧密相连。文化的背后隐藏着权力的运作机制，而权力则借助文化的形式，发挥教化和规训的作用。这种文化上的权力，是通过在共同体中产生相同的行为价值观的共鸣以及建立公众的监督体系来达成的。

第二节　乡村文化治理的原则

在全面推进乡村振兴的进程中，乡村文化治理尤为重要。乡村文化治理的原则不仅反映了事物发展的规律，也为乡村文化的发展划定了明确的界线。具体而言，乡村文化治理的原则涵盖以下几个方面。

一、坚定社会主义方向

乡村文化中的精神创造过程起到了传递意识形态的作用，因此坚守社会主义方向至关重要，这不仅是对乡村文化治理的指导，也代表了中国乡村文化在国际交往中的核心立场。在坚守社会主义道路的过程中，要尤其重视以下几个核心议题。

第一，我们必须坚定地以习近平新时代中国特色社会主义思想为行动导向。从历史的角度来看，要想让党的事业取得显著的进步，科学理论的引导是不可或缺的。习近平新时代中国特色社会主义思想作为马克思主义在中国的最新发展，是对马克思列宁主义、毛泽东思想、邓小平理论、"三个代表"重要思想、科学发展观的继承和发展，是马克思主义中国化的最新成果，是党和人民实践经验和集体智慧的结晶，是中国特色社会主义理论体系的重要组成部分，是全党全国人民为实现中华民族伟大复兴而奋斗的行动指南。对我国社会主义精神文明建设来说，习近平新时代中国特色社会主义思想具有长远的实践指导价值。

第二，坚持党对乡村文化治理工作的领导。乡村不仅是党的政治基础，也是党长期执政的稳固基石。农民群众作为党的重要依靠力量，对于党的历史进程和未来发展具有深远影响。因此，加强党对乡村文化治理的领导，不仅是对党的优良传统的继承，也是确保乡村文化治理正确方向的关键。同时，在党的各项工作中，乡村精神文明建设占据了至关重要的位置。乡村的社会风尚和乡村居民的精神面貌与党的治国理政效果有着直接的联系。在当前国家发展的新阶段，乡村精神文明的充分发展更是实现国家现代化目标的重要支撑。因此，我们必须坚定不移地坚持党对乡村文化治理工作的领导，确保乡村文化治理沿着正确的方向前进，为乡村振兴和国家发展贡献力量。

第三，始终以社会主义核心价值观为行动指南。社会主义核心价值观，作为具有中国特色的社会主义精神文明的中心，在乡村文化治理过程中起着不可或缺的指导性作用。价值观代表了人们对事物的价值、意义和作用的评估和理解，为人们的实践活动提供了价值标准，并决定了实践的走向、方法、工具的选择以及最终的成果。乡村文化治理作为一种主动和积极的实践，也必须在特定价值观的引导下进行。在现代社会，尽管价值观呈现多样性，但社会主义核心价值观凭借独有的团结性和前沿性，得到了全社会的理解和支持。它与中国特色社会主义的经济根基和政治体制高度契合，体现了社会普遍的价值观和共同的追求目标。

二、切实立足乡村文明

乡村文明代表了乡村社会的全方位发展，为乡村文化的管理提供了坚实的基础。乡村振兴的关键在于乡村文明的兴盛和进步，这也意味着乡村文化的管理和治理应当以乡村文明为核心和起点。

第一，要树立城乡文明平等观念。乡村文明作为人类文明的核心组成部分，在人类的早期历史中占据中心位置。随着工业化时代的到来，城市文明逐步显现，而农村文明则相对被边缘化，缺乏独立的发言权和解释机制。在现代化进程的中后期阶段，城市文明遭遇一些挑战，如人口过度拥挤、环境污染等。同时，乡村文明在诸如绿色生产、健康的生活方式、自然生态保护以及可持续发展等多个方面展示了其独有的优点和价值，这有助于有效地弥补城市文明的不足。乡村文明和城市文明共同塑造了新型城市化模式，并共同促进了现代化进程的全方位发展。纵观历史进程，无论是城市还是乡村，都是人类文明的核心载体，它们之间并不是对立的关系，而是相互依赖和制衡。在推进城乡文明平等观念时，我们有责任加强公众对乡村文明的文化认知和信心。

第二，要始终优先考虑农业和农村的发展。在乡村文明的基础上，我们应当优先推进农业和农村的发展，以缩小乡村与城市之间的历史鸿沟，并进一步巩固乡村文明的重要地位。党的十九大报告提出实施乡村振兴战略，要坚持农业农村优先发展，按照产业兴旺、生态宜居、乡风文明、治理有效、生活富裕的总要求，建立健全城乡融合发展体制机制和政策体系，加快推进农业农村现代化；《中共中央 国务院关于实施乡村振兴战略的意见》强调了"四个优先"原则，即在干部配备上优先考虑，在要素配置上优先满足，在资金投入上优先保障，在公共服务上优先安排。党的二十大报告更是提出了全面推进乡村振兴，坚持农业农村优先发展，坚持城乡融合发展，畅通城乡要素流动。

第三，要坚定不移地推进城乡之间的文明融合与发展。以乡村文明为基础，并不是要断开城市与乡村之间的联系，而是要在乡村文明的引导下，寻求城乡和谐发展。多年来，由于城市的巨大吸引力，乡村的人口、土地和资金等资源被单向吸引，这导致乡村发展缓慢、农业边缘化、农民生活困难，以及城乡文明发展不平衡。为了改进当前的状况，我们应当摒弃"去乡村化"的思维模式，积极探索乡村文明与城市文明的有机结合，以培养具有新时代文化特色和价值观的现代乡村文明。与此同时，必须坚定地维护传统乡村文明的核心价值观，尊崇其固有的自然特质，并继承和发扬乡土文化、人际关系以及价值准则。

三、坚持农民主体地位

第一，要深刻理解坚持农民主体地位的内涵。在哲学领域，"主体"一词通常指代那些具备自主性和主动性，能够积极从事实践与认知活动的人。在乡村文化治理中，农民扮演着至关重要的实践主体角色。他们应具备高度的自觉性和创造力，明确认识到自己作为乡村文化治理主体的身份，并深知自身在乡村文明建设中所具有的权利与承担的责任。农民应主动发挥创造性，成为乡村文化治理的坚实依靠。

第二，坚持农民主体地位的原则有其必然性。坚持农民的核心地位，主要是受到我国广大乡村地区独特性的影响。我国乡村地区覆盖面广泛，各个村落的自然条件和发展历程独具特色。作为乡村的主要居民，农民多选择地理环境优越的区域聚居。在长期的农耕生活中，他们逐渐形成独特的风俗、观念和行为模式，这要求我们在推进乡村文化建设时，必须充分尊重农民的意愿，并基于坚持农民主体地位的原则，打造具有鲜明乡土特色的新型乡村。此外，确立农民的核心地位也是规划乡村文化建设布局的重要出发点。乡村文化治理工作涉及多方主体，内容繁杂且实施过程充满挑战。因此，党和政府在精心策划和布局时，必须始终坚持农民的核心地位，深入了解并满足他们的迫切需求，以确保乡村文化治理工作顺利进行。更为重要的是，确立农民的核心地位能够确保乡村文化治理满足农民对优质生活的期待。在新时代背景下，农民对于制度保障和精神满足的需求日益强烈。

第三，需要在认知、参与和获得感等多个方面展现坚持农民主体地位的核心理念。在推进乡村文化治理中，保障农民的核心地位尤为关键，这也反映在他们对乡村文化治理的理解和认知上。虽然国家为乡村文化治理设定了新的时代任务和目标，并且得到了各级政府和社会各方面的高度重视，但一些农民对于在乡村振兴背景下进行乡村文化治理的理解仍然不够充分，目前的治理模式主要还是由政府来主导。农民对于乡村文化治理的深入理解直接决定他们的支持度和参与度。只有农民真心地接受并理解乡村文化治理的核心思想和深远意义，他们作为主体的参与意识才会被激发，进而积极地成为乡村文化治理的支持者、创新者和受惠者，乡村文化治理才能真正践行以农民为主体的理念。

四、坚持整体协调发展

乡村文化治理应当被视为一个综合性的均衡推进的过程。在这个过程中，整体的视角是出发点，协调的方式是实现手段，而持续进步则是最终目标。理解乡村文化治理，并推动其长期稳定发展，必须把握整体和协调这两大核心理念。简而言之，乡村文化治理应遵循整体协调发展的原则。

第一，坚持整体协调发展体现了事物的普遍联系理念。马克思主义哲学强调社会作为一个错综复杂的有机整体，其内部由经济、政治、文化、自然生态等多个子系统交织而成。这些子系统之间彼此联系、相互影响，共同塑造着社会的整体运行形态。在应对乡村文化治理的现实挑战时，我们应坚持整体协调发展原则，从系统论角度出发，深入分析各子系统间的相互作用，从而找到解决问题的有效途径。

第二，乡村文化治理必须坚持整体性原则。这一原则的确立不仅因为乡村文化治理与国家整体进步紧密相连，更是因为它深受我国社会主义现代化整体发展水平的影响。为了有效推进乡村文化治理，我们要以乡村地区的复兴为基石，并期盼国家整体层面的进步与繁荣。从历史的角度来看，乡村文化治理的活力与生命力是在国家整体发展的推动下得以增强的。这就要求我们从整体的角度来审视乡村文化治理，准确理解并把握社会主义现代化全局与乡村文化治理之间的内在联系，将乡村文化治理融入我国社会主义现代化建设的整体进程中，以此来提升乡村文明水平。这样做不仅能够稳固乡村文化治理的根基，还能为乡村振兴战略的实施提供精神层面的支持与保障。

第三，乡村文化治理需要坚持协调性原则。在全面发展的大背景下，我们需要重视中国式现代化各个领域的整体规划和协同工作。中国式现代化不仅包括物质方面的进步，还注重人的全面发展。乡村文化治理是一个持续推动人文社会发展的过程，它不仅专注于提高农民群众的现代化水平，还特别强调现代化进程中物质元素和人文元素的平衡，以确保乡村能够实现全方位的平衡的现代化。中国式现代化是一个全面协调的发展过程，因此，乡村文化治理必须与乡村物质文明建设协调一致。在加强物质基础设施建设的过程中，我们还应当利用乡村文化的力量，丰富农民群众的精神世界，从而为物质建设提供方向和动力。我们需要同步推进乡村环境的改善和农民群众素质的提高，借助经济增长来为文化治理创造更多的机会和可能性。

第三节 乡村文化治理的系统结构与功能

乡村文化治理涵盖经济、政治、社会等多个维度。在经济维度，它关乎文化产品与服务的供给；在政治维度，它涉及文化领导力的构建和相应管理机制的确立；在社会维度，它旨在通过建立参与者的文化身份和确保权威实体的文化合法性来加强社会的认同感和团结力。社会结构的稳固和向前发展，取决于其内部四大关键组件（经济、政治、社会、文化）的高效运转，这些组件共同形成了社会结构的总体功能。

一、经济系统及其适应性功能

乡村文化治理体系中，经济系统扮演着至关重要的角色，具体表现为其独特的适应性功能。这种适应性功能的核心在于系统如何从外部环境中获取必要的资源，并在系统内部对这些资源进行有效分配，以确保自身的持续存在与发展。乡村文化治理作为一个自成一体的系统，不可避免地与其他社会系统互动与交流，以获取支撑其发展的必要资源。

（一）外部资源的获取

适应性功能是系统处理外部环境变化的基本前提，也是达成社会目标的关键手段。从某一视角分析，社会系统可以被视为一个独立的整体，其中经济部分主要集中在财富创造和生存资源的合理分配上，以确保整个系统能够顺利运行。不管是行动者的常规操作还是系统的持续稳定，资源的支持都是不可或缺的。资源包括在社会运作和发展过程中，个体或组织为实现其生存和进步所需的所有要素，这包括政策支持和经济资源。不论是独立的个体，还是整体的组织结构，甚至是整个社会的正常运行，都需要从外部环境中获取必要的资源，以满足其生存和持续发展的需求。

（二）内部资源的配置

资源的合理分配对于系统的稳定运行至关重要。在当前社会经济发展的大背景下，乡村文化产业迎来了蓬勃发展的黄金时期，这是顺应时代变迁的必然结果。《关于加快构建现代公共文化服务体系的意见》明确提出，简政放权，减少行政审批项目，引入市场机制，激发各类社会主体参与公共文化服务的积极性，提供多样化的产品和服务，增强发展活力，积极培育和引导群众文化消费需求。乡村文化的治理策略是为了响应国家的文化发展方针，它通过吸引文化相关的企业和组织进入乡村，进一步增强乡村的社会影响力。市场机制融入乡村社会，可以更加高效地分配经济和文化资源，促进乡村文化市场繁荣，为乡村居民提供更加丰富多样的文化服务，以满足他们不断增长的文化需求。作为资源分配的核心工具，市场在乡村的经济和文化资源的最佳配置中扮演着关键性角色。随着市场主体的进入，乡村不仅获得了城市中的先进文化元素，让乡村居民拥有了更为丰富的文化体验，也注入了新的经济活力。这不仅推动了乡村文化产业的创新和经济的持续繁荣，也确保了乡村文化治理的有效性，进一步推动了乡村的整体进步。

二、政治系统及其目标达成功能

在乡村文化治理架构中，政治系统扮演着至关重要的角色，主要具有目标达成功能。该功能的核心在于系统如何根据一定的优先级设定多个目标，并通过整合集体资源来达成这些目标。在政治体系的运行过程中，目标的实现通常依赖于政治权力的高效运用，通过政府的日常权力运作和分配，确保系统目标能够顺利达成。

（一）公共文化服务体系的完善

公共文化服务体系的健全对于乡村社区具有多重意义。它不仅促进了乡村居民之间的交流，增强了其组织归属感，还满足了其日益增长的文化生活需求，培育了新时代集体主义精神和互助合作氛围，从而增强了乡村社区的内部凝聚力。此外，完善的公共文化服务体系还有助于国家更有效地整合乡村社区，实现对其的有效治理。公共文化服务内容丰富，涵盖文化设施、产品、活动等多方面，其核心目的是保障人民群众的基本文化权益。自党的十八大以来，我国政府高度重视乡村公共文化服务体系的完善，致力于维护并实现乡村居民的文化权利。2015年，中共中央办公厅、国务院办公厅印发的《关于加快构建现代公共文化服务体系的意见》明确提出，到2020年，基本建成覆盖城乡、便捷高效、保基本、促公平的现代公共文化服务体系。2021年，文化和旅游部根据《中华人民共和国国民经济和社会发展第十四个五年规划和2035年远景目标纲要》和《"十四五"文化和旅游发展规划》编制了《"十四五"公共文化服务体系建设规划》，提出以文化繁荣助力乡村振兴的具体措施。为提升乡村公共文化服务水平，政府采取了多项有力措施。首先，提供财政和政策支持，确保公共文化服务体系建设资金的稳定投入。同时，国务院办公厅发布的《公共文化领域中央与地方财政事权和支出责任划分改革方案》进一步明确了中央和地方在公共文化服务体系建设中的权责划分，为财政保障机制提供了有力保障。其次，扩大乡村公共文化服务设施的覆盖范围，确保乡村居民能够享受基本的文化权益。在国家政策引导下，各地积极推动文化信息资源共享、乡镇综合文化站和村文化室的建设，以及农家书屋等文化惠民工程。这些举措在各地取得了显著成效。宁夏的百县万村综合文化服务中心建设和文化扶贫工程、安徽的农民文化乐园建设、江苏的数字农家书屋建设等，都是政府在这一领域取得的积极成果。

（二）乡村文化市场体系的健全

乡村的文化产业兴盛与政府的主动推进是紧密相连的。在文化产业的发展过程中，政府起到了至关重要的作用，这包括提供指导、进行监管以及积极推动，从而使文化产业呈现出鲜明的政府主导特质。乡村文化市场作为现代市场经济的核心组成部分，其完善和健全对于提高集体的收益和村民的文化生活水平具有不可估量的价值。乡村的文化产业进步与市场机制的高效运转是分不开的。在此过程中，政府采取了一系列优惠措施，通过吸引市场组织进入乡村，为乡村市场主体的培养和市场的壮大提供了坚实的制度支持、全面的服务设施和必要的保障措施。尤其值得注意的是，《关于推动文化产业赋能乡村振兴的意见》以及其他相关文件，都明确指出强化政府引导、扶持和服务职能，制定有效政策措施，充分发挥市场机制作用，调动市场主体积极性，以重点产业项目为载体，促进资源要素更多地向乡村流动，增强农业农村发展活力，目的是培养具有自主经营和自负盈亏能力的文化市场参与者。除此之外，政府也对文化市场进行了更为严格的规范和监督，以确保市场环境能够有序、健康地发展。这不仅彰显了政府在乡村文化产业发展中所扮演的引导者角色，也展示了其在乡村文化产业发展中的元治理功能，这极大地促进了乡村文化产业的繁荣和现代文化产业体系在乡村的建设。

（三）乡村文化管理体制的创新

党的十八大之后，文化制度的革新已经成为政府职责的核心部分。在每年发布的政府工作报告里，文化体制的改革和创新都受到了特别的关注。在更广泛的层面上，政府采取了加强战略规划、推动机构重组、调整政府职能等措施，从而推进了文化体制改革。地方政府作为文化管理的实践者，拥有对改革和创新的决策权，其始终致力于为文化产业的成长提供健全的制度背景。为了实现这一目标，地方政府发布了一系列旨在简化行政流程、激活市场活力和完善文化服务体系的政策文件。这些政策文件不仅为文化管理的体制和机制创新提供了强有力的支持，也取得了明显的成效。

三、社会系统及其整合功能

在乡村治理的广阔领域，社会系统具有举足轻重的整合功能。这一整合功能的核心在于协调系统内部关系，确保系统是一个高效运作的整体。

（一）对乡村社会价值的整合

价值整合作为实现社会凝聚的核心要素，基于主流文化方面的共识，形成了深层次的认同性联结。社会成员在价值观上存在差异是常态，但达成思想共识是实现社会凝聚的首要条件。社会凝聚可以促使社会成员在思想观念、价值取向上达成一致。当价值取向趋于一致时，人们的行为将具有共同的方向，推动社会进步；反之，价值取向的分散则可能引发社会冲突。因此，整合乡村居民的价值观念，引导其向主流方向靠拢，是确保乡村社会稳定的关键。

（二）对乡村社会利益的整合

随着社会的持续进步和现代化的深入推进，乡村社会内部的主体结构呈现多元化的特点。鉴于各个主体都有其特定的利益需求，为了维护自身利益，他们积极地参与治理活动，竞相阐述自己的利益诉求。但是，由于乡村居民之间的利益联系并不紧密，所以他们常常展现出独特的个性。这种情况使得他们在追求个人利益的过程中，往往缺乏团队合作意识，从而可能导致利益冲突，进一步威胁到乡村社会的和谐稳定。

在乡村治理实践中，经济利益始终扮演着至关重要的角色。集体利益的增长不仅有助于整合乡村居民的个人利益，还能为乡村治理提供坚实的经济基础。乡村居民的政治参与和经济发展密切相关，只有经济繁荣，乡村居民才能更加积极地参与乡村治理活动。因此，基层政府在治理过程中，应高度重视文化产业的发展。依托村庄的独特资源，发展乡村文化旅游产业，不仅能显著提高村庄的集体经济收入，还能进一步巩固乡村居民的利益共同体意识。集体经济的壮大能够确保公共资源的充足，为乡村居民提供更为广阔的参与平台，使治理过程更具开放性和包容性。同时，集体经济作为村庄的公共资源，能够有效地连接乡村居民之间的利益，强化他们的利益共同体意识。

（三）对乡村社会结构的整合

在当今社会，整合机制通过多样化手段，将社会中的多种要素、交互关系及其作用凝聚成一个高效运作的整体，进而优化社会运作流程。随着中国社会的转型，乡村社区的关系格局从传统的"熟人社会"逐步演变为"陌生人社会"，同时社会结构也从"封闭"状态转向"开放"状态。这种转变导致传统社会的稳定性受到挑战，"社会原子化"现象成为影响乡村社会秩序的主要因素。在乡村社区中，权威并非单一存在，而是植根于由不同组织和象征符号交织而成的文化网络之中。组织的构架不只是作为一个保护屏障来避免市场力量的过度渗透，同时也为国家争取了必要的政治利益，充当了乡村居民参与乡村公共事务的关键桥梁。通过充分利用乡村的传统组织资源，基层政府有能力重新构建乡村社会的联系网络。

四、文化系统及其模式维持功能

在乡村治理框架中，文化系统扮演着举足轻重的角色，这尤其体现在其模式维持功能上。这一功能确保乡村社区在既定规则和原则下，维持并传承特定的价值观和行为准则，进而保障乡村行动的一致性、规范性和有序性。

相关案例：文化赋能乡村振兴的探索与实践

（一）增强价值认同

文化在构建和谐社会关系中扮演着至关重要的角色。优质文化的深远影响，能够植根于乡村居民的心中，培养他们对所在共同体的深切认同。这种认同感让每一位成员都深感自己是这个大家庭中不可或缺的一部分，进而自发地维护共同体的和谐与秩序。传统乡土文化以其独特的制度、机制和方式，对乡村居民的思想和行为产生深远的影响，为乡村构建了积极向上的价值体系，营造了良好的社会风尚，起到了稳定社会、凝聚人心、规范行为的重要作用。乡村文化治理的核心目标是通过丰富多样的文化活动，向乡村居民传达正确的价值观，帮助他们形成明确的角色认知，明确自身的权益和责任，消除心理偏见，并从全局角度出发，思考个人利益，以实现个人行为与社会期望的和谐融合。乡村文化不仅包含丰富的价值观和行为规范，还通过推广优秀的传统文化和营造浓厚的文化氛围，将这些传统道德规范转化为乡村居民的正义感、羞耻感和是非感，从而使他们能够从内心深处自觉地爱护乡村，共同构建乡村治理的坚实思想基础和文化心理。

（二）维持社会秩序

乡村文化植根于我们的乡土和地理环境中，它内容丰富多样，覆盖乡村的每一个角落，不仅塑造了人们的道德观念和社会心态，还为人们的道德判断和行为规范提供了指导。中国乡村具有鲜明的特色，其社会生活呈现出一种特殊的"差序格局"。乡村居民的道德观念和社会伦理观念具有持久和传承的特性，即使在社会发生变化的情况下，这些观念仍然能够植根于乡村社会，影响人们的社交行为，并维持乡村社会的和谐秩序。乡村社会中生活和生产紧密相连，虽然国家的管理力量很重要，但是正式的法律和制度很难完全覆盖和约束乡村居民的日常行为。因此，乡村社会在自我管理和教育方面更多地依赖于非正式的村规民约、传统风俗和宗族文化等。这些非正式的规范，作为乡村社区的日常认知，与乡村居民的价值观和道德观念有着密切的联系，有助于推动乡村文化得到普遍接受，提高乡村居民的团结力，增强他们对乡村的归属感和依赖感。这样的情感连接，在维持乡村社会的生产和生活秩序方面，起到了不可替代的作用。

思考题

在当前情况下，乡村治理的现实困境有哪些？

第六章思考题
参考答案

第七章
生态治理：乡村治理的重要支撑

 学习目标

1. 熟悉乡村生态治理的基本概念，了解当前乡村生态环境的整体状况，包括自然资源、生态系统、环境质量等方面的情况。
2. 熟悉国家和地方政府在乡村生态治理方面出台的政策、法规和标准，以及政策的实施效果。
3. 掌握乡村生态治理的具体实践方法，如生态保护、环境修复、污染防治、绿色产业发展等。

第一节 乡村生态治理的原则及要义

一、乡村生态的基本特征

（一）地域性

我们深入研究乡村生态议题时，可以19世纪盖迪斯提出的区域规划理论为基石，并强调城市规划与乡村规划之间的同步性。乡村被视为城市成长的坚实支柱，它是城市发展的关键支撑，而不是一个封闭且自给自足的系统。乡村的发展不应局限于其内部的生态建设，而应突破现有的障碍，与外部世界进行必要的物质和信息交换，以获取进一步发展所需的关键资源。一个孤立的乡村是很难保持其生态系统正常循环和更新的，因此，我们应建立乡村生态的区域整体观念，从更广泛的区域视角出发，对乡村生态化进行深入研究和全面探索。

（二）和谐性

乡村生态作为一个完整的复合系统，和谐性是其基本特征。和谐性首先体现为人与自然的和谐，人类活动或多或少会对自然造成影响，乡村生态化的最终目标就是既不破坏乡村生态环境，又使人类实现长久发展。和谐性还体现为系统内各个子系统之间的和谐，各自然生态子系统得到修复，山地、林地、水域等自然要素得到合理利用，经济生态子系统中产业发展与生态环境保持动态平衡，聚落系统建立起以"生态文化"为核心的行为准则，将生态理念、生态文明渗入生产生活的各个领域，使得乡村居民生态意识得到提高，生活垃圾得到有效处理，乡村景观特色鲜明。

（三）高效性

乡村生态的高效性主要体现在乡村产业的持续优化和提升上。在农业方面，乡村地区应当迈向现代化农业发展路径，逐渐从传统的粗放式耕作模式转向精细化耕作模式，推动精细农业和生态农业的发展，扩大农业种植规模，并提升农业生产的效率和质量。在工业方面，我们需要摒弃那些传统的高耗能、高污染模式，努力提高可再生和不可再生资源的综合使用效率，以减少对生态环境的不良影响。[①]在发展乡村旅游业的过程中，我们必须严格按照可持续发展原则行事，确保所有的旅游活动都在乡村生态的承载能力之内，这样才能确保乡村生态环境健康稳定。

（四）整体性

全面推进乡村振兴中加强农村生态文明建设主要集中在两个核心领域：一是实现城乡生态的和谐规划，深入考虑城市与乡村生态系统之间的深层次联系，避免城乡生态系统被人为地割裂；二是实现生产、生活和生态三者之间的和谐共存，乡村生态化的目标不仅仅是美化乡村环境，更重要的是实现乡村生产、生活和生态的均衡发展，使这三者相互促进，共同构建宜居宜业的乡村生态体系。

二、美好生活视域下乡村生态治理的基本原则

（一）遵循"人民至上"的发展策略

人民群众不只是物质财富和精神财富的创造者和享用者，更是推动社会历史

---

① 龚健.西安周边地区乡村生态化模式及规划策略研究[D].西安：长安大学，2018.

发展的核心力量和实践者。历史是由广大人民群众共同书写的，所有的伟大成就都是因为人民群众的努力和付出。只有与广大人民群众建立密切的联系，并充分依赖他们的智慧和力量，才能持续地获得前进的动力。因此，我们有责任保护、促进和实现人民群众的根本利益，努力提高人民群众的生活水平。乡村的生态治理不仅代表了人民群众对于更美好生活的向往和追求，也是实现这种向往和追求的关键动力来源。我们要最大限度地激发人民群众的主观能动性，激发他们在乡村生态治理中的积极参与意识和创造性思维，共同营造宜居宜业和美乡村环境。

（二）遵循人与自然和谐共生的生态理念

人类社会的存在基础在于人与自然的紧密联系，这种联系在人类的生产和日常生活中都有所体现。生态环境不仅是支撑人类生活和进步的根基，还是人类文明发展的核心要素。为了实现人与自然的和谐共生，我们应当把人与自然看作紧密相连的生命共同体。这不仅是对环境的简单守护，更在深层次上代表了对人类居住之地的尊重和保护。为了实现人类的持续生存和进步，我们必须深入地理解和珍视自然环境的价值，尊崇自然法则，并最大限度地利用人的主观能动性与科学方法理解和改变自然，确保自然为人类的生活和进步提供持久的支撑。在过去几年中，我国在生态文明建设方面已经取得了令人瞩目的成就。生态环境质量有了明显的进步，这为建设美丽中国提供了强大的推动力。在面对越来越严重的生态环境问题时，我们必须明白，人类是一个紧密相连的命运共同体。只有全球人类共同推进，绿色发展的思想才能深深植入人们的心中，确保生态文明的道路是稳定且长远的。我们有责任遵循尊重、适应和保护自然的核心理念，塑造人与自然和谐共存的环境。

（三）遵循生态利益公平分配的公正原则

改革开放以来，我国经济飞速发展，但这也对生态环境带来了明显的冲击，经济增长和环境保护之间的矛盾尖锐，而城乡和区域经济发展的不平衡进一步加剧了这种矛盾。有些地方为了追求经济利益，牺牲了环境，导致原有生态优势逐步被削弱。在过去很长一段时间内，这种利益与责任之间的失衡并没有通过高效的利益平衡机制来解决，经济的受益者没有提供适当的生态补偿，环境的污染者也没有承担应有的生态治理职责。为了实现生态公正并推动经济、社会和环境和谐共生，我们近些年采取了相应措施。环境正义作为正义理念在环境议题中的中心思想，虽然其焦点是人与自然的和谐相处，但其核心实质是在资源有限和环境危机加剧的背景下，人们做出的价值选择。事实上，环境正义不仅涉及人与自然的关系，还深入地揭示了环境利益在人类社会中的分配和责任。从更深层次来看，环境问题常常与各种利益紧密相连，而环境正义的核心目标就是确保环境利益得到公平分配。

（四）遵循以预防为核心，防治结合，综合治理的原则

此原则的核心目标是，通过实施各种有效的策略，从根源上避免环境问题的出现和进一步恶化，同时采用多种方法对已存在的环境污染和生态损害问题进行全面治理，以确保环境质量得到有效维持和持续提升。首先，该原则清晰地界定了预防与治理的联系，并强调将预防作为主导，同时注重防治结合；其次，该原则明确了环境治理的策略和工具，并突出了综合治理的地位。这要求我们采用经济、法律、行政、技术等多方面的方法，对当前的环境污染和生态破坏进行全面、系统的治理。这个原则的建立是基于对环境污染和生态破坏特性的深入了解。乡村环境一旦受到损害，它们的恢复过程通常异常艰难，其中一些甚至是不可能被修复的。因此，我们应当优先考虑采取预防措施。另外，一些由环境污染触发的疾病通常具有较长的潜伏期，这使得它们很难被及时识别，并且一旦发病，就很难完全治愈。乡村的生态环境如果遭受污染或破坏，进行治理和修复所需的资金将会相当庞大。要实现对乡村环境的最优管理，仅仅将精力集中于新型污染的预防和治理是不够的，必须实施一系列策略，积极地控制和降低现存环境污染和破坏水平。

（五）遵循城乡生态一体化发展的和谐准则

目前，中国社会面临的主要矛盾已经演变为人民日益增长的美好生活需要和不平衡不充分的发展之间的矛盾。其中，城乡发展不平衡不充分问题尤为突出。面对新时代中的各种挑战，我们有必要深入反思并加速推动这一发展模式的改革，强化城市与乡村之间的联系，促进资源的最优分配和结构的整体升级，从而逐渐达到城乡融合发展的预定目标。城乡的生态环境是一个相互联系、相互依赖的整体，因此在治理过程中应实现协作互补。城乡生态治理的不平衡主要源于城乡合作建设的不足。在推动城乡生态一体化发展的过程中，共同建设尤为关键和必要，也意味着人们需要在城市和乡村的环境保护资金方面实现均衡分配，确保城市和乡村的环境保护设施能够同步规划和建设，并共同肩负起治理城乡污染的重任。

三、现代乡村生态治理的核心理念

（一）乡村生态治理是实现人与自然和谐共生的必要措施

首先，在追寻人与自然和谐共生的中国式现代化进程中，对乡村生态的深入思考变得尤为重要。这一现代化进程的核心理念是绿色的现代化，它突出了生态和文明的紧密联系和互动。习近平生态文明思想，尤其是"绿水青山就是金山银山"的哲学理念，向我们展示了经济社会进步与生态环境维护之间的深入而辩证的联系。在追求人与自然和谐共生的现代化道路上，中国共产党对生态文明建设的内在规律具有深入的理解。《中共中央关于党的百年奋斗重大成就和历史经验的决议》明确指出，生态文明建设是关乎中华民族永续发展的根本大计，保护生态环境就是保护生产力，改善生态环境就是发展生产力，决不以牺牲环境为代价换取一时的经济增长。这强调了我们只有保护生态环境，才能真正实现财富的累积、可持续发展以及绿色现代化的目标。

相关案例：新洲道观河再"绘"美丽乡村新图景

其次，推进国家治理体系和治理能力现代化的实践逻辑驱动乡村治理向现代化方向发展。在中国式现代化发展过程中，乡村治理的实践必须符合国家治理体系和治理能力现代化的标准，这是一个不可逆转、不可避免的发展趋势。中国式现代化在很大程度上受到了政治权力的深远影响。随着新时代的来临，国家不仅在工业化、信息化、城市化和农业现代化等方面全方位推进现代化，更深化了国家治理体系和治理能力现代化进程。①这种全方位的现代化动力使得乡村的经济和社会进步与乡村的治理策略更为紧密地结合在一起，使得乡村现代化的需求与国家治理体系和治理能力现代化的发展方向保持一致。乡村治理现代化是国家治理体系和治理能力现代化的关键组成部分，把乡村生态治理看作推进乡村治理现代化的核心途径，体现了党和国家对新发展理念的深入实施和对国家治理体系和治理能力现代化总目标的坚定追求。

相关案例：启宪村绿美乡村建设

（二）乡村生态治理现代化与乡村振兴之间存在紧密的耦合关系

首先，乡村生态治理现代化是乡村振兴的基石和核心内容。乡村生态治理现代化与乡村振兴的愿景密切相关，它们之间是相互补充的关系。如果没有乡村生态治理现代化进程，那么乡村现代化进程将无法启动，乡村振兴也将难以实现。乡村是

---

① 刘羿良，冷娟.乡村振兴战略下乡村多元主体协同生态治理路径研究[J].云南财经大学学报，2022，38（11）：100-110.

一个融合了自然、社会和经济属性的多功能区域，它承载着生产、生活、生态、文化等多方面的功能。实施乡村振兴战略的总体要求，如产业兴旺、生态宜居、乡风文明、治理有效和生活富裕，都与乡村的生态环境有着密切的联系。因此，我们当前追求的乡村振兴，其核心是建立并保持健康的生态环境。

其次，乡村振兴为乡村生态治理现代化提供物质和文化支撑。乡村振兴战略不仅是全面推进美丽中国建设的核心战略，也是推进乡村生态治理现代化深度发展的强有力平台。这一战略为强化乡村的生态治理创造了难得的机会，其在推进中国特色现代化和塑造新型生态文明的过程中发挥了至关重要的作用。随着乡村振兴的全面推进，人们物质生活方面的条件逐渐改善，对生态环境的需求变得更为紧迫和严格。因此，乡村振兴的核心不仅仅是社会资本投资于现代农业和生态旅游等产业，同时也包括营造乡村的生态宜居环境。举例来说，当社会资本通过乡村振兴和生态治理获得经济回报时，这些资本也会回馈绿水青山，以维护和优化乡村的生态环境，从而实现经济和生态的双赢。

第二节　我国乡村生态治理的体制机制

一、乡村生态治理的推动力量

（一）根本推动力——生态环境危机

作为乡村的珍贵资产，生态环境的状况对乡村的发展起着决定性作用。乡村发展与生态环境有着紧密的联系。随着我国城市化的快速发展，乡村地区得到了前所未有的发展机会，但与此同时，也遭遇了许多生态挑战。为了应对这些挑战，乡村需要主动地调整其发展策略和方式，以促进乡村生态系统的转型。这样的调整覆盖生产生活方式、规划策略以及管理方法等多个领域，其主要目的是确保乡村生态环境质量，并避免其进一步退化。

（二）基础推动力——规划技术方法的生态转型

作为乡村空间布局的核心导向，规划技术在促进乡村空间与生态环境和谐共存方面起到了不容忽视的作用。因此，在乡村生态化进程中，选择合适的规划策略是非常必要的。在过去很长一段时间，我国的规划策略主要是采纳了以经济增长为核心的传统物质空间规划方式。但在生态文明受到越来越多关注的新时代，仅仅追求物质增长的规划方法已经不能满足可持续发展的需求。当前在制定规划策略时，我国更加重视生态环境的维护和修复，努力在经济增长和生态环境保护之间找到一个动态的均衡点。这意味着乡村规划在观念、技术手段和实施方法上，从以经济增长为导向转向生态化方向。我国还借助系统论和整体论的观点，对乡村的生态化进行了深入而全面的分析，建立了一个科学的乡村生态化综合评估指标体系，为乡村生态建设提供了坚实的支持。

（三）内在驱动力——经济效益

经济产业构成了乡村发展的关键动力，而乡村生态建设的主要目标是确保乡村经济持续繁荣。因此，我们必须确保生态保护与经济增长之间的紧密联系，并构建合理的生态保护策略。乡村生态治理的终极目标是确保经济与生态环境之间的和谐发展，也就是说，在保护生态环境的基础上，促进乡村经济的持续增长。通过深度分析可以发现，市场经济参与者的"生态不经济"行为是引发乡村生态危机和环境退化的主要因素。因此，在乡村生态治理中，应以提高经济增长的"生态效益"为核心，通过一、二、三产业的深度整合和交叉发展，为乡村经济注入新的活力，从而推动乡村实现生态转型，并显著提高乡村的生态效率。

（四）外在驱动力——生态制度的引导

之前，我国的政策框架主要是基于"经济理性"这一核心理念构建的，其初衷是最大限度地促进经济利益的增长。在实际操作过程中，经济活动中的非生态因素往往受到忽略。从新制度经济学的视角出发，环境问题出现的根本原因并不是市场功能失调或政府监管不力，而是制度本身的局限性。更具体地说，当社会制度过分追求经济利益时，常常会忽略对环境问题的重视，这是加重环境污染的一个主要原因。在乡村生态治理实践中，政府的作用依然是非常关键的。党中央、国务院高度重视生态保护补偿机制的建设。2005年党的十六届五中全会提出按照"谁开发谁保护、谁受益谁补偿"的原则加快建立生态保护补偿机制，2012年党的十八大报告特别强调要"建立反映市场供求和资源稀缺程度、体现生态价值和代际补偿的生态补偿制度"，2016年国务院办公厅印发了《关于健全生态保护补偿机制的意见》，2022年党的二十大报告要求"完善生态保护补偿制度"。由此可见，我国始终致力于构建健全的环境政策和制度结构，以期为乡村生态文明建设提供坚实的支撑。

二、新发展理念引领乡村生态治理的机制构建

"十四五"时期是我国全面建成小康社会、实现第一个百年奋斗目标之后，乘势

而上开启全面建设社会主义现代化国家新征程、向第二个百年奋斗目标进军的第一个五年。在"十四五"规划中创新、协调、绿色、开放、共享的新发展理念得到了深入的展现，它不仅为各个行业提供了质量改革的方向，也推动了乡村振兴向更高层次发展。为解决乡村生态治理难题，我们应该加强新发展理念在其中的引导性作用。

（一）构建并完善党委主导的生态治理机制

党作为整体的领导者和社会各方面的协调者，在生态治理中发挥着不可替代的作用。党和政府高度重视生态环境的保护，坚持"绿水青山就是金山银山"理念，坚持尊重自然、顺应自然、保护自然，坚持节约优先、保护优先、自然恢复为主，实施可持续发展战略，完善生态文明领域统筹协调机制，构建生态文明体系，推动经济社会发展全面绿色转型，建设美丽中国。乡村振兴和生态管理都与党委主导紧密相连，只有在党的领导下，乡村生态治理及其在新时代的规划才能正常执行。因此，我们要最大限度地利用党的领导力量，打造一个以党委为中心、全方位且高效的生态治理体系。

1.设立专门负责生态治理的党委领导小组

作为乡村振兴战略的关键组成部分，生态治理的成功执行直接影响着乡村整体振兴进程。2022年，习近平总书记在中共中央政治局第四十一次集体学习时强调："生态环境保护能否落到实处，关键在领导干部。要落实领导干部任期生态文明建设责任制，实行自然资源资产离任审计，认真贯彻依法依规、客观公正、科学认定、权责一致、终身追究的原则，明确各级领导干部责任追究情形。"[①]我们应当依据科学责任的原则，为各级领导干部确立清晰的生态文明建设责任体系，并实施自然资源资产离任审计机制，以明确各级领导干部在生态治理过程中应承担的责任和追责方式。需要强调的是，生态治理不应局限于城市地区，乡村地区的生态治理也是非常关键的。只有乡村生态得到有效的管理和治理，我们才能真正促进乡村全面振兴。因此，构建和完善乡村生态治理体系，并设立专门负责生态治理的党委领导小组，尤为关键。在乡村生态治理的每一个步骤中，各个层级的党委书记都应承担最主要的职责，对当地的生态环境资源进行深入的了解和研究。省、市级党委整体指导，县、乡、村级党委切实执行，并加强县级党委在推进乡村生态治理中的核心地位。

---

① 习近平主持中共中央政治局第四十一次集体学习[EB/OL].（2017-05-27）[2024-09-28].https：//www.gov.cn/xinwen/2017-05/27/content_5197606.htm.

2.宣扬党的生态治理的基本原则和要求

"绿水青山就是金山银山"已经成为乡村生态治理的核心准则。其不仅明确了党在推动乡村生态治理方面的具体目标,还为通过生态环境优化来促进乡村发展提供了新的方向。在进行乡村生态治理时,从党的最高领导层面出发,确立并执行党的基本原则和要求显得尤为关键。首先,将乡村生态治理的基本原则与"两山"理论紧密结合,以更加有效地促进乡村生态治理与生态产业的协调发展。其次,将这一理念传达给社会各层面,尤其是乡村基层。通过增加宣传的深度、扩大宣传的范围,将"绿水青山就是金山银山"的思想深深植入人们心中,从而真正地发挥其对绿色发展的引导作用,促进生态治理的持续进步,帮助乡村生态治理取得实际效果,并最终达成建设美丽乡村的目标。最后,党通过主动推广生态治理基本原则,引导社会普及绿色生产和生活方式,以此来加快乡村生态治理进程。站在党的高度,从上到下全面推广"两山"理论,是在新时代构建和完善党委领导下的乡村生态治理机制的关键步骤,这需要我们长时间地坚持与不断深化。

3.建立生态治理党委的巡察工作机制

乡村生态治理的成功执行不仅依赖于人们的主动参与和付出,还需要一个强大的制度框架来进行有效的规范和指导。作为社会运作的核心支柱,制度是在特定历史背景下建立的,具有广泛约束性的规范。在当今的社会环境中,制度的构建和完善已经成为推动社会各领域进步的关键支柱。它所拥有的权威和强制执行力,确保其在治理效果上发挥着不可替代的作用。习近平总书记于2013年1月在第十八届中央纪委第二次全会上提出:要加强对权力运行的制约和监督,把权力关进制度的笼子里,形成不敢腐的惩戒机制、不能腐的防范机制、不易腐的保障机制。在乡村生态治理实践中,为了确保所有措施得到有效实施并持续改善生态环境,我们必须建立并执行严格的制度框架,尤其需要构建和完善生态治理党委的巡察工作机制,对涉及生态治理的所有参与方进行全面监控和评价,以确保所有制度得到严格执行,并防止任何违规或权力滥用的行为。

(二)建立健全广泛参与的多方联动机制

为了确保乡村生态治理能够持续进行,我们有必要建立一个多主体共同参与的治理框架。该机制的核心思想是明确各个参与方的职责和角色,确保政府在政策指导和资源整合中起关键作用,同时鼓励社会团体和企业的主动参与,以及村民委员会和村民在基层的实践和监督活动。

1. 明确多方合作的主要参与者

在建立乡村生态治理多方联动机制过程中，明确各参与方的角色是至关重要的一步。只有政府、社会、企业、村民委员会以及村民等多个主体的角色和定位得以明确，各方才能在合作中形成强大的推动力，有效地将乡村的生态资源优势转化为经济发展优势，从而推动生态治理的深入实施，并充分发挥新发展理论的指导价值。与过去主要由单一实体驱动的发展模式相比，现代社会的进步越来越显示出多样性，这种多样性不仅在文化方面有所体现，而且对多个领域的发展产生了深远的影响。在过去，乡村的进步主要是在政府的指导和激励下实现的，但由于基础设施不足、乡村居民的认知相对落后、生活品质不高等实际因素的制约，其发展受到了限制。但是，随着脱贫攻坚战的全面胜利，人民群众的生活水平得到了显著提升，生态环保意识逐步加强，对乡村生态文明建设的关心和参与度也随之增加。与此同时，随着社会资本的日益活跃、现代企业的快速发展和村民自治制度的逐步完善，乡村生态治理的多方合作得到了坚实的支撑。为了更有效地推动乡村生态治理，我们有必要进一步明确参与各方的权利和义务，确保他们在合作中最大限度地发挥自己的优势，从而促进乡村生态治理的持续进步。

2. 扩大多方合作的宣传渠道

为了建立一个广泛的多方参与的联动机制，我们要充分利用现代宣传的新技术和新策略。随着5G、人工智能和大数据等前沿智能技术的飞速发展，乡村生态治理的普及和机制建设正在面对更为严格的标准和更高的期望。这些先进的技术不仅打破了传统宣传方式的地理界限，更显著地提高了人们信息交流的效率，从而在协调"人"与"空间"之间的关系方面发挥了极其重要的作用。以短视频技术的快速发展为例，它已经成为推进乡村生态治理和乡村振兴的强大动力。大量年轻人通过这个平台，热心地参与到乡村振兴各种活动中，不仅促进了当地乡村经济的快速增长，还使他们成为乡村的"形象代表"，向更多的人展示了乡村的独有魅力、丰富的文化和独特的产品。这一宣传策略不仅显著提高了乡村的知名度和社会影响力，还成功地激发了更多人对乡村振兴的热忱和关心，为乡村可持续发展带来了新的活力和动力。

3. 建立多方联动的制度体系

在乡村生态治理的实际操作中，存在各种不同的治理模式，无论是单一模式、双重模式还是多元模式，都需要通过制度化手段来进行规范。因此，为了建立广泛参与的多方联动机制，我们需要构建一个全面而系统的制度体系，确保"政府+村民"或"政府+社会组织+村民"的联动模式能够成为具有明确指导作用和约束力的治理框架。以"政府+村民"的联动模式为例,在乡村生态治理的初始阶段,该模式占据了中心地位,其中政府起主导作用,村民为重要的参与力量。在这个互动体系中,各方利益紧密相连,政府的目标是确保乡村的生态环境与中央的政策保持一致,而村民则追求更为健康宜居的居住环境。然而,这样的关系不是单向的,政府通过政策导向和价值观念,为村民明确了生态保护的方向和行为模式;与此同时,村民的主动参与也促进了政府政策的高效执行,从而进一步完善了以政府主导为核心的乡村生态治理模式。但是,随着社会的持续发展和现代化步伐的加快,多元化模式正在逐步成为乡村生态治理的新方向。为了顺应这一发展趋势,我们有必要构建一个更加全面、灵活和具有较强包容性的制度框架,以便更好地吸纳和整合不同参与方的智慧和力量,共同推动乡村生态治理朝着更加多元、高效和可持续的方向前进。

(三)建立健全监督问责机制

在新发展理念的深度实践指导下,构建乡村生态治理机制迫切需要一套完整而严格的监督问责机制。这种机制突出了生态资源保护与经济健康增长之间的和谐关系,并展示了在某些特定环境下,这两者相互推动、共同发展的潜力。

1.对乡村生态治理的监督要求进行严格的制定

在推动乡村生态治理的过程中,要以坚决的态度来设定严格的监管标准,以确保治理方案能够有效地执行。"两山"理论明确了乡村生态治理的方向,并强调在治理过程中,需要在生态保护和经济发展之间找到一个平衡点,以实现两者的融合。因此,我们有责任坚决反对并严厉打击任何可能破坏"山水林田湖草生命共同体"的行径,以确保生态环境能够持续稳定地发展。与此同时,还必须始终遵循"人与自然和谐共生"的理念,积极地满足人民对生态环境的美好期望。为了更精确地设定乡村生态治理的监管标准,应当从以下几个关键方面入手:首先,构建并完善一个独立的监管机构,以确保监管活动的客观和公正;其次,进一步完善相关法律法规,确保为监督任务提供坚实的法律后盾;再次,加大宣传和教育力度,以提升全社会对环保的认识和参与水平;最后,加大国际合作和交流的力度,吸收国际上的先进经验和技术,以共同促进乡村生态治理事业的发展。

2.建立生态治理的目标责任制和评估责任制

目前,我国在生态环境领域所遇到的难题,在很大程度上是由于体制和机制的缺陷，以及法治建设的不足。因此，构建和完善乡村生态治理的目标责任制和评估责任制尤为重要。一个科学的评估体系就像关键的"导向标志"，对于生态文明体系的构建具有极其重要的指导意义。实施目标责任制不只是为乡村生态治理设定明确的目标，还需要清晰地界定各参与方的职责，确保其能够围绕这些目标共同推动治理进程。在乡村生态治理中，政府起着中心作用，应与各领域的专家和乡村居民紧密合作，共同确定清晰的目标、评估方式以及相应的奖励和惩罚措施。这一合作方式不仅有助于提高治理目标的科学合理性和实施可行性，还能增强乡村居民的参与意愿和责任心。政府还需要根据既定的目标和机制进行严格的监督和执行，以确保乡村生态治理工作能够有序高效进行。目标责任制作为考核责任制的核心，为乡村生态治理的评估提供了明确的结构和准则。评估责任制的实施是基于目标责任制所明确的具体目标、评估手段和奖罚制度，对参与乡村生态治理的各主体进行责任评价。对于那些未能达到乡村生态治理标准或未实现预定目标的主体，评估责任制将激活责任追究机制，以确保治理工作的有效性和可持续性。

3. 推动乡村生态治理的法治化进程

自2017年党的十九大确定大力实施乡村振兴战略以来，这一战略在全国各地得到了广泛推广和深入执行。在构建乡村生态治理法律体系时，大多数规定被纳入乡村振兴的全面法律框架。当前的情况表明，乡村生态治理在法律方面的需求还没有得到充分的满足，因此，完善法律体系仍然是当前的一项重要任务。需要强调的是，乡村生态治理在不同地区存在明显的差异，各个地区和村庄因其特有的地理、社会和文化环境而呈现出多种多样的生态治理模式。因此，在推动乡村生态治理的进程中，我们必须高度重视各个地区的具体状况，因地制宜、精准施策。展望未来，为了更有效地支持乡村振兴战略的实施，国家应制定和完善乡村生态治理的专门法律法规，为乡村生态治理提供更明确更具体的法律指导。与此同时，各个地区也应主动探寻与自己特色相符的乡村生态治理方式，持续创新管理策略，为乡村生态治理注入更多的活力。

在推动乡村生态治理走向法治化的过程中，首要任务便是建立一套专门针对乡村生态治理的法律规范。为了确保乡村生态治理活动满足法律法规的规定，我们需要通过具体的法律法规来指导地方政府、社会团体和乡村居民的行为，并对相关主体进行有力的监管和问责；同时，乡村生态治理作为乡村振兴的核心组成部分，需要与其他四大领域（即产业振兴、组织振兴、人才振兴和文化振兴）相互补充，共同前进。因此，我们有责任积极构建和优化与此相关的各项法律法规，以《中华人民共和国乡村振兴促进法》为基础，构建一个多层面的法律支持体系，以便为乡村振兴工作提供坚实的法律基础。另外，地方政府和相关机构需要根据当地的独特性和实际情况，拟定有效的部门规章和乡村生态治理条例。在制定这些规章和条例时，必须深入考虑当地的自然环境、经济状况和社会文化背景，以确保生态治理措施既是科学的又是合理的，并能真正有效地促进当地乡村生态治理的进步。此外，为了确保生态治理的法律化、标准化和持久性，还需要加强生态治理的监督和问责力度，加大社会和舆论的监督力度，鼓励人民群众参与生态治理的监管活动，营造全社会共同参与和监督的环境。

第三节 我国乡村生态治理的价值取向

一、乡村生态治理的价值取向

（一）树立人与自然和谐相处的生态价值取向

目前我国社会发展面临的核心问题已经发生了根本性转变，其中，发展的不均衡和不充分已经变成了人们追求美好生活的主要障碍。2018年，习近平总书记在全国生态环境保护大会上指出，要加快构建生态文明体系，加快建立健全以生态价值观念为准则的生态文化体系，以产业生态化和生态产业化为主体的生态经济体系，以改善生态环境质量为核心的目标责任体系，以治理体系和治理能力现代化为保障的生态文明制度体系，以生态系统良性循环和环境风险有效防控为重点的生态安全体系。党的二十大报告指出，尊重自然、顺应自然、保护自然，是全面建设社会主义现代化国家的内在要求。因此，我们在推进乡村生态化发展的过程中，需要树立尊重自然、适应自然和保护自然的生态文明观念，确保在处理人与自然、人与环境、人与经济发展的关系时，能够遵循和谐共生原则。为了实现这一愿景，我们必须依靠科学的规划、合理的布局以及绿色发展策略，不断地提升乡村生态环境品质。

（二）树立美丽乡村文化建设的文化生态取向

美丽乡村文化不仅是乡村的精神核心和基础，更是乡村居民无价的精神遗产。在推动美丽乡村建设过程中，文化建设起到了至关重要的作用。如果没有乡村文化的滋润和支持，即便在物质上取得了显著的进步和经济的繁荣，也很难满足乡村居民对于精神和文化的不断增长的需求。一个缺乏深厚文化底蕴的美丽乡村很难成为真正的文明之乡。因此，在推进美丽乡村建设的过程中，必须给予文化建设足够的重视。通过深化乡村生态文明建设，我们有机会更深层次地发掘和继承乡村优秀传统文化，发现其独特的文化吸引力，也能结合乡村独特的发展模式，更全面地展现美丽乡村建设所取得的成就，使乡村居民在物质生活富足的同时，也能体验到精神和文化层面的满足与充实。

（三）树立乡村经济可持续和循环发展的价值取向

在乡村生态文明建设过程中，乡村经济的可持续和循环发展发挥着不可替代的作用。地方政府充分发挥其领导和协调作用，科学规划农业种植的布局，并努力提高农民群众对农业可持续发展的认知。更具体地说，政府大力推广农业可持续发展理念，让农民群众更加深入地了解这一理念在生态环境保护和长期发展中的关键作用。在推动技术创新和普及的过程中，地方政府积极提倡并广泛应用秸秆综合利用技术，尤其是节能技术，以取代传统的秸秆焚烧方法，从而降低对环境的污染并提高资源的使用效率。与此同时，为了满足农业生产的实际需求，地方政府还实施一系列综合策略，如调整种植模式、普及节水灌溉和精确施肥方法等，以促进乡村生态环境的持续改善。除此之外，地方政府深度挖掘和充分利用本地区的自然资源优势，通过科学的规划和合理的开发策略，来提高农业种植的综合效益，进而提高农产品的产量和质量，以促进农业经济的可持续和循环发展。这不仅有效地提高了农民群众的收益，也有力地推动了乡村生态环境的持续改进，从而实现经济和生态双重效益的提升。

（四）树立具有地域特色、生态亮点的个性化价值取向

在进行生态文明建设的过程中，我们需要重视个性化的价值观念，并将中国优秀传统文化与乡村的独特风情融合于生态文明建设中，高度重视乡村居民在美丽乡村建设过程中的核心作用，给予其更多的决策权和自主权，并鼓励其根据本地的生态、资源和产业特点，产出发展创意；还应当坚定地遵循人本主义核心理念，以追求卓越的工匠精神，精心策划和实施具有本地特色的美丽乡村建设项目，充分展示乡村的独特魅力和深厚的文化底蕴。这不仅是对美丽乡村建设的进一步深化，也体现了对乡村自然价值和文化价值的深入挖掘和传承。

二、乡村生态治理的目标体系

为了全面推进振兴乡村，我们需要根据乡村目前的发展情况，精心设计乡村生态治理的目标体系。这一目标体系是为了明确乡村生态治理的具体目标，并确保其指导任务具有系统性和可执行性。

（一）自然美

1.区域的生态安全

城市与乡村作为城乡生态系统的两大核心组成部分，它们之间的密切互动和联系共同构筑了一个具有高度流动性且结构完善的生态网络，这对于确保整个区域生态的稳定性和安全性起到了重要的作用。但是，随着城市化的快速发展，城市和乡村的生态环境面对越来越大的压力，生态平衡逐步被破坏。乡村地区拥有丰富的自然资源和独特的生态价值，其在生态安全方面的重要性是不可忽视的。因此，在进行城乡发展规划时，我们必须把城市与乡村的生态进步看作同样重要的，并进行全方位和综合性的考虑。区域生态安全行动的目的是调整和完善区域生态结构，确保区域生态安全。为了达到这个目的，必须实施一套全面的策略。首先，构建和完善针对城乡生态环境的监控和评价体系，以便及时识别并解决生态环境问题。其次，在进行城乡规划时，应重视城市建设和乡村生态保护的协调发展，避免过度开发给生态环境带来的损害。与此同时，需要增强城市与乡村的生态联结，推动生态资源有效共享和循环，从而建立一个健康的生态交互体系。最后，积极促进乡村生态经济的壮大，充分利用乡村地区的生态优势，推动生态农业和生态旅游等绿色产业的发展，以提高乡村的经济和生态价值，实现城乡经济的和谐共生。总之，在城乡生态环境中，城市和乡村占据着同样重要的位置。在推进城镇化的过程中，我们必须重视城乡生态环境的保护和修复，加强城乡之间的生态联系和互动，优化区域生态布局，确保整个区域的生态稳定和安全。

2.对自然资源的合理使用

乡村凭借其丰富的自然资源，不仅成为城市发展的生态支柱和绿色屏障，而且为自身的繁荣提供了稳固的生态基础。在推动乡村建设和发展的过程中，我们必须始终遵循尊重自然和保护生态的基本原则，全方位地考虑当地的自然环境和生态系统，以确保建设活动与自然环境和谐共存，从而避免对生态系统造成损害。在利用资源的过程中，应坚持可持续发展理念，通过科学的规划来确保资源得到合理开发和高效利用。尽管乡村拥有丰富的资源，但这些资源也是有限的。因此，我们必须对资源进行细致的管理，优化资源的分配，以确保在经济增长的同时，生态环境得到适当的保护。另外，乡村的建设和发展必须重视多样性和和谐性。这不只是对物理空间的设计和构造，更代表了经济、社会、文化等多个方面的整体进步。我们要借助科学的规划和合理的布局策略，推动各种用地、产业和功能的有机结合，从而促进乡村全方位、和谐和可持续发展。

（二）产业美

1.推进农业的现代化进程，提高生产效率

随着农业领域的持续进步和发展，传统的农业增收方式的动力正在逐渐减弱，农民的收入增长速度也在逐步放缓。因此，我们有必要积极地寻找新的方法，以发掘农民收入增长的新可能性并激发新的增长动力。为此，可以从以下两个维度来推动乡村产业的进步：一是不断优化和加强农业产业结构，进一步延长农业产业链，从而提高其总体价值；二是积极促进生态农业的发展，大力宣传生态农业模式和绿色农业技术，发挥都市农业在生态领域的重要作用，并为农民创造更多的收入增长机会。

2.合理、生态化的产业布局

随着乡村经济的快速增长和生态环境的持续保护，产业结构的合理配置变得尤为关键。我国经济进入新的发展阶段后，乡村产业也面临转型升级。为了促进乡村经济的持续增长，我们必须专注于推动一、二、三产业的深度整合和协调发展，以便构建更加科学合理的乡村产业结构。通过对产业链的进一步拓展延伸，构建一个具有跨越性的产业组织结构，实现区域内农业资源的高效分配和合理使用。这不仅能够显著提高农业生产的经济效益，还有助于推动乡村经济朝着多元化和高质量的方向发展。与此同时，我们也应当重视城乡经济的共同进步，通过增强城乡经济的互动和联系，打造城乡融合的产业发展模式。这种发展模式有助于消除城乡之间的隔阂，实现资源的最佳分配和相互补充，从而进一步促进乡村经济整体振兴。总的来说，促进乡村产业结构的优化升级以及构建一个科学合理的乡村产业结构，都是促进乡村经济向生态化方向发展的重要策略。为了激发乡村经济的内在活力并确保其繁荣与可持续发展，我们必须持续地寻找和创新发展途径，并加强政策引导和支持。

（三）生活美

1.良好的人居环境

乡村，作为乡村居民生活的核心地带，应该与城市一样具有优质的环境，这将大大提高乡村居民的生活水平。我们评估乡村的居住环境质量，可以从以下两个方面进行。一是外观和环境。乡村的整体形象是通过其干净整洁的外观和环境直接展现的。这不只是对乡村的历史文化和自然景色的呈现,还直接展现了乡村的文明程度和当地居民的生活品质。确保乡村的外观和环境干净美观,不仅可以为乡村居民创造更加优美的居住环境,还可以吸引更多的游客和投资,从而促进乡村经济的繁荣发展。二是基础设施建设。乡村居民的日常生活离不开一定的基础设施,如交通网络、供水系统、电力供应、通信设施、环保设施等。只有乡村的基础设施得到了全方位的优化和完善,当地居民的基础生活需求才有可能得到充分的满足,从而进一步提高他们的生活质量。此外,健全的基础设施建设也会为乡村产业发展提供强有力的后盾,助推乡村经济走向全方位的繁荣。因此,对于乡村居住环境的建设,我们必须给予极大的关注,从改善村庄的整体外观和加强基础设施建设两个方面着手,为乡村居民创造更加适宜居住、工作和旅游的生活环境,全面推动乡村振兴。

2. 生态化乡村景观

乡村景观不仅是村庄经济发展水平的直观反映,还展示了人们如何巧妙地将自然资源与地域性产业景观深度融合,从而塑造了具有独特历史文化和地域特色的景观。更具体地说,乡村景观可以分为三个核心部分。一是生产景观。人们深入挖掘乡村生态资源的潜能,并与产业发展趋势紧密结合,形成了包括山区梯田、平原农田和现代化设施农业等在内的多元化、高效的乡村生产景观体系。这个体系不仅对农业生产结构进行了优化,还为乡村带来了不同寻常的视觉体验。二是关于生活的景观设计,这些设计巧妙地融入了乡村传统元素,并通过细致的规划与设计,打造具有地方特色的建筑、街道和广场等多种景观。这些景观不仅展现了乡村的日常生活方式,还反映了乡村居民对于健康生活方式的向往。三是自然景观。要注重对乡村自然环境的保护,借助科学的管理手段,维护乡村的自然环境,为当地居民和游客打造一个宁静而美丽的休闲场所。

3. 文化传承

在多种传统文化的保存和展现方式中,本土文化在乡村发展过程中展现出了不可替代的价值。但是,受到城市化和现代生活习惯的双重打击,乡村本土文化正面临被边缘化的危险。乡村本土文化不只是乡村的核心精神,也是乡村的独特标识。它代表了乡村深厚的历史背景、独特的地方文化和生态智慧,成为乡村居民的共同文化遗产和精神寄托。为了确保这份宝贵的本土文化得到妥善保护和传承,我们有必要将其与当代文明进行深度融合,在维护和传承本土文化核心价值的同时,融入现代化元素,以促进乡村本土文化的持续创新和成长。这不仅有助于提升乡村文化的软实力,也为乡村经济的持久增长注入了新的活力。

 **思考题**

目前乡村生态治理的机遇有哪些？它们给乡村生态治理提供了哪些基础和条件？

第七章思考题
参考答案

第八章
组织治理：乡村治理的保障条件

 **学习目标**

1. 了解乡村组织治理的定义、重要性及其在乡村治理中的重要地位。
2. 理解乡村组织治理的功能与目标，以及不同治理模式的组织结构。
3. 掌握乡村组织治理的运行机制，包括决策、执行、反馈与调整机制。

组织治理不仅关系到乡村治理的效率和效果，更是保障乡村社会稳定和谐的基础。本章将详细剖析组织治理在乡村治理中的作用、结构形式以及运行机制，以期为实现乡村可持续发展提供坚实的理论和实践支撑。

第一节 组织治理在乡村治理中的作用

一、组织治理的定义与重要性

（一）组织治理的基本概念

组织治理是指在特定的组织或社会结构中，通过一系列制度、规则和程序来指导和控制组织的行为，以实现组织的目标和使命。在乡村治理背景下，组织治理特别关注如何通过有效的管理和协调，促进乡村社会的和谐发展，提升乡村居民的福祉。

1. 组织治理的内涵

组织治理是一个多维度的概念，它涵盖组织内部的决策过程、权力结构、责任分配以及与外部环境的互动。在乡村治理背景下，组织治理的内涵可以进一步细化和扩展。

（1）组织治理的定义

组织治理通常被定义为一套规则、实践和传统，其决定了组织内部的权力如何被行使，以及决策如何被制定和执行。它包括正式的规章制度和非正式的行为准则，两者共同影响组织成员的行为和决策。这可以从宏观和微观两个层面来理解。宏观层面涉及整个组织或社区的治理结构，如政府、非政府组织、社区团体等；微观层面则关注组织内部的治理机制，如董事会、管理层、员工等。

（2）组织治理的功能

组织治理的主要功能是确保组织的决策过程透明、公正，并能够反映所有利益相关者的需求和期望；负责监督组织的运营，确保资源的有效利用，并促进组织的长期可持续发展。其需要平衡不同利益相关者的需求，包括社区成员、政府、投资者、员工和其他合作伙伴。有效的组织治理能够促进各方之间的对话和合作，解决冲突并实现共同的目标。

2.组织治理的原则

组织治理的基本原则是确保组织运作公正、高效率和可持续的基础。以下是组织治理应遵循的几个关键原则。

（1）透明原则

透明原则要求组织在决策过程中保持开放性，确保所有利益相关者都能够访问相关决策信息和结果。透明原则还涉及财务报告、政策制定和执行过程的公开，以及对外部监督和评估的开放性。

（2）责任性原则

责任性原则强调组织及相关成员对其行为和决策承担明确的责任。这包括对错误或不当行为的承认和纠正。组织应建立明确的机制来追踪责任，确保成员对其行为后果负责。

（3）公平性原则

公平性原则要求组织在资源分配、机会提供和决策过程中对所有成员和利益相关者一视同仁。公平性还意味着在处理冲突和分歧时，应采用公正的程序和标准，确保每个人的意见和权利都得到尊重。

（4）参与性原则

参与性原则鼓励所有利益相关者在组织治理中发挥作用，包括在决策过程中提供意见和反馈。通过促进公众的广泛参与，组织可以更好地理解其需求和期望，从而做出更符合公众利益的决策。

(5) 合法性原则

合法性原则要求组织在遵守相关法律法规的基础上进行治理，确保所有活动和决策都符合法律法规要求。

3. 组织治理的要素

组织治理是一个复杂的过程，涉及多个关键要素。这些要素决定了组织能否高效、公正地运作。

(1) 组织文化和价值观

组织文化和价值观是组织治理的精神支柱和内在驱动力，它们定义了组织的个性和行为准则，能够对组织的长期发展和成员行为产生深远的影响。其中，组织文化是指组织成员共享的价值观、信仰、习惯和行为模式，它是一种无形的力量，影响着组织成员的工作态度、团队合作和决策方式。积极的组织文化通常具有开放性、包容性和创新性。价值观是组织成员共同认同并遵循的基本原则。明确的价值观为组织成员提供了行为指导和决策依据，有助于组织成员形成统一的目标和方向。

组织文化和价值观的塑造是一个长期的过程，需要领导者积极引导和成员共同参与。领导者应该通过自己的行为来示范和传播组织文化和价值观，同时鼓励成员提出意见和建议，积极参与到文化建设中来。组织文化和价值观与组织治理密切相关，积极的组织文化和明确的价值观有助于建立信任、促进合作和提高决策质量，从而提高组织治理的有效性。

(2) 领导力

领导力在组织治理中扮演着至关重要的角色，它不仅关乎领导者个人的能力，也是推动组织向前发展的关键动力。

首先，领导力不是某种单一的能力，而是包含多种技能和特质的复合体。它涉及情感智慧、团队建设和冲突解决等多方面。优秀的领导者能够为组织制定清晰的愿景和长远的战略规划。这种愿景具有强大的吸引力，能激发团队成员的热情和创造力，引导他们共同为实现组织目标而努力。

其次，领导者的指导作用体现在为团队成员提供必要的资源、信息和支持，帮助他们克服工作中的障碍，提升个人能力，实现个人和组织的共同成长。激励是领导力的重要组成部分，例如领导者通过认可和奖励来激发团队成员的积极性，同时通过挑战和机会来促进他们的成长和发展。

最后，在不断变化的环境中，领导者需要展现出高度的适应性和灵活性，快速响应外部环境变化，并调整策略以应对新的挑战。同时，需要在复杂和不确定的情况下做出明智决策，并管理与这些决策相关的风险。

领导力的这些方面共同构成了一个领导者在组织治理中所应具备的综合能力。

通过不断的自我提升和实践，领导者可以更有效地引导组织实现目标，同时促进组织文化的健康发展和团队成员个人成长。

（3）决策过程

决策过程是组织治理中至关重要的一环，它不仅关系到组织能否实现其战略目标，还影响着组织对内外部环境变化的适应能力。

首先，决策过程始于全面的信息收集。组织需要从多个渠道获取信息，包括市场研究、客户反馈、内部报告等，以确保决策基于最全面和最新的信息。对于收集到的信息，需要通过数据分析来提炼有价值的内容。具体包括使用统计方法、数据挖掘技术和预测模型来识别趋势、模式以及潜在的风险点。在评估选项时，需要从不同角度进行考量，包括财务、运营、法律、道德和社会影响等，这种多角度的评估有助于人们全面理解各个方面的潜在影响。

其次，建立一个清晰的决策框架对于指导决策过程至关重要。包括确定决策的标准、优先级和时间表，以及决策的责任分配。要识别所有关键利益相关者并确保他们在决策过程中有发言权。这不仅增强了决策的透明度，还有助于收集多样化的观点，提高决策的质量和可接受度。

最后，决策过程应进行风险管理，评估每个选项的潜在风险，并制定相应的缓解策略。决策过程要遵循相关法律法规和行业标准，避免因违法或违规而导致潜在的风险或损失；决策的实施需要明确的行动计划和责任分配；决策的执行应与预期目标一致，并对实施过程中出现的问题进行及时调整。

总之，决策过程是一个复杂的动态系统，它需要组织在多个层面进行精心设计和管理。有效的决策过程不仅能够提高组织的适应性和竞争力，还能够增强利益相关者的信任度和满意度。在组织治理中，决策过程的质量直接关系到组织能否实现其战略目标和可持续发展。

（4）监督机制

监督机制能够确保组织的行为和决策符合既定的规则和标准。它通过一系列制度安排促使组织的行为和决策与既定规则和标准一致。董事会或监事会等内部监督机构通过监督管理层的决策过程和执行情况，保证组织的运行符合股东和其他利益相关者的利益。相关机构通常担负着审查财务报告、评估风险管理策略和监督高级管理人员的职责。同时，外部监督（如政府监管机构和第三方审计）为组织提供了另一种形式的监督，外部监督者通过审计和合规性检查，确保组织遵守法律法规，同时为公众提供独立且客观的评估结果。

监督机制的有效性体现在对组织绩效的定期评估上。这种评估不仅关注组织的财务表现，同时对组织的战略执行、市场竞争力、社会责任和环境影响进行全面审视。通过对绩效的持续监控和评估，组织能够及时发现问题并采取相应的纠正措施，从而提高决策质量并促进自身持续改进。监督机制的成功实施还需要依赖开放和透明的信息共享文化,这种文化鼓励内部举报和反馈,为监督机构提供了识别和解决潜在问题的机会。通过这种方式,监督机制不仅能够预防和纠正违规行为,还能够促进组织的自我完善和自我革新。

(二)组织治理在乡村治理中的核心地位

组织治理在乡村治理中扮演着核心角色,因为它关系到乡村治理能否达到目标,以及乡村居民的基本需求能否得到满足、基本权益能否得到维护。

1. 乡村治理的复杂性

(1) 经济因素的交织

乡村治理的复杂性在经济方面主要表现为资源分配、产业多样化和发展不均衡等。乡村地区往往面临资源有限、基础设施不足和市场接入困难等问题,这些问题限制了乡村经济的多元化发展。同时,随着全球化和城市化的推进,乡村地区在吸引投资和人才方面处于不利地位,导致经济发展滞后。此外,乡村地区的经济活动往往高度依赖自然资源,这使得它们在面对气候变化和环境退化时更加脆弱。因此,乡村治理需要在促进经济增长的同时,注重可持续发展和生态保护。

(2) 社会结构的多样性

乡村社会结构的多样性和复杂性体现在人口结构、社会组织和文化传统等方面。不同年龄、性别、教育背景和社会经济地位的乡村居民,其需求和期望各不相同。同时外,乡村社会往往有深厚的文化传统和较为固定的地方习俗,这在一定程度上塑造了乡村社会的价值观和行为规范。乡村治理需要充分考虑这些社会因素,通过包容和参与的方式,确保治理策略既具有地方特色,又能够满足不同群体的需求。

(3) 文化传统的影响

文化传统对乡村治理具有深远的影响。乡村地区的文化传统不仅包括语言、艺术等方面,还包括人们对土地、家庭和社区的深厚情感。这些文化因素在乡村治理中起着关键作用,影响着乡村居民对政策的接受度和参与度。乡村治理需要尊重并融入地方文化,通过文化教育和传承活动,增强乡村居民对治理过程的认同感和归属感。同时,乡村治理还需要在保护传统文化的同时,推动文化创新和社会进步。

(4) 环境因素的挑战

环境因素是乡村治理面临的重要挑战。乡村地区通常拥有丰富的自然资源,但同时也面临环境污染、生态破坏和气候变化等问题。乡村治理需要在保护生态环境的同时，促进经济的可持续发展。这要求乡村治理者采取综合性的环境管理策略，如推广生态农业、加强水资源管理、保护生物多样性等。此外，乡村治理还需要提高乡村居民的环境意识，鼓励他们参与环境保护和可持续发展的实践。

总之，乡村治理的复杂性要求治理者具备跨学科的知识和能力，能够在经济、社会、文化和环境等多个维度进行综合考量和协调，通过制定和实施包容、可持续和适应性强的治理策略，推动乡村地区实现和谐发展和社会进步。

2.组织治理在乡村治理中的作用

组织治理在乡村治理过程中的作用是多方面的，通过促进资源的有效分配、提高决策的质量和效率、增强社区的凝聚力、帮助乡村应对各种挑战等，实现乡村和谐发展和社会进步。有效的组织治理需要乡村居民的广泛参与和持续努力，以确保治理策略既符合乡村的实际需求，又能够适应不断变化的环境。

（1）促进资源的有效分配

组织治理在乡村治理中扮演着资源分配的关键角色。有效的组织治理能够确保资源根据乡村的需求和优先级进行合理分配。通过制定明确的资源分配策略，有助于防止资源浪费和滥用，同时保证教育、卫生和基础设施等关键领域得到足够的投入。此外，组织治理还能通过与政府和非政府组织的合作，吸引外部资金和资源，促进乡村地区的经济发展和社会进步。

（2）提高决策的质量和效率

组织治理通过建立透明的决策流程和参与机制，提高乡村决策的质量和效率。一方面，鼓励多方利益相关者参与决策过程，从而增强决策的包容性和多样性。这种多元参与不仅能够确保不同群体的需求得到满足，还能通过集体智慧提高决策的创新性和有效性；另一方面，通过明确决策责任和加强决策监督力度，提高决策的执行效率和问责性。

（3）增强社区的凝聚力

组织治理通过促进社区成员之间的沟通和协作，增强乡村社区的凝聚力。一方面，通过建立社区论坛、公共会议和其他参与平台，为社区成员提供表达意见和参与治理的机会。这种参与不仅能够增强社区成员的归属感和认同感，还能通过共享信息和经验，促进社区的互助和支持；另一方面，通过各种文化活动加强社区成员对共同身份和价值观的认同。

（4）帮助乡村应对各种挑战

组织治理帮助乡村应对经济、社会、文化和环境等方面的挑战，通过综合考虑这些因素，制定和实施适应性强的治理策略。例如：在经济发展方面，可以通过支持小微企业和合作社发展，促进乡村产业的多元化和可持续发展；在社会方面，可以通过提供教育和培训，提高社区成员的技能和就业机会；在文化方面，可以通过保护和传承地方文化，增强社区的文化自信和凝聚力；在环境方面，可以通过推广生态农业和可持续利用资源，保护乡村的生态环境。

3.组织治理与乡村发展

首先，组织治理在乡村经济发展中起着至关重要的作用。通过制定和实施有利于经济增长的政策，组织治理能够促进资源的合理配置和产业的优化升级。例如，通过支持农业创新和技术引进，促进农业生产效率和产品质量的提升，增强乡村地区的市场竞争力；组织治理还能通过建立合作社和市场联盟，帮助小农户进入更广阔的市场，提高他们的收入水平；鼓励公私合作，吸引外部投资，为乡村地区创造更多的就业机会和经济增长点。

其次，组织治理通过提高治理质量和效率，为乡村社会进步奠定坚实的基础。一是通过建立公平、透明的决策机制，确保政策和项目实施真正满足乡村居民的需求，促进乡村教育、卫生和社会保障等社会事业的发展；二是通过加强社区参与和民主监督，提高乡村居民的自我管理和自我服务能力，增强社区的凝聚力和活力；三是通过推动性别平等和社会包容，为乡村地区的弱势群体提供更多的发展机会，促进社会公平和正义。

再次，组织治理在乡村环境保护中发挥着关键作用。通过制定和执行环境保护政策，组织治理有助于保护乡村地区的自然资源和生态环境。例如，通过推广生态农业和可持续林业，组织治理有助于减少农业生产对环境的负面影响，保护生物多样性和水土资源；通过加强环境监管和执法，避免工业污染和非法采伐等破坏环境的行为出现；通过提高乡村居民的环境意识和参与度，鼓励他们采取环保的生产和生活方式，共同维护乡村的生态平衡。

最后，组织治理是实现乡村可持续发展的关键因素。通过综合考虑经济发展、社会进步和环境保护，组织治理能够制定和实施符合可持续发展原则的策略。例如，在经济发展方面，通过支持绿色产业和循环经济，促进经济增长与环境保护的协调；在社会进步方面，通过提高教育和社会保障水平，促进人的全面发展，提升社会福祉；在环境保护方面，通过加强生态保护和资源管理，保障乡村地区的生态安全和可持续发展能力。通过这些措施，组织治理为乡村地区的长期繁荣和乡村居民福祉的提升提供了坚实的保障。

总之，组织治理在乡村发展中的作用是多方面的，它通过支持经济发展、促进社会进步、推动环境保护和实现可持续发展，为全面推进乡村振兴提供有力的支撑。有效的组织治理可以确保治理策略既符合乡村地区的实际需求，又能够适应不断变化的环境和社会条件。通过加强组织治理，乡村地区可以克服发展中的困难，实现经济繁荣、社会和谐与生态平衡。

二、乡村组织治理的功能与目标

乡村组织治理的功能与目标是多维度的，它们共同构成了乡村发展的基础。

（一）维护乡村社会秩序

维护乡村社会秩序是乡村组织治理的基本功能之一，社会秩序的维护能够确保乡村地区的稳定、安全、和谐。这需要组织治理建立一套有效的社会管理机制，包括但不限于法律、规章和习俗等，以规范乡村居民的行为，解决社区内的冲突和矛盾。组织治理通过促进公平正义，加强社区成员之间的相互理解和尊重，构建包容和谐的社会环境。此外，组织治理还要关注乡村地区的公共安全问题，如自然灾害的预防和应对、公共卫生事件的处理等，以减少社会动荡和不安。通过这些措施，组织治理不仅维持了乡村居民的基本生活秩序，也为乡村地区的长远发展提供了稳定的社会基础。

（二）促进乡村经济发展

组织治理在促进乡村经济发展方面发挥着至关重要的作用，其通过制定和实施有利于经济增长的政策和计划，为乡村地区创造更多的就业机会和经济收入。这包括支持农业现代化，提高农业生产效率和农产品的市场竞争力；鼓励乡村企业发展，尤其支持那些能够带动当地就业和增加农民收入的小微企业；推动乡村旅游业和其他服务业的发展，以实现经济多元化。组织治理还需要关注乡村交通、通信和能源等方面的基础设施建设。这些基础设施的完善对于改善乡村投资环境、促进产业升级和提高乡村居民生活质量至关重要。此外，还要通过教育和培训提高乡村居民的技能和知识水平，以适应经济发展的需要。这些综合性的措施有助于实现乡村经济的可持续发展和社会福祉的提高。

（三）保障乡村居民权益

保障乡村居民权益是乡村组织治理的核心目标之一。组织治理可以确保乡村居民在经济、社会和文化等方面享有平等的机会和权利。一是通过制定和执行相关政策，保障乡村居民的基本生活需求（如食物、住房、教育和医疗等方面的需求）得到满足；二是关注乡村居民的参与权和表达权，通过建立民主的决策机制和透明的信息公开制度，让乡村居民能够参与到乡村治理活动中来，对相关政策和计划发表意见；三是特别关注乡村社会中的弱势群体，如妇女、儿童、老人和残疾人等，确保他们的权益不受侵犯，得到应有的保护和支持。通过这些措施，组织治理有助于构建一个公平、公正的乡村社会，提高乡村居民的生活质量和幸福感。

总之，乡村组织治理的功能与目标是相互联系、相互支持的。维护乡村社会秩序为乡村经济发展提供了稳定的环境，而乡村经济发展又为乡村社会秩序的维护提供了物质基础；保障乡村居民权益是实现乡村社会秩序和经济发展的最终目的，同时也是乡村组织治理合法性和有效性的重要体现。有效的乡村组织治理需要综合考虑这些方面，通过制定和实施全面协调的政策和措施，促进乡村地区的全面发展和进步。

第二节 乡村组织治理的结构形式

一、组织治理的基本结构

（一）组织治理的层级结构

组织治理的层级结构是指组织内部权力和责任的纵向分配。在乡村组织治理中，层级结构通常从基层的社区组织开始，逐步向上延伸至乡镇、区县乃至更高级别的政府机构。这种层级结构有助于明确不同层级的职责和权限，确保决策和执行过程的有序。基层组织通常更接近乡村居民，能够直接响应他们的反馈，而高层组织则负责制定宏观政策和监督基层组织的执行情况。有效的层级结构应保证信息流通顺畅，决策迅速且贴近实际，同时避免层级过多导致的官僚主义和效率低下。

相关案例："三治融合"灌溉基层治理"幸福花"

（二）组织治理的职能分工

组织治理的职能分工是指组织内部不同部门或个体在特定职能领域的责任分配。在乡村组织治理中，职能分工涉及农业生产、经济发展、社会服务、环境保护等多个方面。每个职能部门都有其特定的职责和任务，如农业部门负责推广新技术和提高作物产量，社会服务部门负责提供教育和医疗等基本服务，环境保护部门则负责监管自然资源的合理利用和生态保护。明确的职能分工有助于提高组织治理的专业性和效率，确保各项政策和计划得到有效实施。同时，不同职能部门之间的协调合作也至关重要，可以避免资源浪费和政策冲突，实现乡村治理的整体优化。

二、不同乡村治理模式的组织结构

（一）集中式组织治理结构

集中式组织治理结构是一种权力高度集中的管理模式，其中决策权和控制权主要集中在组织的高层或单一的决策中心。在乡村治理中，这种结构通常体现为乡镇或区县政府对乡村社区的直接管理和控制。集中式组织治理结构的优势在于决策迅速、执行力强，能够在面对紧急情况或需要快速统一行动时发挥重要作用。然而，这种模式也存在明显的缺点，如可能忽视地方特色和乡村居民需求，导致政策脱离实际，降低治理的有效性和乡村居民的满意度。此外，集中式组织治理结构可能抑制基层创新和自治能力的发展，限制乡村的自我管理和自我服务。因此，在采用集中式组织治理结构时，要平衡中央集权和地方自治的关系，确保政策既具有统一性，又能够适应地方的具体情况。

（二）分散式组织治理结构

分散式组织治理结构与集中式组织治理结构相对，其特点是权力和责任在组织内部多个层级或部门之间进行分配。在乡村治理中采用分散式组织治理结构，能够赋予基层组织更大的自主权，鼓励乡村根据自身特点和需求进行自我管理和自我服务。分散式组织治理结构的优势在于能够更好地反映和满足乡村居民需求，提高政策的适应性和有效性，同时有助于激发基层组织的创新活力，促进乡村地区可持续发展。然而，分散式组织治理结构也存在一定的问题，如可能导致政策执行的不一致，增加协调和管理的难度。此外，分散式组织治理结构要求基层组织具有较强的治理能力和较为丰富的资源，否则可能影响治理效果。因此，在采用分散式组织治理结构时，需要建立健全协调机制和支持体系，确保各层级和部门之间有效合作和协同发展。

（三）混合式组织治理结构

混合式组织治理结构结合了集中式组织治理结构和分散式组织治理结构的特

点，旨在平衡中央集权和地方自治的关系，实现乡村治理的灵活性和有效性。在这种结构中，高层组织负责制定宏观政策和监督整体执行情况，基层组织则在遵循高层组织相关政策的基础上，根据地方实际情况进行自我管理和创新。混合式组织治理结构的优势在于既保证了政策的统一性和协调性，又能够适应地方的多样性和特殊性。同时，混合式组织治理结构有助于调动各级组织的积极性和创造性，促进乡村地区的全面发展。然而，混合式组织治理结构的实施需要克服协调和管理上的复杂性，确保高层组织和基层组织之间的有效沟通和合作。此外，还需要建立健全激励和约束机制，平衡各级组织的利益关系，防止权力滥用和资源浪费。

总之，不同乡村治理模式的组织结构各有优势和挑战，选择合适的治理结构需要综合考虑乡村的实际情况和发展需求。在具体实践中，组织治理结构并非一成不变的，而是需要根据外部环境和内部条件的变化进行调整和优化。通过不断探索和创新，组织治理可以更好地适应乡村地区的发展需求，实现治理的有效性和可持续性。

三、组织结构的优化与调整

（一）组织结构优化的原则与方法

组织结构的优化是一个持续的过程，它是指采用一系列原则和方法来确保组织能够适应内外部环境的变化，提高治理效率和效果。首先，组织结构优化应遵循适应性原则，即组织结构能够灵活地响应社会、经济和技术的变化。其次，组织结构优化应遵循参与性原则，即强调所有利益相关者特别是乡村居民，应参与到组织结构的决策过程中，以确保组织结构优化能够满足社区的实际需求。再次，组织结构优化应遵循创新性原则。创新性原则是指在组织结构优化过程中，不断寻求新的方法和策略来提升组织的运作效率和创新能力。这一原则强调的是组织不仅要适应变化，还要引领变化，通过创新来增强组织的竞争力和适应力。

组织结构优化的方法包括对现有组织结构的系统评估，识别其优势和弱点，并据此制定改进措施。首先，可能涉及流程再造，通过简化和标准化工作流程，提高决策的速度和质量；其次，组织文化和价值观的塑造是组织结构优化的关键部分，它有助于形成一种支持变革和持续改进的氛围；再次，技术的应用也是组织结构优化的重要方面，利用信息技术可以提高数据管理的效率，加强监督和沟通。

例如，一些乡村地区通过引入社区发展委员会来增强地方自治和居民参与，这些委员会通常由当地居民选举产生，负责规划和管理社区资源和发展项目；再如，一些乡村地区成立农民专业合作社之类的组织，整合小农户的资源和需求，提高了市场谈判能力和风险管理能力。农民专业合作社的结构优化通常包括明确成员的权利和责任、建立透明的财务管理系统和制定有效的决策机制。还有一些乡村地区与国内社会组织或国际机构合作，引入新的治理模式和技术。这些合作通常涉及组织结构的调整，以更好地适应外部资源和知识的运用。

（二）组织结构调整对乡村治理的影响

1.组织结构调整对乡村治理的正向影响

首先，组织结构调整对于提升乡村治理的透明度和问责性至关重要。通过优化组织架构，可以清晰界定各个职能部门的权责，从而确保每项治理活动都有明确的责任主体。这种明确性不仅有助于提高决策质量和执行效率，也便于社会公众和利益相关者对治理过程进行监督。例如，通过建立透明的信息公开制度和反馈渠道，进一步确保治理活动的公正性和有效性。当监督和问责制度得到加强时，治理行为会更加规范，也可以减少滥用职权和腐败行为的发生，从而增强公众对治理机构的信任。此外，透明的治理过程也有助于提升政策的适应性和灵活性，因为组织能够更快地响应社会变化和民众需求，并通过促进乡村治理的透明度和问责性，为乡村带来更加公正、高效和可持续的发展环境。

其次，组织结构调整能够增强乡村治理的参与性和包容性。一方面，组织通过结构调整打破传统壁垒，鼓励不同社会阶层、文化背景和利益群体广泛参与组织活动，使得治理过程从多元视角吸纳建议，从而在政策制定和实施中更好地反映各群体的需求与期望。包容性的提升有助于平衡不同利益，减少社会矛盾，促进社会和谐。另一方面，组织结构调整如建立社区咨询委员会或公共参与平台，为乡村居民提供了直接参与乡村治理的机会，有助于营造更加开放和活跃的治理环境，使每种声音都能被听到，每个群体的利益都能被考虑，从而推动实现更加全面和均衡的乡村发展。

最后，组织结构调整对于激发乡村治理的创新性和灵活性具有重要作用。在不断变化的社会环境中，通过引入新的组织形式，例如跨部门团队、项目制管理或网络型组织结构，能够打破旧有的条块分割，促进不同部门和团队之间的协同合作；采用现代化管理方法，如数据驱动决策、敏捷管理等，可以提高组织对新情况的响应速度和适应能力。这种创新性和灵活性的提升，使得组织能够快速识别问题、设计解决方案并实施变革，有效应对诸如气候变化、人口老龄化、经济波动等复杂多变的治理挑战。此外，组织结构调整还鼓励采用新技术和新工具，如人工智能、大数据分析等，以提高治理效率和决策质量。

通过这些综合性的措施，组织结构调整不仅可以提升治理的即时效果，更可以为乡村地区的长期繁荣和生态的持续健康打下坚实的基础。这要求组织领导者具备远见卓识，能够在制定政策和实施管理时，兼顾经济发展、社会需求和环境保护，确保乡村治理模式的长期可行性和适应性。

2.组织结构调整面临的挑战

变革的阻力通常源自对未知的恐惧、对现状的依赖或对新结构的不信任。这种阻力可能来自组织内部成员，也可能来自外部利益相关者。因此，组织在进行结构调整时必须采取细致的策略，以减少阻力并提升接受度。

首先，渐进式变革策略允许组织成员逐步适应新的结构和流程，而不是突然进行大规模的改变。这种策略通过"小步快跑"的方式，逐渐引导组织成员认识到新结构的优势，从而减少对变革的抵触情绪。同时，渐进式变革也有助于组织及时发现并修正实施过程中的问题，确保变革顺利进行。

其次，包容性策略强调所有利益相关者的意见和需求都被听取和考虑。通过开展广泛的咨询和参与活动，组织可以更好地理解不同群体的关切，并在结构调整方案中予以体现。这不仅有助于提高方案的公平性和有效性，也有助于增强各利益相关者对变革的认同和支持。

再次，有效的沟通是组织结构调整成功的关键。组织需要建立透明的信息发布机制，确保所有成员都能及时了解变革的目的、步骤和预期效果。同时，组织还需要建立反馈渠道，鼓励成员提出意见和建议，使沟通成为双向互动的过程。

最后，协调机制的建立也是组织结构调整中不可或缺的。组织需要明确不同部门和个体在变革过程中的角色和责任，确保各项任务和活动能够协调一致地推进。此外，协调机制还包括对变革过程中出现的问题和冲突及时调解和处理，以维护组织的稳定和团结。

在组织结构调整过程中，还需要关注短期的不稳定问题。变革可能会暂时影响组织的运作效率和成员的工作状态，因此，组织需要制定应对措施，如提供培训和支持，以帮助成员适应新的角色和要求。同时，还需要建立应急机制，以应对可能出现的风险和挑战。

组织结构调整是一个复杂的过程，需要综合考虑组织的目标、环境和资源。通过遵循适应性、参与性和创新性原则，采用系统评估和流程再造等方法，组织可以更有效地进行结构调整，以提高乡村治理的质量和效果。

第三节 乡村组织治理的运行机制

一、组织治理的决策机制

组织治理的决策机制是确保组织目标得以实现和组织行为符合成员期望的关键。这一机制的有效性直接影响着组织治理的质量和效率。

（一）决策流程的制定与执行

决策流程的制定是组织治理的首要步骤。一个明确、合理的决策流程能够确保决策的科学性和合理性。这通常涉及问题的识别，信息的收集，方案的制定、评估和选择等。在乡村组织治理中，决策流程的制定需要考虑地方特色和社区需求，确保决策过程与乡村实际情况相符。决策流程的执行则需要明确的职责分配和时间表，以促使决策能够及时、有效地转化为行动。此外，执行过程中的监督和评估机制也至关重要，它们能够及时发现并纠正执行中的偏差，保障决策目标的实现。

在制定决策流程时，组织需要建立一套标准化的操作程序，包括决策的记录、跟踪和反馈。这有助于提高决策的透明度和可追溯性，增强组织成员对决策结果的信任。同时，决策流程还应具有一定的灵活性，以适应不断变化的外部环境和内部需求。组织要定期审查和更新决策流程，确保其持续适应自身发展。

（二）决策过程中的民主参与

民主参与是提高决策质量、增强决策合法性的关键因素。在乡村组织治理中，民主参与意味着所有利益相关者特别是乡村居民有机会参与决策过程。这可以通过公开会议、调查问卷、咨询小组等形式实现。通过民主参与，组织能够收集多样化的观点和信息，从而制定更加科学全面的决策。

一方面，民主参与有助于提高决策的接受度和执行效率。当组织成员感到自己的意见被听取和考虑时，他们更有可能支持和执行决策；另一方面，民主参与能够培养成员的责任感和归属感，增强他们对组织目标的承诺。

然而，决策过程中的民主参与也面临一些挑战，例如，如何确保广泛参与、如何处理不同的意见和冲突等。组织需要建立有效的沟通机制和协商平台，以促进不同利益相关者之间的对话和合作。同时，还需要培养成员的参与意识和能力，通过教育和培训提高他们的参与质量。

总之，组织治理的决策机制需要综合考虑决策流程的制定与执行以及决策过程中的民主参与。通过建立科学、合理的决策流程，促进广泛的民主参与，组织能够提高决策的质量和效率，增强决策的合法性和接受度。这对于实现组织目标、提升组织效能和促进乡村地区的可持续发展具有重要意义。

二、组织治理的执行机制

组织治理的执行机制是将决策转化为具体行动的桥梁，其效率和效果直接关系到组织目标的实现。

（一）执行流程的标准化

执行流程的标准化是确保组织治理决策得以一致、高效实施的关键。标准化的执行流程涉及明确的任务分配、时间规划、资源配置以及执行步骤的详细规定。在乡村组织治理中，标准化的执行流程有助于减少执行过程中的混乱和重复，确保各项流程有序推进。

为了实现执行流程的标准化，首先需要制定清晰的操作手册和工作指南，这些文档应详细阐述每项任务的目的、方法和标准。此外，流程图和检查表等工具能够帮助执行者更好地理解执行流程并跟踪进度。执行流程的标准化还包括建立质量控制体系，通过定期审查和反馈机制确保执行质量。

在乡村治理实践中，执行流程的标准化能够提高政策的适应性和灵活性。例如，农业推广政策的实施需要考虑不同地区的气候、土壤和作物种类，执行流程的标准化允许在保持核心原则一致性的同时，给予地方执行者一定的调整空间。

（二）执行过程中的监督与评估

执行过程中的监督与评估是确保决策得到有效执行的重要环节。其中，监督能够促使执行活动遵循既定流程，及时发现并纠正偏差；评估则是对执行效果的系统分析，旨在衡量决策实施的成效和影响。

有效的监督机制要求组织建立透明的信息反馈系统，保证所有相关方都能够获取执行状态的实时信息。此外，组织还需要培养专业的监督团队，这些团队应具备必要的知识和技能，以识别问题并提出改进建议。

有效的评估机制则需要组织制定科学的评估标准和方法，包括定性评估工具和定量评估工具。评估结果应用于指导组织的后续决策和执行活动，形成持续改进的循环。在乡村治理中，评估不仅要关注决策的直接效果，还要考虑社会、经济和环境等多方面的影响。

监督与评估的结合为组织治理提供了持续改进的动力。通过持续监督与评估，组织能够及时调整执行策略，优化资源配置，提高治理效能，同时能够增强对外部变化的适应能力，确保在不断变化的环境中保持活力和竞争力。

三、组织治理的反馈与调整机制

组织治理的反馈与调整机制是确保组织决策和执行活动持续优化和改进的关键。这一机制的有效性直接关系到组织能否及时响应内外部环境变化，满足利益相关者的需求。

（一）建立有效的反馈信息收集渠道和方法

收集反馈信息是落实组织治理的反馈与调整机制的第一步。组织需要建立多元化的反馈渠道，以确保能够从不同来源收集到全面、客观的反馈信息。这些渠道包括问卷调查、访谈、座谈会、社交媒体、监督报告、客户服务热线等。在乡村组织治理中，由于信息技术的普及程度较低，所以传统的面对面交流和社区会议可能更为有效。

为了提高反馈信息的质量和可用性，组织需要采用科学的收集方法。这包括设计合理的问卷、编写访谈指南、建立数据收集和分析流程等。同时，组织还需要打造一支专业团队来负责反馈信息的收集、整理和分析工作。

在收集反馈信息时，应注意保护参与者的隐私和权益，确保信息的真实性和可靠性。还可以建立激励机制，如通过奖励、表彰等方式，鼓励利益相关者积极提供反馈。

（二）根据反馈信息进行政策调整

收集到的反馈信息需要被认真分析和利用，以指导政策和相关措施的调整。组织需要建立一套系统的反馈信息分析流程，包括数据清洗、分类、关联分析等。通过这些分析，组织可以识别政策实施过程中的问题和不足，了解利益相关者的期望和需求。

政策调整的过程需要跨部门、跨层级协作和沟通。组织需要建立协调机制，确保不同部门和层级能够共享反馈信息，协调政策调整的方向和步骤。政策调整还需要考虑组织的战略目标和资源状况，确保调整后的方案既符合组织的发展需要，又能够得到有效实施。

政策调整不仅是对现有政策的修正和完善，也可能是对新问题、新需求的响应。组织需要保持开放和创新的态度，积极探索新的政策工具和方法，以提高政策的有效性和适应性。

（三）建立长效的反馈与调整机制

长效的反馈与调整机制是组织治理持续改进的保障。组织需要将反馈与调整纳入日常管理和决策流程，形成管理闭环。包括建立定期的反馈收集和分析制度、设立专门的反馈信息管理团队、制定政策调整的指导原则和流程等。

长效的反馈与调整机制需要组织持续关注外部环境和内部状况的变化，及时调整反馈与调整的策略和方法。同时，建立预警系统，对可能影响组织目标实现的风险和机遇进行监测和评估。

此外，长效的反馈与调整机制还需要组织持续投入资源和精力，包括人力、财力、技术等。组织需要在战略规划和预算安排中，充分考虑反馈与调整机制的需要，确保其长期有效运行。

总之，组织治理的反馈与调整机制是组织适应变化、持续改进的重要工具。通过建立有效的反馈信息收集渠道和方法、根据反馈信息进行政策调整、建立长效的反馈与调整机制，组织能够及时了解利益相关者的需求和期望，发现并解决政策实施中的问题，提高治理的质量和效果。在乡村组织治理中，这一机制尤为重要，因为它直接关系到乡村地区的发展和乡村居民的福祉。通过不断完善反馈与调整机制，组织能够更好地服务于乡村地区，推动实现更加繁荣、和谐和可持续的乡村发展。

思考题

1. 如何优化乡村组织治理的结构以提高治理效率？
2. 在乡村组织治理中，如何确保决策过程的民主参与和执行过程的监督与评估？

第八章思考题
参考答案

第三篇
新时代中国乡村治理的路径

第九章
新时代中国乡村人才培养路径

学习目标

1. 了解新时代中国乡村人才培养路径和战略,这包括乡村公共文化服务的创新与发展、多元乡村人才治理体系的构建、新型职业农民的培育,以及大学生回乡任职的政策支持。

2. 认识乡村振兴战略背景下,培养乡村人才的重要性和必要性;认识提升乡村人才公共文化水平、健全多元乡村人才治理体系、推动数字化转型对于乡村经济社会发展的积极影响。

3. 掌握相关政策和实施路径,具体包括乡村公共文化服务人才制度创新、本土人才培育机制的实施、数字化转型在乡村教育中的运用,以及大学生返乡就业政策的具体操作方式。

在乡村振兴的征途上,产业是稳固的基石,而人才则是蓬勃的动力。国家和民族的未来,根植于人才的培育。

第一节 提升乡村人才公共文化水平

一、创新乡村公共文化服务人才制度,保证人才稳定性

为了推动公共文化服务迈向更高质量的发展阶段,满足人民日益增长的精神文化需求,构建一支既精干又高效的公共文化人才队伍显得尤为关键。乡镇政府应深化对这一需求的理解,特别是在公共文化服务领域,必须正视现有服务体系的不平衡与不充分,明确意识到这与人民对美好生活的向往形成了鲜明对比。公共文化服

务不仅是人民美好生活的重要组成部分，更是提升社会文明程度、塑造人民审美水平的有力工具。因此，高质量的公共文化服务已成为时代必需。乡镇政府必须敏锐地捕捉到社会主要矛盾的变化，对文化工作提出新的更高的要求，将乡村公共文化人才建设纳入整体人才工作规划之中，并确保乡村公共文化服务机构的人员配置与资金投入得到充分保障。在人才引进和使用上，可以创新探索县级文化部门与乡镇（街道）合作的模式，实现人才资源的优化配置。同时，建立科学合理的考核机制，根据县乡实际情况灵活运用多种考核方式，确保人才评价的公正性和准确性。在人才晋升方面，要顺应公共文化服务重心向基层下沉的发展趋势，加大对乡村公共文化服务人才的培养力度，并在职称评审等方面给予适当倾斜，将乡村工作经验作为评价干部晋升的重要依据。通过这些措施，汇聚推动公共文化服务高质量发展的强大合力，让广大乡村居民享受到更加丰富多彩的高品质的精神文化生活。

二、优化乡村公共文化服务人才知识结构，提升人才专业能力

在"十四五"时期，公共文化服务面临新的发展趋势，并对从事相关工作的人才提出了全新的挑战。为了应对这些挑战，人才的知识结构和专业服务能力必须发生相应的转变。一方面，随着公共文化服务与文化产业的紧密结合，人才不仅需要具备深厚的文化知识，还必须掌握文化产业的市场运作和创新能力。这种跨界融合不仅会推动文化产业向更高层次发展，还将为公众带来更加丰富多彩的文化体验。因此，公共文化服务人才需要不断拓宽自己的知识视野，提升自己的综合服务水平，以满足日益多样化的文化需求。另一方面，数字化浪潮正在深刻改变公共文化服务的面貌。为了适应这一趋势，公共文化服务人才必须熟练掌握现代数字科技，运用云计算、大数据、人工智能等先进技术，为公众提供更加便捷、智能的文化服务。这意味着传统的公共文化服务人才需要不断更新自己的技能，掌握新的技术工具，以适应数字化时代的发展需求。

特别是在乡村地区，提升公共文化服务人才的数字文化服务能力显得尤为重要。要通过开展具有针对性的培训和教育，激发乡村公共文化服务人才的学习热情，培养他们运用数字技术推动公共文化服务创新的能力。同时，建立完善的继续教育学习积分制和激励机制，鼓励现有人才不断提升自身综合素质，以适应公共文化服务与其他行业深度融合的新时代要求。

三、培养乡村公共文化服务领军人物，建设高层次高水平的人才队伍

各行各业的领军人物是国家的瑰宝，是时代的先锋，他们不仅具有深厚的家国

情怀和广阔的国际视野，更拥有卓越的知识文化素养和强大的创新能力。他们是领导者的典范，以卓越的才能和坚定的信念引领社会的进步。在乡村公共文化服务领域，这样的领军人物尤为重要。他们不仅具备良好的政治素质、人文素养和职业道德，更有创新意识，精通公共文化管理与服务的基本理论知识，并具备一定的艺术技能、公共文化管理能力及策划组织能力。他们是推动我国乡村公共文化事业发展的中坚力量，是引领新时代行业转型发展的高级应用型、复合型人才。为了构建高层次高水平的人才队伍，我们需要将内部培养和外部引进有机结合起来。首先，从乡村公共文化工作一线选拔一批骨干从业人员，为他们量身定制培养方案，配备行业专家担任导师，通过3年左右的精心培养，使他们成长为具备文化活动策划与组织、文化项目宣传与推广、文化队伍建设与辅导、文化作品创作等能力的高素质复合型人才。他们通过在各自的领域发挥引领作用，带动整个地区公共文化事业的发展。其次，积极引进高校和企业中具有深厚理论基础和强大实践能力的专家型干部，建立乡村公共文化服务高端人才库。通过定期的学术、业务交流和培训活动，不断提升他们的专业素养和综合能力。最后，加强面向公共文化领域的文化和旅游创新团队项目的培育和创新专家的培养，鼓励科研成果向应用领域转化，为乡村公共文化服务的高质量发展提供强有力的智力支持。

四、推进公共文化服务的社会化，引导专业社会力量参与乡村公共文化服务

推动公共文化服务高质量发展，政府与社会力量携手共进是必由之路。早在2015年，中共中央办公厅、国务院办公厅印发的《关于加快构建现代公共文化服务体系的意见》在论及"增强公共文化服务发展动力"时便明确提出鼓励和引导社会力量参与，并提出建立健全政府向社会力量购买公共文化服务机制。同年，国务院办公厅转发文化部等部门的《关于做好政府向社会力量购买公共文化服务工作意见》，对社会力量的参与进行了全面规划。2017年施行的《中华人民共和国公共文化服务保障法》，完善了我国的文化法律体系，提高了我国的公共文化建设法治化水平，为各级政府推进文化治理能力现代化提供了基本的法律依据，为维护人民群众的基本文化权益、满足人民群众的精神文化需求提供了法律保障。在地方层面，2016年，浙江省人民政府办公厅转发了省文化厅、省财政厅、省新闻出版广电局、省体育局等四部门《关于政府向社会力量购买公共文体服务的实施意见》，为浙江省社会力量参与公共文化服务提供了具体指导。"十四五"期间，基层机构改革将加速推进，县以下公共文化设施的社会化运营和管理方式将成为可持续发展的关键。通过推进乡村公共文化服务的社会化进程，我们可以打破传统的政府主导模式，激发乡村公共文化服务的活力，推动其向更具特色、个性化、多样化、专业化的方向发

展。政府在推动乡村公共文化服务社会化的过程中必须发挥关键作用。一方面，政府需要严格把关，确保公益主体的规范准入和服务内容的提档升级；另一方面，政府应制定量化考核评价机制，对社会力量参与的公共文化服务进行有效监督。同时，引导专业社会力量参与乡村公共文化服务也是解决当前人才瓶颈、进一步深化文化体制改革的重要途径。

第二节　健全多元乡村人才治理体系

改革开放以来，中国经济蓬勃发展，中国特色社会主义进入了新时代，农业农村亦翻开了历史新篇章。党的十九大报告高瞻远瞩地提出了乡村振兴战略，2023年的中央农村工作会议指出，抓好以乡村振兴为重心的"三农"各项工作，大力推进农业农村现代化，为加快建设农业强国而努力奋斗。乡村振兴的灵魂在于人，无论是产业兴旺、生态宜居、乡风文明，还是治理有效、生活富裕，都离不开人的积极参与和智慧创造。然而，现实中，乡村地区人才匮乏、人口外流、老龄化问题日益凸显，成为乡村振兴的瓶颈。为此，我们必须将人才振兴置于乡村振兴的战略之首，既要引进外部人才，又要培育本土力量，不断提升人才的自我发展能力，为乡村振兴提供坚实的人才保障。同时，我们还要构建多元化的乡村人才支撑体系，确保乡村振兴的持久动力和活力。

一、创新乡村基层人才体系，提高"总量"人才水平

乡村振兴的灵魂与基石在于人。唯有妥善应对人的挑战，乡村才有望焕发勃勃生机。长期以来，乡村中青年及杰出才俊持续流失，导致乡村面临人才数量匮乏、结构失调、素质参差不齐以及人口老龄化日益严重等一系列问题。这些问题展现了乡村人才发展与乡村振兴需求之间的矛盾，也为我们敲响了警钟。在全面推进乡村振兴的征程中，人才振兴扮演着举足轻重的角色。只有人才供应充足，乡村产业才能稳健运行，不断创新与升级，新的商业模式和业态才能层出不穷，乡村文化才能重焕光彩、繁荣兴盛，乡村教育才能实现高质量发展。正是这些要素的有机结合，形成了乡村振兴的基石。

在乡村振兴战略的深入实施中，我们不得不正视当前乡村人才支撑体系所暴露出的诸多不足。首先，农村实用人才的总量尚未达到满足现代农业发展需求的水平，现有人才数量与农业科技推广和产业化的快速步伐之间存在明显的不匹配。其次，人才结构不尽合理，种养业生产人才相对充裕，但在农产品精深加工、流通以及外

向型经营管理等关键领域，专业人才不足。同时，创业型人才和农村经济领域的领军人物同样匮乏，这在一定程度上制约了农副产品加工贸易的发展和农业生产附加值的提升。再次，乡村人才管理体制尚待完善，多头管理现象导致资源分散，影响了人才作用的充分发挥。最后，乡村人才流失问题严重，许多有能力的乡村人才选择离开乡村前往城市谋求更好的发展机会，导致农村人才队伍的后备力量薄弱。这些问题的存在，无疑给乡村振兴战略的推进带来了不小的挑战。

为了弥补当前的不足并推动乡村振兴战略的深入实施，乡村地区急需建立一支强大的人才队伍，要完善农村实用人才培育机制，培养涵盖农业经营主体、农产品精深加工管理、农村电商、农业科技攻关、机械自动化设备操作与维护、环境美化和生态景观设计等多个领域的专业人才。同时，还要打造一支精通农业、热爱农村、关心农民并具备扎实技能的干部队伍，他们是全面推进乡村振兴过程中不可或缺的力量。为了吸引和留住这些人才，我们需要厚植人才发展的土壤。对于在乡村经济发展中做出杰出贡献的技能型人才，给予优先支持，这包括农业开发项目、贷款、技术指导和生产物资等方面的支持；对于有意加入村"两委"班子的人才，应将其列为基层后备干部的重点培养对象。此外，建立一站式服务平台，提供全方位的人才服务，构建全覆盖的人才安居保障体系，让人才在乡村有更好的生活和发展环境。政策引导也是关键所在，要通过出台相关政策措施，打造创新创业平台，鼓励更多的年轻人返乡创业，并建立长效机制，确保他们在基层"下得去、留得住、干得好、流得动"。同时，支持各类返乡、下乡人员利用自身优势创办新型农业经营主体，并给予相应的扶持或奖励。还要鼓励农业科技人员到基层兼职，促进人才在乡村振兴一线的有序流动。此外，要加强服务阵地建设，改善乡村发展环境，实行更加积极、开放、有效的人才政策。总之，通过营造良好的干事创业环境，持续为乡村人才培育提供内生动力，让更多的人才愿意来乡村、愿意留在乡村，共同推动乡村振兴事业的蓬勃发展。①

二、创新本土人才培育机制，激发"存量"人才潜能

第一，实施新型职业农民培育工程。依托当地丰富的职业教育资源，鼓励生产经营型、专业技能型、社会服务型职业农民接受中高等农业职业教育，提高其综合素质和职业能力。同时，加强信息化建设，打造新型职业农民培育信息化平台，为农民提供更加便捷的学习和管理服务。

第二，实施乡村干部教育培训工程。坚持多种培训方式相结合，对现有乡村干部和后备干部开展政治理论、领导方法、政策法规等方面的培训，提高其政治素质

---

① 吴梅芳.全面推进乡村振兴人才队伍是关键[N].学习时报，2022-05-04（A7）.

和管理能力。此外，加强实践教学，让干部更好地了解乡村实际情况，增强执行政策、依法办事的自觉性。

第三，实施乡村科技人才培育工程。针对基层农技推广体系中的农业技术人员和农村各类实用技术人才，建立健全政府主导的多元化投入机制，设立乡村科技人才发展专项资金，用于科技人才的培养培训。同时，在教学设施先进、师资力量雄厚的高等职业院校设立乡村科技人才培养培训基地，支持、鼓励和引导社会力量参与乡村实用技术人才队伍的开发和建设。

第四，实施乡土人才培育示范工程。积极发掘和培养各领域的能工巧匠、民间艺人等乡土人才，加强技能培训和示范，定期举办传统技艺技能大赛，激发乡土人才的创新创造创业活力。同时，发挥乡土人才在技艺传承、产业发展等方面的带动作用，促进乡村经济社会发展。

通过以上四项工程的实施，加快培育各类人才，为农业发展和乡村振兴提供有力的人才保障。

三、创新乡村人才引进机制，发挥"增量"人才作用

首先，启动高层次人才引进计划。通过制定乡村振兴人才柔性引进管理办法、建立省级乡村振兴专家服务基地等创新举措，吸引各类高层次人才投身于乡村振兴事业。对于那些在基层默默奉献、服务时长累计达到一定限度的高层次人才，给予应有的奖励，并在国家和省级人才工程项目申报等方面给予适当的倾斜。

其次，大力开展返乡创业就业推进行动。不断优化经济发展环境，深入推进"放管服"（简政放权、放管结合、优化服务）改革，通过出台更优惠的政策、搭建更实用的平台、提供更优质的服务，努力营造一种让外出务工人员愿意返乡创业就业的良好氛围；建立外出务工经商人员信息库，并支持有条件的县市设立返乡创业工作站；积极鼓励和支持返乡人员发展特色农业、乡村旅游、农村电商等产业，为他们提供全方位的支持和指导。

再次，实施高校毕业生乡村成长计划。将高校毕业生的"三支一扶"计划与乡村振兴战略紧密结合起来，鼓励广大高校毕业生到基层支教、支农、支医和帮扶乡村振兴等。对于那些参与"三支一扶"计划的人员，在公务员考试、研究生入学考试等方面给予适当的倾斜和照顾。

最后，畅通各界人士服务乡村的渠道。鼓励企业家、党政干部、专家学者、医生教师、技能人才、下乡知青、退伍军人、返乡农民工等社会各界人士以多种方式参与乡村振兴。他们可以通过投资兴业、包村包项目、兴医办学、助学助教、捐资捐物、咨询服务、担任志愿者等方式为乡村振兴贡献自己的力量和智慧。

四、创新乡村人才评价机制，创新人才培养模式

在广袤的田野上，有一群特殊的人，他们既是乡村的建设者，也是乡村的受益者。他们就是新型职业农民。他们不仅具备较高的科学文化素质，熟练掌握现代农业生产技能，还拥有敏锐的市场洞察力和卓越的经营管理能力。这些新型职业农民用勤劳和智慧推动着乡村振兴的步伐。近年来，我国人才队伍不断壮大，这离不开人才培养模式的不断创新发展。在实施乡村振兴战略的过程中，要充分吸收人才培养的经验，加强对农民的培养，推动他们转化为适应当前乡村经济社会发展需要的新型职业农民。

首先，注重实践性技能培养，推进理论与实践的融合。通过组织各种形式的培训、实践活动和交流学习，引导农民掌握先进的农业技术和管理方法，提高他们的综合素质和市场竞争力。一方面，积极发掘、培养"土专家"和"田秀才"，充分发挥他们的示范和引领作用，激发广大农民的学习热情，形成积极向上的乡村发展氛围；另一方面，借助高校的力量，组织农技方面的教师定期到乡村一线进行指导，在提升广大农民劳动技能水平的同时，为这些教师提供发挥作用的平台，让他们在参与乡村发展的过程中不断提升自己的能力和水平。此外，还要鼓励农民到高校参加学习培训，接受专业技能教育，促进理论与实践的紧密结合，实现农民与高校学生之间的良性互动和共同成长。在全面推进乡村振兴的伟大事业中，我们渴望汇聚各方英才，不仅欢迎外来的专业技术精英，更珍视本土的"土专家"和"田秀才"。当这些力量和谐共融，形成良性的互动机制时，乡村发展将迎来前所未有的契机，也会为理论知识在乡村落地生根提供广阔的舞台，有效地消除理论与实践之间的隔阂。为此，各级党组织必须高度重视乡村人才培养模式的创新，精心设计，深化校地合作，共同开创互动共赢的美好未来。[①]

其次，人才评价作为发掘、汇聚、善用人才的关键环节，其重要性不言而喻。要突破乡村人才短缺的困境，我们必须锐意创新人才评价机制，以释放人才的无限潜能，提升他们的积极性。第一，明确目标导向，根据全面推进乡村振兴的实际需求，在现有评价体系的基础上优化和完善评价机制。这不仅意味着要进一步加强对高端专业人才的评估，更意味着要积极探索适合新型职业农民和乡土人才的评价模式。通过建立职业农民职称制度和乡土人才技能等级评价制度，更全面地认识和评估这些人才的价值和贡献。第二，深化分类评价，确保乡村人才评价的科学性和准确性。尊重乡村人才的成长规律，充分考虑不同职业、专业和岗位的特性，将品德、

---

① 创新乡村人才培养模式[EB/OL].（2022-06-07）[2024-08-02].http：//www.hzdjw.gov.cn/index/index/article/id/25517.html.

能力和业绩作为核心评价指标。针对应用型人才如农技推广人员等，应适当放宽学历、论文和外语等方面的限制，以便更公正客观地评价他们的实际能力和贡献。第三，充分利用评价信息促进乡村人才交流和共享。应畅通评价信息服务渠道，探索建立全省统一的乡村人才评价信息管理与服务平台。这样不仅可以为乡村人才提供跨单位、跨地区和跨体制流动的信息支持，还能推动人才资源的优化配置，实现人才价值的最大化。

第三节　培育乡村振兴新型职业农民

新时代呼唤新型职业农民（以下简称新型农民）。新型农民是乡村振兴的中坚力量，以现代农业为舞台，展现着知识、技术与经营的完美融合。他们不仅继承了传统农民的智慧，更拥有专业技能，成为适应现代农业发展的佼佼者。这些高素质的劳动者，以其敏锐的市场洞察力和创新精神，推动着传统农业向现代农业的华丽转身，引领着农业农村经济迈向新的高峰。他们凭借

相关案例：
解码"新农民"
的成长故事

自身三大特质，即精湛的农业技术、开放与流动的思维、自我与市场的双重驱动，勾勒出新时代农民的崭新画像。新型农民在乡村地区逐渐崭露头角。他们不仅拥有丰富的农业知识，还积极参与政府组织的各类培训，不断更新自己的经营理念，努力跟上时代的步伐。然而，相较于这些充满活力的新型农民，传统农民的数量依然占据较大比例。他们受有限的文化水平和传统思维模式的束缚，难以适应日新月异的农业发展环境。如何引导传统农民走出舒适区，抓住现代农业发展机遇，培育更多新型农民，成为乡村振兴道路上亟待解决的重要问题。

一、加强职业技能和实用技术培训，提高农民的科技素质

农民要有效接受政府的职业技能培训，关键在于提高认识，理解培训的价值，知道培训并非形式主义，而是能带来实际帮助。新时代的农民应具备一定的专业能力。地方实践如"村村大学生计划"显示，农民对学习实用技术抱有极大的热情。因此，应利用现代教育方法和灵活的培训方式，为农民提供针对性的技术及职业技能培训。例如，通过实施"绿色证书"工程、科技入户工程、创业培养工程等，进一步增强农民的发展、市场、竞争、风险及创业意识，提升他们的科技创富能力、市场竞争力及自主发展能力。为此，各地应加强以下几方面的工作。一是合理调配

和使用职业技能培训专项资金,确保资金支持,使农民敢于参加培训,提高培训参与度。那些通过培训从传统农民转型为新型农民,利用现代农业机械提升生产效率、收入增加的案例,应作为典型进行宣传,以榜样的力量激发农民参与培训的热情。二是针对农民担心培训影响农忙和效果不佳的问题,培训内容必须有针对性,针对种植业、畜牧业等不同领域提供差异化的培训,确保培训内容的实用性和价值,以吸引更多农民参与。三是培训不应因农民文化水平较低而降低质量,制定的培训方案要有质量保证。考虑到留守农民年龄一般较大,最好进行"手把手、一对一"的指导培训。如果农民无法抽空参加现场培训,可以利用网络平台,按时在线上开展培训,兼顾各个农业群体的需求。

二、加强农村基础教育,提高农民的文化素质

新型农民应当具备一定的文化素质。目前,我国农民群体受教育程度普遍偏低。加强农村基础教育,显得十分重要和紧迫。我们应抓住国家加大农村义务教育投入的机遇,整合农村教育资源,调整农村教育结构,改善农村办学条件,加强农村教师队伍建设,积极推进农村基础教育的发展。

首先,加大资金投入,完善基础设施建设。在当前社会主义新农村建设的背景下,农村基础教育作为其重要组成部分得到了高度重视。农村基础教育只有提高质量和改革效果,才能在新农村建设中发挥突出作用。在农村基础教育的发展建设中,必要的资金投入和教育经费保障是基础。目前,教育经费不足是制约农村基础教育建设的主要因素。因此,有关部门需要对教育资源进行科学配置,助推基础教育均衡有序发展。同时,发挥社会力量的支撑作用,集中资源助推基础教育事业的改革与发展。此外,还需要改革农村基础教育管理体系,强化教育立法与监督机制建设,健全救助机制,减少基础教育阶段的辍学问题。在资金的保障和支持下,农村学校需要在教育配套设施方面增强建设力度,尤其是适应信息化时代要求,加强信息化建设,购置现代化教育设备,购置新书籍,引进优秀的信息技术课程教师,让农村基础教育走上一条现代化的发展道路,尽可能缩小城乡教育差距,为教育公平的实现打好基础。

其次,促进城乡教育资源共享。在推进农村基础教育建设的过程中,要增强农村学校自我改革与建设的活力,推进城乡基础教育一体化改革,增强城乡融合力度,实现城乡共同发展。农村基础教育在发展过程中,可以把城乡一体化作为重要媒介,构建农村基础教育改革和教学改进方式,促进城乡差异与优势互补的资源互动与资源供给。农村基础教育条件较为落后,教育资源相对不足,而城市基础教育则有着较为完备的发展条件和丰富的资源。因此,城乡融合可

以促进资源的沟通与共享，弥补农村基础教育中的不足。在这一过程中，需要特别注意农村特有的文化资源、伦理价值规约等对于农村学生与农村发展的功能价值。

再次，建设优秀的师资队伍，增强教师的职业意识。农村基础教育的质量与农村教师的素质密切相关。因此，从根本上保证农村基础教育的质量，打造优秀的农村师资队伍至关重要。具体来说，可以从以下几方面入手。一是建立城乡教师双向流动机制，助推城乡教师有序流动，促进教师均衡发展。同时，为城乡教师的双向交流提供政策保障与经济支持。二是加大对农村教师的培训力度，提升其学历层次。结合远程学习、教师共同体建设、专家讲座、定期教育培训等方式，促使农村教师学习科学先进的教育理念与教学方法。同时，为农村教师提供外出学习的机会，帮助他们开阔眼界，积累理论和实践经验。三是适当提升农村教师的工作待遇水平，改善其工作条件，增强其工作热情及职业意识。此外，还要构建专门的教师考核评价机制，对教师进行专业评价。

最后，争取家长支持，形成强大的教育合力。学校教育要与家庭教育密切配合，形成强大的教育合力，共同助推农村基础教育的发展。一方面，社会与学校要利用资源，办好家长学校与家庭教育指导中心，普及家庭教育的知识和方法，推广家庭教育的成功经验与方法，使农村学生家长端正教育理念，学习科学方法，增强教育子女的能力。另一方面，家长要加强自我教育，利用言传身教和榜样作用，对子女进行积极影响，塑造其良好的道德素质与行为。教师要加强与家长的互动交流，共同为农村基础教育的更好更快发展做出努力。

社会主义新农村建设对农村基础教育的长效改革与发展提出了新要求。农村基础教育在社会主义新农村建设中占据重要地位。在教育改革背景下，农村基础教育改革正在如火如荼地进行，不断用全新的教育理念完善和优化农村基础教育，着力打造新型农民，对于加快社会主义新农村建设步伐具有极大的现实价值。为了进一步提高农村基础教育质量，发挥其在社会主义新农村建设中的服务功能，必须着力打造高素质的教师队伍，加大对现代技术手段的运用，提高农村基础教育质量，进而提高社会主义新农村建设的水平。[①]

三、加强思想道德教育，提高农民的道德素质

新型农民应具备民主法治意识和现代思想观念，促进形成文明健康的乡村风尚。

---

① 刘天怡.加强农村基础教育建设，为社会主义新农村建设服务[J].农村经济与科技，2020（10）：261-262.

要引导农民形成良好的社会公德和家庭美德，政府需要加大对乡村文化发展的投入，加强乡村文化基础设施建设，构建乡村公共文化服务体系。通过开展多种形式的乡村文化活动，不断丰富农民的精神文化生活。

首先，党组织在提升农民道德素质方面发挥着引领作用。中国共产党始终以全心全意为人民服务为宗旨。推进乡村文明建设和提升农民道德素质，必须加强党的基层组织建设，强化政治方向引领。农村基层党组织既是乡村振兴的领导力量，也是农民思想政治工作的主体，其素质能力和精神面貌直接影响乡村振兴战略的贯彻落实。党组织应发挥战斗堡垒作用，以党员干部的先进性和纯洁性为标杆，密切党群干群关系，教育引导农民遵守社会公德、职业道德、家庭美德和个人品德，推动农民精神文明水平的提升。

其次，农民是乡村文化建设的主体。要遵循农民道德素质提升的发展规律，尊重农民的首创精神和主体地位，激发农民的参与意识，保障农民在乡村文化建设中的参与权、选择权、监督权，发挥村民委员会、农民团体、农民组织、民间艺术传承人在乡村文化建设中的主体力量，建立以农民和农民组织为主，以地方党委、政府为辅的乡村文化建设机制。通过发展乡村文化教育，提高农民的文化素质和主体意识，推动乡村文化建设。同时，开展丰富多彩的文化实践活动，培养农民的主体意识，夯实乡村文明建设的群众基础。

再次，社会组织是农民道德素质提升的重要推动者。社会组织既能够通过广泛吸纳公众参与公共事务来达成共治，又可通过提升各类公共服务可及性来实现共享，对于社会治理共同体的建设具有不可替代的作用。社会组织参与乡村文化振兴，可以丰富乡村文化振兴的供给主体，共同促进乡村文化振兴。社会组织参与乡村文化振兴，涉及乡村文化政策的制定、修改和评估，农村精神文化基础设施建设等领域。

又次，新闻媒介应积极助力农民道德素质的提升。2018年，习近平总书记在全国宣传思想工作会议上明确指出，做好新形势下宣传思想工作，必须自觉承担起举旗帜、聚民心、育新人、兴文化、展形象的使命任务。这一要求为新闻媒介的职责定位提供了新的视角。特别是地方融媒，应凭借其快速报道和广泛传播的优势，及时发掘和推广农村思道德建设的先进典型，同时勇于揭露和批判反面案例，以此激发社会正能量，引导农民自觉提升道德素质，营造健康向上的道德风尚。

最后，在乡村振兴战略背景下，培育和弘扬社会主义核心价值观显得尤为重要。我们不仅要关注农村的物质面貌改善，更要重视农民精神世界的充实。通过加强农村精神文明建设，推动社会主义核心价值观在农村深入人心，可以为乡村振兴注入强大的精神动力。针对当前一些农村地区存在的基层组织弱化、道德风气下滑等问题，应将培育和弘扬社会主义核心价值观作为农村文化工作的重点，以通俗易懂的方式普及其内涵，引导农民明辨是非、树立正确的价值导向。①

四、建立健全农村人才培养机制，为培养新型农民提供保障

乡村振兴战略是我国针对当前经济社会发展实际，遵循农业农村发展规律，提出的重大战略。该战略对于"十四五"期间塑造农村新面貌、开创新农村发展格局具有重要的指导作用。全面推进乡村振兴，关键在于加强人才支持，建立健全农村人才培养机制。

首先，优化人才培养机制，吸引人才积极参与乡村振兴。这需要不断完善乡村人才引进和管理体系，整合政策资源，营造有利于人才成长的环境，并引导人才向农村基层流动。同时，实施优秀农民工回引培养计划，鼓励乡村干部、新型农民、乡贤和返乡农民工参加技能培训，培养一批适应乡村振兴需要的技术型人才。此外，还要发挥党员干部的示范作用，带动更多专业人才回到农村、扎根农村、建设农村。

其次，留住外部引进人才，为乡村振兴提供持续动力。这需要推动城乡公共服务均等化，出台住房、医疗、政务服务等方面的配套政策，改善农村基础设施，推进农村文化事业发展，让人才能够安心在农村工作和生活。例如，加强城乡医疗合作，提升农村医疗服务水平。同时，营造尊重知识、尊重人才的社会氛围，提高人才待遇，完善社会保障制度，实施人才安居工程，为人才提供住房保障。

再次，培养本土人才，为乡村振兴提供人才支持。农村的发展需要大量的专业人才，而完全依靠外部引入人才是较为困难的。因此，需要建立完善的本土人才培养机制，加快新型农民教育培育体系建设，提高农村青壮年教育层次，形成初、中、高级职业农民教育培育体系。同时，完善产学研合作培养创新人才模式，调动高校和企业的积极性，建立以企业为主体、以市场为导向的产学研联合培养体系。

最后，激励人才，为乡村振兴提供不竭动力。在乡村振兴战略实施的过程中，要充分调动人才的积极性和创造性，建立健全专业人才激励机制。建立乡村人才发展基金激励机制，通过项目策划奖励、项目引进奖励、年度业绩考核奖励等形式，对做出的贡献的农村基层干部进行奖励。同时，建立灵活的人才评价机制，树立重能力、重实践的评价导向，科学合理设置评价指标和评价方式，充分发挥"土专家""田秀才"和科技人才在推动乡村振兴中的作用。

---

① 振兴乡村文化要系统提升农民思想道德素质[EB/OL].（2022-09-29）[2024-01-02].https://opinion.voc.com.cn/article/202209/202209290958401151.html.

第四节 引导优秀毕业生回乡任职

全面推进乡村振兴，离不开人才的强力支持。高校毕业生响应号召，回到自己的家乡，投身于乡村的建设与发展，共同描绘一幅充满活力的乡村画卷，有助于实现乡村产业兴旺、生态宜居、乡风文明、治理有效、生活富裕的愿景。为了确保返乡创业和就业的大学生能够顺利回归乡村、稳定发展并取得成就，需要充分激发他们的潜能和创造力，让他们在乡村这片广阔的舞台发挥自己的才能和智慧，实现自我价值。乡村振兴不仅是吸引人才的磁石，也是培养人才的沃土。那些回到乡村的大学生将为乡村振兴贡献自己的力量，而乡村也应为他们提供更多展示才华和实现梦想的机会。

相关案例："90后"硕士回村工作

一、鼓励更多大学生返乡就业

教育部、人力资源和社会保障部召开的2024届全国普通高校毕业生就业创业工作视频会议指出，2024届高校毕业生规模预计达1179万，较前一年增加21万人。为此，国家启动了"国聘行动2024"，在科研、社区、医疗等基层领域创造了大量岗位，以确保毕业生能够实现高质量和全面的就业。然而，近年来，受多种因素的叠加影响，毕业生的就业市场面临更加复杂和严峻的挑战，同时还存在"慢就业"和"缓就业"的现象。一些地区为了吸引大学毕业生，出台了新的人才引进政策。这些政策激发了毕业生的就业热情，但毕业生大多集中在经济发达地区和快速发展的城市中心。这也无意间导致了人才的无序竞争，增加了大学生在这些地区的就业压力，同时加剧了地区间、城市间的发展不平衡。高校应当发挥教育引导的作用，帮助学生认识到城乡差距逐渐缩小的趋势，鼓励学生在生源地就业。在全面推进乡村振兴的背景下，乡村对各类人才的需求日益迫切，包括农业生产经营人才、乡村二三产业发展人才、乡村公共服务人才、乡村治理人才、农业农村科技人才等。因此，应当鼓励更多的大学生返回乡村就业，成为乡村振兴的中坚力量。这不仅有助于缓解大学生的就业难题，还能为他们提供实现自我价值的平台。

二、为大学生在生源地就业提供优惠政策

国家人力资源和社会保障部应当出台指导性意见，鼓励大学毕业生返回生源地

就业。这些意见应指导地方政府根据当地经济社会发展状况，制定配套政策，以支持毕业生返乡就业。政策支持可以包括简化落户手续、提供社会保障补贴、住房补助、租赁公寓补助、贷款利息补贴、免除入职笔试、学费补偿等方面，以发挥国家政策的引导作用。这些措施旨在吸引人才回归，激励毕业生在家乡工作，从而推进乡村振兴，实现区域均衡发展。地方政府应加大对本地生源的关心和支持，市（县、镇）政府应以积极的态度吸引人才。例如，在假期组织大学生了解当地的经济社会发展情况，邀请他们进行调研，关心他们的学习情况。同时，政府需要深入研究毕业生返乡就业创业的难点，努力优化创业环境，创造更多优质就业岗位，并建立长效机制以促进毕业生返乡就业创业。特别是中西部和其他欠发达地区，应出台一系列鼓励政策，如为去乡镇工作的大学生提供补助，为回乡创业的大学生提供优惠和服务保障。相关部门和地方政府需要细化乡村人才队伍建设的政策，确保政策具有可操作性和实效性。从高校的角度来看，高校应当对毕业生返乡就业创业提供指导，鼓励学生到乡村实现自我价值，将所学知识应用于实践。特别是农业院校，可以鼓励大学生在当地农村实习，参与调研和分析研究农村农业问题，了解乡村发展的制约因素和瓶颈问题，为政策制定和政府决策提供依据，确保研究成果真正服务于社会。

三、多渠道拓展大学生基层就业空间

促进和激励高校毕业生赴基层就业是一个复杂的系统工程，需要政府、高校和社会共同努力。

一方面，中央基层项目具有重要的示范引领作用。2022年以来，教育部会同人社部、财政部、共青团中央等部门，共同推进"特岗计划""三支一扶""西部计划"等中央基层项目招募工作。例如，2022年"三支一扶"计划招募了3.4万名高校毕业生，"特岗计划"在全国范围内招聘了6.7万名教师，"西部计划"招募了3.67万名志愿者。这些项目重点支持乡村振兴重点帮扶县等地区，服务于乡村教育、医疗卫生、社会治理等领域，助力乡村振兴。各地高校也在积极扩大政策影响力，为毕业生创造更多的就业机会。如宁夏回族自治区实施的城乡社区、学前教师、乡村医生、司法辅助等基层服务专项计划，共招聘2000名应届高校毕业生；重庆市结合乡村振兴、基层治理和公共服务需求，开发了约2100个基层就业岗位。

另一方面，为了优化服务保障，推动人才聚集和事业发展，政府采取了多项措施。教育部与相关部门合作，推出优惠政策，指导各地高校完善服务保障体系，为毕业生在基层成长和成才创造良好条件，激发他们到基层就业创业的热情。例如：教育部办公厅、财政部办公厅联合印发《关于做好2024年农村义务教育阶段学校教师特设岗位计划实施工作的通知》。根据该通知，2024年全国计划招聘"特岗计划"教师37000名，同时要求确保特岗教师的待遇得到保障，包括按时足额发放工资、参加社会保险，以及服务期满后的入编和工作安排；海南省对在乡镇基层事业单位和艰苦边远地区事业单位工作的高校毕业生提供提前转正定级和薪级工资优惠；新疆维吾尔自治区的石河子大学对留新疆、兵团基层就业的毕业生发放奖励，引导他们到艰苦的地区工作；在浙江，国网浙江诸暨市供电有限公司通过劳模创新工作室带动新进大学生提升技能，培养了多名业务骨干。

四、积极促动大学毕业生回乡创业政策落地

大学毕业生回乡创业已成为当前社会关注的热点话题，这不仅能够缓解大学生的就业难题，还能促进乡村经济发展。然而，大学毕业生回乡创业仍面临传统观念束缚、创业政策和资金落实不到位、创业能力欠缺等问题。为鼓励大学毕业生回乡创业，应通过营造适宜的人文环境、落实创业优惠政策、拓宽融资渠道、加强高校创业教育及搭建实践培训平台等措施，形成吸引、扶持和指导大学毕业生回乡创业的社会联动机制。

首先，营造大学毕业生回乡创业的人文环境。要勇于打破"在城市工作好，在农村工作就是没出息"的传统观念，在全社会营造支持大学毕业生回乡创业的氛围。政府应出台并落实支持大学毕业生回乡创业的政策，为大学毕业生自主创业创造条件。地方各部门应通过多途径宣传大学毕业生回乡创业的重要性，尤其要重点宣传成功案例。例如，陕西省创业明星马清泉大学毕业后在上海做工程师，但他毅然辞职回乡创业，尽管初期遇到挫折，但通过努力成功建立了生态农场，并获得了中央电视台农业频道"致富经"栏目组的关注。除了宣传成功典型，还应定期举办经验交流会，形成良好的创业氛围，最大限度地消除大学毕业生的心理负担。

其次，要落实创业优惠政策，拓宽融资渠道。国家出台的优惠政策要真正落到实处，各银行应优先支持大学毕业生回乡创业项目，简化贷款程序，降低贷款利率，提高资金使用效益。例如，江西省瑞金市通过各种形式宣传回乡创业优惠政策，并提供创业基金和低息贷款，吸引大学毕业生回乡创业。地方政府应结合自身实际情况，制定优惠政策，加大财政和自然资源投入，吸引大学毕业生回乡创业。除了依靠政策，还应积极拓宽融资渠道，吸引社会资本，设立大学毕业生回乡创业基金，并通过保险公司设立风险投资基金，解决大学毕业生创业资金短缺问题。

再次，高校要加强创业教育。创业教育能挖掘大学生创业潜能，培养大学生的创业基本素质和综合能力。高校应将培养创业型人才纳入培养目标，完善创业教育体系，开设相关课程，培养大学生的创业精神和技能。此外，高校还应提供实际锻

炼机会，如创新创业大赛、实践模拟和实习，将课堂教学与实践结合，提升大学生的创新意识和创业能力。高校要建设高素质的创业教育教师队伍，聘请创业成功人士、企业家和专家学者作为兼职教师对学生进行指导，全面提升大学生的创业综合能力和活力。

最后，要搭建大学毕业生回乡创业实践培训平台。高校创业教育使大学生掌握了基本的创业知识和技能，对有回乡创业想法的学生应积极鼓励和支持，结合学生专业、兴趣及家乡实际情况，帮助其规划创业方向。地方相关部门应注重创业培训和就业指导，与高校培训机构和企业合作，组织创业指导和实践培训，让大学毕业生学习先进管理经验和经营模式。通过高校、地方、社会和企业多方联动，为大学毕业生回乡创业创造条件和平台，确保其顺利创业，为乡村经济发展做出贡献。

第五节 探索乡村教育的数字化转型

在教育数字化转型背景下，以数字技术推动乡村教师的专业发展，对于乡村教育的变革与发展而言，既是机遇也是挑战。如何利用数字技术促进乡村教师的专业发展，已成为乡村教育振兴亟待解决的首要问题。

一、落实数字技术政策，增强乡村教师专业发展自主性

教育政策是基于不同时代背景下教育发展的现状和前景提出的，旨在解决当前教育实践中的问题，并预测教育实践的未来发展趋势。落实数字技术政策，突破数字技术障碍，优化专业发展内容和方式，可以缓解乡村教师在数字技术方面的压力，激发其专业发展的内在动力。首先，需要明确教育数字化转型背景下乡村教师专业发展的目标。在不同的时代背景和教育阶段，教师专业发展的目标有所不同。在教育数字化转型背景下，乡村教师专业发展的目标在于深化数字技术与教师专业发展的融合和创新。

相关案例：以教育数字化转型构建城乡教育一体化发展新模式

通过出台和落实相关政策，使乡村教师能够利用数字技术发展专业知识，提升专业能力，培养专业情感。其次，应细化乡村教师专业发展的具体内容，提出具有针对性和可操作性的举措。要将数字技术纳入教师专业标准，细化专业发展理念，涵盖师德、专业知识、专业能力和数字技术四个方面的相关内容，提高乡村教师在专业发展中的数字化胜任力。最后，要开展后期的督促与落实工作。政策文本是理论基础，只有将理论与实践技能相结合，才能充分发挥教育政策的作用，因此，乡村教师专业发展需要在落实相关政策的基础上，建立

并不断完善问责整改机制，确保教育数字化转型背景下乡村教师专业发展的实效性。

二、优化资源配置，提升乡村教师专业发展水平

教育部于2018年4月13日印发了《教育信息化2.0行动计划》，指出完善教育管理信息化顶层设计，全面提高利用大数据支撑保障教育管理、决策和公共服务的能力，实现教育政务信息系统全面整合和政务信息资源开放共享。数字技术资源是乡村教师专业发展的基础保障。优化数字技术资源主要包括完善乡村网络体系、加大数字技术资金投入、保障数字技术人力资源供给。首先，完善乡村网络体系。普及高质量网络是乡村教师专业发展的有力保障。全国教育信息化工作管理信息系统数据显示，截至2021年底，乡村学校已基本达到网络化教学要求。保障乡村网络畅通，搭建数量与质量并存的网络体系，为教师专业发展提供良好的网络通信支撑，不仅是乡村教师专业发展的前提，也是数字技术落地应用的重要支撑。其次，加大数字技术资金投入，保障乡村学校智能设备的有效供给与使用。在教育数字化转型背景下，利用数字技术缩小城乡教师专业发展的差距，已成为政府、学校和教师发展的共识。要通过政府出资、乡村自筹以及社会捐赠等方式，充分保障乡村学校智能设备的有效供给，降低数字技术设备使用成本，为乡村教师专业发展提供设备保障。最后，保障数字技术人力资源供给。政府和学校应通过完善数字化智能化体系建设，建立乡村实验基地，确保技术人员供给，以点带面促进乡村教师专业发展。

三、提高数字素养，规范乡村教师专业发展行为

通过提高教师数字胜任力，提高教师的数字素养，是教育数字化转型背景下乡村教师专业发展的重要任务。首先，将数字教育理念贯通乡村教师的教育教学全过程。完善数字化课程体系，提高乡村教师的数字技术意识，提升其数据信息辨别能力。通过线上平台开设免费的数字技术培训课程，为乡村教师创设良好的数字生态环境。此外，依托数字技术培训中心，实现乡村教师数字技术培训机会均等化。其次，充分利用资源平台学习数字技术理论知识，加强乡村教师的数字技术实践应用能力，让乡村教师将数字理论内化于心、外化于行，不断更新自己的数字技术知识和技能，提升教学效果。再次，增强乡村教师的心理素质，缓解其在数字化转型过程中面临的心理压力。此外，修订和完善相关法律法规和伦理规范，提升数字时代大众的道德素养和法治素养，保障乡村教师和学生的数据信息不被滥用和侵犯。同时，通过提升数字素养，规范乡村教师的专业发展行为。通过这些措施，不仅可以

提高乡村教师的数字素养，还能促进他们在数字技术环境中的专业发展，从而推动乡村教育实现全面振兴。①

教育数字化转型背景下，协同政府部门、学校、教师等多方主体构建教师专业发展共同体，是促进乡村教师专业发展的关键。首先，各级政府及教育管理部门要认真落实相关政策，搭建乡村教师专业发展数字平台，提供开放共享的资源包，同时配备专业的数字技术人员进驻乡村学校，为乡村教师提供技术支持保障。其次，学校应积极开展教师专业发展相关培训，增加培训名额，丰富培训内容和形式，注重培训后的反馈和跟踪工作，以增强培训的实际效果，以外界的数字化资源促进乡村教师的专业发展。最后，乡村教师要树立主动发展的意识，不断更新数字理论知识，加强数字技术应用能力，以适应数字时代教育实践的转型需要。

思考题

1. 如何创新乡村公共文化服务人才制度，以保证人才稳定性？
2. 如何发挥数字化转型对乡村教育的促进作用？

第九章思考题
参考答案

---

① 黄小倩，沈小强.教育数字化转型背景下乡村教师专业发展策略研究[J].贵州师范学院学报，2022（9）：70-76.

第十章
新时代中国乡村产业优化路径

 **学习目标**

1. 了解乡村产业优化路径，包括数字经济推动、乡村特色优势产业培育、多渠道推动产业升级等内容，了解如何通过政策支持和资源整合促进乡村产业发展。

2. 深入理解乡村数字经济发展的重要性和推动力量，以及精准扶持乡村特色产业的策略和实施方法，认识乡村产业发展的现状、挑战和潜力。

3. 掌握建设乡村数字信息基础设施的关键步骤和方法，培养乡村数字化人才的策略和路径，以及通过顶层设计和新媒体推动乡村产业升级的操作技巧和实施方案。

产业振兴是全面推进乡村振兴的基础和关键。乡村振兴是包括产业振兴、人才振兴、文化振兴、生态振兴、组织振兴的全面振兴，而其中最重要、最根本、最关键的就是产业振兴。习近平总书记提出的精准扶贫理念，是我国打赢脱贫攻坚战的制胜法宝。实施乡村振兴战略，仍要坚持精准发力，从供求两端入手，科学发展乡村特色优势产业，有效推进乡村产业振兴。

第一节 数字经济助力乡村产业高效发展

以数字经济推进乡村产业振兴，是全面推进乡村振兴的重要举措。如何实现数字经济与乡村产业的高效连接，使数字技术在乡村产业发展中得以灵活运用，解决数字经济在乡村产业发展中的突出矛盾，是实现乡村产业数字化亟待思考、规划与实践的重点课题。

一、加强乡村数字信息基础设施建设，推进基础设施共建共享

首先，政府要高度重视乡村统一的大数据平台建设，充分利用现代数字技术，如遥感技术、云计算技术和地理信息技术，优化"三农"信息供给。通过提供智能化装备和精准的数据支持，为现代农业发展奠定基础。推动农业农村基础数据的整合与共享，积极发展精准农业、智慧农业、"互联网+农业"和"互联网+乡村旅游"。同时，建设智能大棚和数字化养殖车间，推行乡村电商等新型农业模式，持续拓展乡村电商平台，打造以社交网络为核心的数字化流通渠道。推动乡村电商标准化和规模化运营，支持建设并完善县、乡、村三级物流配送体系，整合商贸物流快递资源，开展共同配送，以降低物流成本。鼓励有条件的地区合理规划智慧物流发展，打造乡村电商品牌，推进乡村一、二、三产业融合，因地制宜发展乡村特色产业。

相关案例：数字化让乡村焕发新生机

其次，创新农业流通服务体系，实施"互联网+"农产品进城。加强农产品加工、包装、冷链和仓储等设施建设，加大乡村快递点普及力度，推动人工智能和大数据赋能乡村实体店，促进线上线下多渠道融合发展。

再次，加快推进乡村农业新生态，积极促进互联网与农业深度融合。发展创意农业、观光农业和都市农业等新业态，打造游憩休闲、健康养生、创意民宿等新兴产业，促进乡村共享经济的发展。

最后，充分考虑偏远山区和乡村的数字化基础设施建设，完善乡村数字信息基础设施建设，促进基础设施共建共享。引导大数据和物联网进乡村，在乡村推广普及智能手机的使用，给予乡村数字经济支持，并做好后期维护升级工作。通过这些措施，确保乡村数字信息基础设施建设的全面推进和共享，推动乡村经济全面振兴。

二、加快培养乡村数字化人才，强化乡村产业人才支撑

首先，加强乡村数字化人才培养。国家要高度重视乡村数字化人才的培养，支持各类高校开设人工智能、数据科学与大数据技术等相关专业，提升各类人才的数字化应用等专业技能，培养尖端技术人才。高校与科研院所应联合成立数字经济产业化发展科研机构，引进数字领域高端人才和专业技术人员，培养数字经济产业发展的复合型人才，完善数字经济人才梯队，为乡村数字化产业发展提供智力支持。

其次，根据乡村不同层次群体和发展需求，提高农民技术素养。通过数字化相关培训更新农民的现代化农业生产理念，开展线上与线下数字技术宣传与普及，强化数字农业设备产品运用教育。利用智能手机终端提高农民的数字技术和信息技术能力，培养一批懂技术、爱农业、善经营、有情怀的现代高素养农民和现代数字技术人才。政府应鼓励有想法、有理想的返乡青年积极投身现代农业生产，促进乡村新产业发展，提高农民组织化程度，激活乡村人才的内生动力。国家在高度重视乡村发展的同时，还要加快提供相关政策支持，提高农民发展数字经济的热情和积极性。

再次，针对数字时代的创新创业热潮，政府部门应建立更完善的配套扶持体系，如通过提供低息创业贷款和小微企业税收减免等，激励乡村创业。

又次，企业需要关注乡村产业数字化人才缺口，提升现有人才的能力，帮助他们快速适应数字化转型的挑战。企业应积极整合多样化人才获取渠道，提高人才资本利用效率，为乡村地区灵活就业赋能。

最后，农民自身应有一技之长，如具备求同存异的开放性、协作精神，以及自我提高和管理监督的意识等。这样才能在数字时代实现个人价值，丰富人生内涵。

以上措施可以全面推动乡村数字化人才的培养与发展，为乡村产业的数字化转型提供强有力的人才支撑。

三、优化乡村数字经济发展环境，实现产业高效发展

首先，国家要加强网络空间的科学治理能力，颁布相应的法律法规，严格规范产业数字化运行下的市场监管、行业监督和信息安全。特别是在网络技术安全与金融技术安全方面，增强数字经济领域与金融领域的监管能力，积极避免各种投机行为出现，从而引导我国乡村产业积极创新和发展。

其次，相关部门应邀请业内专家学者和数字技术专业人才，向广大农民讲解技术实践技能，开展防控风险的指导培训。这种做法可以增强农民的风险防范意识和技能，避免其上当受骗。

最后，规划和确定数字产业化农业农村数据标准，明确"三农"信息公开的内容和范围。在已有法律法规和相关管理办法基础上进行修订和完善，实施知识产权保护和利益公平分配等标准。

这些措施能确保数字经济与乡村产业振兴的安全高效发展，促进农民主体创造力的发挥，推动农民共同参与乡村发展实践。[①]

---

① 孙竹青.数字经济推动乡村产业振兴的路径研究[J].当代农村财经，2022（12）：20-22.

第二节　精准发力壮大乡村特色优势产业

"精准"是习近平新时代中国特色社会主义经济思想的重要方法论要义之一，也是实现供求有效对接、提高资源配置效率的重要手段。习近平总书记提出的精准扶贫理念，是我们打赢脱贫攻坚战的制胜法宝，也是中国特色反贫困理论的重要内涵。

一、立足产业特色，培育乡村优势产业

党的二十大报告指出，发展乡村特色产业，拓宽农民增收致富渠道。产业是乡村振兴的经济基石，发展乡村产业要以特色资源为基础，同时关注市场需求，培育特色优势产业。推进农业农村现代化，关键是以科技创新促进涉农产业高质量发展，形成优质高效、充满活力的现代农业产业体系，引领农业向绿色、优质、特色和品牌化方向发展。

首先，要明确乡村产业的发展方向。这需要对乡村的资源进行深入调研，包括土地资源、气候条件、水资源、生物多样性，以及乡村的文化传统、历史背景和民俗风情等。通过这些调研，可以确定哪些产业最适合在当地发展，比如特色农业、乡村旅游、手工艺品制作等。

其次，要注重科技创新在乡村产业发展中的作用。通过引进先进的农业技术和管理方法，提高农产品的质量和产量，降低生产成本。同时，利用现代信息技术，如物联网、大数据等，提升农业生产的智能化和精准化水平，增强乡村产业的市场竞争力。

再次，要强化市场导向，拓展乡村产业的市场空间。这包括建立和完善农产品的销售渠道，如电商平台、合作社直销等，以及通过品牌建设提升产品的知名度和美誉度，还可以通过发展乡村旅游、文化体验等服务业，吸引更多的消费者，增加乡村产业的附加值。

又次，人才培养和引进是乡村产业发展的重要支撑。通过教育和培训，提高农民的技能和知识水平，培养一批懂技术、会管理、善经营的新型职业农民。同时，吸引和鼓励城市人才到乡村创业，为乡村产业发展注入新的活力。

最后，政策支持是乡村产业发展的有力保障。政府应出台一系列扶持政策，如财政补贴、税收优惠、信贷支持等，为乡村产业的发展提供良好的政策环境。同时，加强基础设施建设，改善乡村的生产和生活条件，为产业发展创造有利条件。

总体上看，立足产业特色，培育乡村优势产业，需要从资源调研、科技创新、市场拓展、人才培养和政策支持等多个方面精准发力，形成合力，推动乡村产业高质量发展，实现乡村全面振兴。

二、统筹协调多方关系，形成农村产业发展合力

发展乡村特色优势产业，需要统筹好以下几种关系。

首先，统筹好问题导向与目标导向的关系。问题导向要求我们识别并解决产业发展中遇到的难题，如基础设施薄弱、技术落后、市场信息不对称等，以确保产业能够持续健康发展；而目标导向则强调根据乡村的资源禀赋和市场需求，设定清晰的产业发展目标，如提升产品质量、增加农民收入、促进就业等。两者相结合，可以确保我们在解决现实问题的同时，不断向既定目标迈进，形成推动乡村产业发展的强大合力。

其次，统筹好经营主体与农村低收入群体的关系。乡村特色优势产业的发展应根植于乡村特有的资源环境，促成多元合作，构建利益联合体，支持小农户组成联合体进行创业创新服务，激发农户的生产热情，特别是针对欠发达地区的低收入群体。要完善特色优势产业的质量评估机制，加强信息反馈和实时监测，科学评估农村低收入群体参与产业活动的经济效益和社会效益。

再次，统筹好一、二、三产业之间的关系。产业发展不仅要关注自身的结构性改革，还要促进不同产业之间的协同进步和融合发展。针对欠发达地区的特色资源与优势条件，探索产业和业态的创新路径，实现特色优势产业的差异化发展，稳定吸引农业转移人口，增强地区竞争力。

又次，统筹好国土空间规划、产业政策和环境保护的关系。推进乡村特色优势产业的发展，既要优化产业空间利用和土地使用结构，又要逐步推动东部产业向中西部欠发达地区转移，注重产业政策的设计和环境效益的协同推进。必须激活农村传统特色产业的要素和环境优势，有效缓解地域、环境和资源等要素对低收入农户的限制，增强产业主体的生态意识，确保乡村特色优势产业经济效益、社会效益和生态效益的统一。

最后，统筹好政府角色与职能部门、社会组织之间的关系。构建乡村特色优势产业，助力乡村均衡发展的治理格局，要发挥政府、部门和社会组织的引导、协调和建设作用，确保在新发展阶段实现有效治理。要始终尊重乡村特色优势产业发展中农民的主体地位，发挥政府在维护农民发展权益方面的作用，及时调整产业政策，科学评估农村农户的需求。同时，根据各方力量的职能特点和治理优势，积极引导社会各界对欠发达地区的支持，促进产业信息的对接和共享，确保对新型农村产业经营主体的有效监督管理，保障对脱贫地区和低收入群体的实时监测，坚持经济效益、社会关怀和生态环境的综合考量，以推动乡村产业的有力发展。

三、加大资金扶持力度,提升产业风险防范能力

首先,加大中央和地方财政支持力度。中央和地方财政的支持是乡村特色优势产业发展的重要保障。为了有效应对乡村复杂的相对贫困问题和产业发展的多样性需求,需要进一步加大中央财政对乡村振兴和脱贫地区的财政转移支付力度。这包括提高对特色优势产业的直接投入比例,确保资金能够有效覆盖关键领域和基础设施建设。同时,地方政府也需要配套出台更具体、更有针对性的支持政策,重点扶持示范性强、竞争力强的特色优势产业。

其次,引导社会资本进入乡村。除了政府财政支持外,引导社会资本参与乡村特色优势产业的发展是必要的。可以通过深化乡村产业的"放管服"改革,优化投资环境,吸引更多的私人资本进入乡村产业项目。金融机构在这一过程中扮演着重要角色,应重点满足乡村特色产业互助组织的融资需求,促进贷款的有效使用和良性循环。同时,需要建立有效的财政资金监管机制,确保资金使用的精准性和透明度,以保障产业发展效果的最大化和资金的有效利用。

最后,建立专项资金支持体系。为了确保乡村特色优势产业的稳定成长和健康发展,需要建立包括中央和地方财政在内的专项资金支持体系。这种体系应当能够灵活应对不同地区、不同产业的具体需求,包括技术创新、市场开拓、产品升级等。同时,要注重资金的长期性和持续性,确保产业能够持续吸引和留住投资,维持产业链条的完整性和稳定性。

四、加大帮扶支持力度,促进产销对接良性互动

首先,保持现有的帮扶力度并不断创新。在新的发展阶段,应继续加强政府在市场调节和干预方面的协同作用,确保政策措施能够更加精准地支持特色优势产业的发展。具体来说,政府可以设立重点产业产品采购目录,优先采购并预留一定的采购份额给脱贫地区的产品和服务。此外,还应建立畅通的供需渠道和市场信息平台,帮助脱贫地区的产品顺利进入市场,打造乡土特色品牌形象,吸引更多的社会力量参与支持。

其次,提升消费帮扶的档次和效果。消费帮扶不仅仅是为了增加脱贫地区产品的销售量,更是通过创新销售模式如网络直播、"网红"带货等,提升产品的知名度和市场竞争力。特别是要支持脱贫地区的特色农牧业、文化旅游等产业的发展,促进这些产业的健康成长。此外,还要加快整合产业链各个环节,推动乡村特色优势产业一体化发展,实现生产端到销售端的全面升级,确保产品的质量和品牌的竞争力。

最后，推动乡村特色优势产业向绿色、可持续方向发展。随着消费升级和市场需求的变化，特别是在绿色产品需求增加的情况下，脱贫地区应重点关注产品的质量与安全，加强产品的标准化和品牌化建设，提高产品的附加值和市场竞争力。这不仅有助于解决农产品滞销问题，还能有效地提升乡村居民的收入水平，促进乡村特色优势产业的可持续发展。

五、营造产业发展氛围，赋予农民更多致富能力

首先，在创新技术方面，需要加快推动农业农村现代化进程，促进生产要素的改革。通过建设现代化农产品体系、生产体系和经营体系，充分利用冷链和鲜活仓储技术，发挥农业资源多样性和气候优势，提升农产品质量和市场竞争力。同时，加强乡村特色优势产业与互联网、电子商务、云计算和大数据平台的深度融合，建立高效的需求识别、风险预警和监管信息平台，以提高管理效率和市场响应速度。

其次，在发展经验方面，成熟地区要积极主动地打造平台，总结和分享特色产业模式、政策措施、成功案例和创业经验。此外，应优先支持乡村特色优势产业项目的试点工作，并加快规划和布局其他欠发达地区的产业试点、示范区和集聚区，通过完善产业链条，向周边地区辐射带动效应。

再次，在人力资源方面，应保持乡村产业与先进人才的良好生态平衡。地方政府和龙头企业要聘请专业机构和研究人员，加强对当地农民特别是低收入农民的指导。同时，要积极引进科技专家、产业专家等先进人才，推动乡村产业的技术创新和管理提升，培育新型农民和创业主体，促进乡村经济的综合发展。

最后，在扶持政策方面，持续优化政策措施，为各类企业、合作社和小农户提供更便利的创业"绿色通道"；还要降低创业门槛，简化审批程序和手续，扩大补贴范围，加强土地流转监管，引导更多小农户参与乡村特色优势产业，实现可持续发展和长期脱贫。[①]

第三节 强化顶层设计多渠道推动产业升级

乡村产业转型升级要充分激活产业发展所需要的各类要素资源，包括人才振兴、土地资源利用、产业技术升级和完善资金保障等，促进资源要素变现，通过市场化经营促进产业发展。

---

① 韩广富，叶光宇.从脱贫攻坚到乡村振兴：乡村特色优势产业的战略思考[J].西南民族大学学报（人文社会科学版），2021（10）：136-143.

一、活化土地资源促进乡村产业发展

首先,重视保护耕地。农村地区的土地资源类型多样,其中耕地面积相对较少,随着城市化进程的加快,耕地面积进一步减少,土地资源利用与城市发展之间的矛盾日益突出。为此,土地资源管理部门必须高度重视耕地的保护工作,严格筛查和管理耕地的具体利用路径,详细调查本地土地资源总量和耕地占比,明确耕地管理范围和职责,有效落实管理责任,防止耕地滥用和不合理利用,确保耕地在未来仍然具有高使用价值,为本地区的现代农业发展提供支持。

其次,建立完善的乡村土地资源利用规划管理机制。在工作机制方面,土地资源管理部门应借助先进的技术手段,对本地土地资源的分布、分类和数量进行严格调查,编制土地资源地图,全面掌握和系统化管理乡村土地资源。管理人员要对土地资源的实际利用情况进行有效调查分析,根据调查数据制定土地资源利用规划制度。制度应基于土地节约集约利用和生态环境与经济发展协调统一原则,明确不同类型土地资源的占地面积、范围和使用途径,为管理部门提供清晰的工作指导,促使传统的土地利用观念和模式得以转变。通过严格的土地利用规划管理,确保土地资源能够在需要时得到合理利用。

再次,重视农业开发工作。当前社会经济正朝着长远稳健发展方向迈进,同时也推动着农村人口向城市集中,这进一步加快了城市现代化进程。然而,这一趋势也导致农村地区农业从业人数急剧减少,农业生产效率和质量显著下降,不利于新农村的有效建设。因此,土地资源管理部门应与乡镇村居社区等多个管理部门合作,推动乡村现代化农业发展,转变传统的小农经济模式,通过招投标等方式选择有意愿和能力在本地发展农业的个人或企业,积极推动土地资源的集约化管理利用。

最后,做好宅基地流转和违规建房管理工作。在宅基地流转方面,土地资源管理部门需要深入了解和研究国家颁布的农业农村优先发展政策,推进农村土地制度改革,重点关注宅基地流转与置换的方法和路径,确保流转管理工作科学有序进行,避免工作不到位。同时,管理人员应通过沟通和教育,劝导农户放弃违规建设,确保土地资源能够得到有效再利用。对于执意违规的情况,需要加强执法检查力度,采取罚款等措施,确保违建及时拆除,恢复土地资源原貌,确保土地资源在科学合理的规划利用下发挥最大效益。①

二、强化金融支持繁荣乡村产业

乡村振兴是一个长期性、系统性的发展过程,不仅需要根据乡村振兴不同阶段

---

① 何晓璇.乡村土地资源评价对策分析[J].智能城市,2019(18):31-32.

的不同发展目标制定相应的金融政策,还需要确保各个阶段金融制度的系统性、连贯性。

首先,加大政策支持力度。具体来说,可以从以下四方面入手。一是完善金融服务乡村振兴的政策。利用货币政策引导投资者将金融资源投入乡村产业;设立乡村振兴专项基金,并鼓励将金融支持乡村振兴纳入年度工作考核;制定激励制度以吸引金融机构投资乡村振兴,调动其积极性和主动性。二是政府加强对乡村金融机构的财税支持,通过财政拨款、财政贴息和税收返还等方式,为金融支持乡村振兴创造良好环境。三是建立政策保障体系。政府应利用财政政策撬动金融资源更好地服务于市场主体,并在制定乡村振兴发展战略的同时提供更多政策支持,深化乡村金融改革,增强高质量乡村金融体系的服务水平,全面推进乡村振兴。四是货币政策与财政政策协调一致,配合金融支持乡村振兴战略的实施。全面推进乡村振兴是一项长期性持续性工作,财政政策与货币政策需增强协同、精准发力,为金融支持乡村振兴提供充足动力。

其次,完善监督机制。完善金融支持的监督机制为全面推进乡村振兴奠定了扎实的基础。在乡村振兴背景下,先进的科技得到了广泛运用。人们利用互联网对金融支持活动进行监督,把金融支持活动的落实以"量"化方式记录下来,这对于金融支持活动具有良好的监督作用,能够为金融支持全面促进乡村振兴提供重要保障。具体说来,可以从以下几个方面入手。一是对乡村振兴背景下的金融支持情况有全面、细致的认识,从而制定相关惠农政策,通过整体数据分析,充分挖掘乡村经济发展的巨大潜力,预测乡村经济的发展方向,因地制宜地优化支持机制;二是充分利用数据技术,对有关信息进行分类、整合与公开,防范非法金融活动的发生,加强金融市场信息的透明化;三是政府积极举办宣传活动,帮助农户加深对金融支持乡村经济发展的认识;四是保持金融支持监督机制的动态平衡。在金融支持与乡村振兴战略衔接的过程中,会遇到各种困难,因此监督管理机构面对的问题也有所不同,建立动态平衡的监督管理机制能够有效应对金融支持活动中遇到的各种难题。

再次,构建完整的金融服务机制。构建完整的金融服务机制是乡村经济高质量发展的必要基础,需要乡村金融机构、银行、保险等机构之间的协调,推动乡村小微企业融资发展,为实现乡村振兴战略提供必要的保障。具体来说,可以从以下几方面入手。一是在政府的引导下,金融机构落实国家政策,积极争取国家支农资金,调整资金的使用结构,设立乡村小微企业发展专项资金项目,为农业的高质量发展提供有效助力。对于乡村中的龙头企业,加大对其金融支持力度,把乡村龙头企业打造为示范性企业,发挥金融支持的深度与广度作用。二是政府对乡村金融机构服务政策方面的创新应给予支持。乡村金融机构通过收集、建立农户信息档案,针对不同的人群划分出不同的乡村需求,从而对相应的金融产品做出改动,扩大农户对金融产品的需求范围。三是金融机构结合农户的经济状况来调整自己所提供的金融产品，对有能力还款的农户，可以放宽其还款的时间或给予较高的贷款金额，从而助力乡村振兴战略有效实施。四是加强各个金融部门的协调合作。加强信贷、债券、股票、保险、期货等金融领域的协同机能，切实提升乡村金融机构的风险管控能力。

又次，培养乡村金融服务人才。乡村振兴战略的实施需要拥有丰富经验和专业知识的金融人才，以确保金融资源的有效利用。一是政府要积极引导和激励乡村金融机构员工，提升人力资源质量。加强人力资源市场建设，提升乡村金融优秀人才的影响力。二是加大对专业金融人才的培养力度，解决乡村人才缺位问题。对于不同层次的乡村金融人才，采用不同的教育方式，强化人才培训建设，重点培育金融服务中的带头人，不断丰富人才金融方面的理论知识，拓宽其知识边界。三是金融机构要建立良好的激励机制，以留住人才。金融机构可以通过建立合理的绩效考核机制，以经济激励为主、非经济激励为辅，充分调动员工的积极性。四是金融机构坚持"以人为本"，激励员工实现自我价值，促进乡村振兴战略的有效实施。

最后，营造良好的乡村金融生态环境。金融生态环境是全面推进乡村振兴的重要支撑，其对于提升金融对乡村的支持效果至关重要。其一，加强乡村金融基础设施建设，为乡村经济发展提供坚实的"硬件"保障；其二，注重提升金融服务的"软件"品质，通过解决信息不对称等问题，让金融服务更加贴近乡村需求；其三，完善金融法治建设，加大政策执行力度，为乡村金融发展提供有力的制度保障；其四，积极推动农业保险制度的完善，切实保障农民利益，促进乡村经济稳定发展。通过这些措施，可以将乡村金融产品融入乡村振兴的各个环节，为乡村发展提供全方位的保障，进而营造有利于全面推进乡村振兴的良好金融生态环境。营造这样的环境并非一蹴而就之事，需要政府、金融机构等各方共同努力，持续推动乡村金融生态环境的建设与发展。[①]

三、激励能人带动乡村产业发展与转型升级

首先，培养大批优秀的乡村治理人才，增强乡村产业振兴的张力。乡村振兴的基础在于有效治理。为此，需要加强乡镇党政人才队伍建设，通过一线选拔，选好基层"领头雁"，综合考虑政治素养、业务能力、群众基础及理论水平，选派优秀干部到乡村振兴一线岗位，将乡村作为培养和锻炼干部的广阔舞台。同时，培养乡村建设"带头人"，以"讲政治、守规矩、有本事、能担当"为选拔标准，从高校毕业

---

① 郭雅楠.金融支持乡村振兴战略存在的问题及对策[J].现代农业研究，2022（12）：138-141.

生、农村致富带头人、外出务工返乡人员中选拔村党支部书记，带头参与本地主导产业发展。此外，还要畅通人才选用渠道，坚持"人人皆可成才，人人尽展其才"的原则，鼓励和吸纳社会各界有志向、有能力的人才投身乡村振兴、参与乡村治理，拓宽充实乡村基层干部队伍，打造一批具有先进模范作用的排头兵，挖掘乡村拔尖人才的潜力，为乡村产业发展贡献才智。

其次，培育与时俱进的新型农民，增强乡村产业振兴的活力。新型农民是指主动适应农业现代化生产和产业发展需要，主要依靠农业及相关产业经营获得收入、以务农为职业的现代农业从业者。要使全社会尤其是青年群体形成正确认识，转换就业观念，增强对农民的身份认同，坚定扎根农村的信心和决心。此外，还要拓展人才来源路径。乡村产业振兴需要一批爱农业、懂技术、善经营、会管理的人才，要从熟悉当地风土民情的本地村民、掌握某些技能的域外人才、有志于致力家乡建设和发展的高校毕业生等群体中选拔人才，增强乡村人才队伍的整体活力。

最后，引进产业所需的专业技术人才，增强乡村产业振兴的动力。要聚焦产业需求，制订人才引进具体方案。各级党政负责人和村级带头人要立足实际，把握因地制宜的发展原则，对标产业需求制订人才引进方案，推动定向选任、定向使用和定向评价的有机统一，畅通发展渠道，消除后顾之忧，集中精力推动产业发展。同时，改善人居环境、提升乡村生活品质在引进和留住人才中至关重要。各级政府要加大督促力度，提升治理效能，净化生态环境，建设美丽乡村，在此基础上推动生态旅游资源开发，既为留住人才营造优美的人文自然环境，也为人才振兴打下深厚的文化基础。此外，还要兑现政策红利，激发专业技术人才的积极性。乡村产业振兴面临开新局和破旧局的双重挑战，产业兴旺的关键在人才，其重中之重是选好、用好和留住掌握核心技术的专业技术人才。各级政府要对标引进承诺，构建发展平台、优化职称评定方案，激发人才活力，支持人才服务乡村振兴。同时设立人才培养基金，加大对专业技术人才继续教育的支持力度，设置产业技术攻关的专项课题基金，鼓励专业技术人才持续创新创造，持续提升人才效能，增强产业振兴的动力。[①]

四、健全财税体系扶持乡村产业发展

首先，应从特惠转向普惠。逐步退出仅面向原建档立卡贫困户实施的补贴项目，包括取消特色种养到户补贴，配合国家调整光伏电站并网电价补贴政策，对用户光伏发电收益设置过渡期，逐步退坡。同时，逐步退出仅面向原贫困村实施的产

---

① 以人才振兴赋能乡村产业发展的对策建议[EB/OL].（2022-03-31）[2024-07-20].http：//nyncw.cq.gov.cn/zwxx_161/ywxx/202203/t20220331_10572851_wap.html.

业基础设施建设项目,取消原贫困村农业特色产业扶贫园区的特定支持政策、原贫困村村级电商服务站和扶贫车间的统一建设要求,对已建成的产业扶贫园、扶贫车间、电商服务站等,强化资产管理,完善运营机制,持续发挥其带动村集体经济增收和村产业发展的作用。调整扩大特惠产业发展政策的受益面,将原贫困村的产业扶贫项目和资产收益项目调整为面向所有村的竞争性产业发展项目,遵循因地制宜的原则,分类规划评估、择优实施;对已建成的特色扶贫产业园、村级光伏电站、资产收益项目等后续产生的收益,纳入乡村振兴普惠政策,扩大收益分配范围。此外,应设立专门的保障部门负责巩固脱贫攻坚工作成果,做好政策衔接,解决因病、因残致贫等低收入群体的兜底保障问题,开展政策宣传引导,妥善处理群众诉求。

其次,从重物转向重人,激发乡村产业发展的内生动力与活力。支持完善农民新型职业培训体系,支持公益教育机构、大专院校、骨干龙头企业、专业合作社等开展农民素质提升和农村实用人才培训,培养一批有号召力的带头人、懂技术的"土专家"、善耕作的"田秀才"。同时,支持乡村人才引进,鉴于农村吸引力较弱的现实情况,根据乡村产业发展需要,除加强"三农"在职干部任用、发挥基层党组织作用、吸引更多外出农民回乡创业外,还应鼓励城镇退休人才及企业家到农村工作,推进技术型、实用型人才下乡。此外,还要扶持培育新型农业经营主体,将原特色种养扶贫中的主体带贫项目调整为支持新型农业经营主体发展的政策,对积极服务村组农户、带动产业发展效果良好的经营主体,在项目安排、资金扶持、示范评定、资产租赁、信贷担保、用地用电等方面给予倾斜支持。进一步释放农村集体产权制度改革效益,加快农村"三变"(即资源变资产、资金变股金、农民变股东)改革推进力度,盘活农村集体资源,支持以村为单位建立土地股份合作社,优化农村土地收益分享机制。针对当前农产品初加工项目用地难、无指标等问题,加大涉农项目土地供给力度,保障产业发展用地需求,为乡村产业振兴提供基础保障。

再次,从政府主导转向政府引导,促进形成乡村产业综合投入和多元参与体系。财政支持乡村产业振兴应重在科学规划引导、提供政策支持和强化风险保障,将传统的"单兵突进"转变为"联合出击"。统筹整合原产业扶贫政策,将原特色种养扶贫、商贸流通扶贫、乡村旅游扶贫、资产收益扶贫项目,统一调整为市场引导类政策,纳入乡村产业振兴政策体系,由行业部门和行政区域统一组织实施。

最后,从增长挂钩转向统筹保障,建立适应乡村产业振兴的财政投入机制。乡村产业振兴具有渐进性、持续性、艰巨性等特点,不可能一蹴而就。要科学评估财政收支状况,合理确定投资规模、筹资渠道、负债水平,合理设定阶段性目标任务,形成可持续的财政投入体系。健全乡村产业振兴稳定投入机制,按照农业农村优先发展的总方针,依法落实农业投入总量增幅高于财政经常性收入增幅的要求;探索建立涉农资金统筹整合长效机制，结合中央和地方财政事权和支出责任划分，对乡村振兴的资金项目进行全面清理，避免出现相互交叉、中央与地方管理口径不一致等问题；落实涉农资金"大专项+任务清单"管理改革，设置乡村产业振兴专项，自上而下明确资金口径和任务清单，进一步下放资金项目管理权限，增强乡镇资金统筹能力。

第四节 借力新媒体实现乡村文化产业振兴

随着新媒体时代的来临，乡村文化产业发展必须设法与新媒体环境深度融合，短视频平台等新媒体载体也需要得到充分利用，这也为我们实现乡村产业振兴提供了新的思路。

一、提升农民的媒介素养

在新媒体环境下，实现乡村文化产业的发展，首先需要提升农民的媒介素养，确保农民具备足够的文化自觉和文化自信。随着新媒体的发展，农民通过新媒体传递信息和服务自我的趋势日益显著。然而，由于社会、地域、文化、经济等方面的限制，城乡之间存在受众分化和知识鸿沟的问题，这对乡村文化产业发展形成了一定的制约。新媒体推动力不足带来的负面影响也需要引起重视。

相关案例："新媒体+产业"树立乡村振兴范本

农民是乡村文化发展的主体，必须设法提升该群体的影音和文字阅读能力，从而提升整个乡村的媒介认知力，充分发挥新媒体对乡村文化产业发展的推动作用，形成乡村文化产业发展的内生动力。提升农民的媒介素养，可以从乡村网络传播基础设施建设和差异性媒介素养教育两方面入手。首先，乡村网络传播基础设施建设应聚焦智慧广电建设和数字广播电视户户通，缩小城乡在公共文化服务方面的差异，为农民提供精细化的视听文化传播服务。同时，开展县级融媒体中心建设，盘活县域媒体资源，解决乡村传播"最后一公里"问题。其次，分层分类开展差异性媒介素养教育，教育涉及中老年农民、外出务工人员、留守儿童、乡村意见领袖等群体。通过具有系统性和针对性的媒介素养教育培训，引导农民更好地参与乡村文化产业建设。例如：引导农村留守儿童正确使用网络媒介，帮助他们树立正确的媒介使用观念；引导外出务工人员传播乡村文化，通过他们的桥梁作用，将乡村文化传播到更广泛的区域；培养乡村意见领袖，使他们成为传播优秀乡村文化的核心力量，真正改变新媒体环境下农民群众长期失语的状况。

二、培养文化自觉意识

乡村文化产业振兴需要重建和传播乡村文化,这一过程要求对乡村文化主体进行重塑,并培养其文化认同感。只有农民群体真正自发组织和参与具有乡村精神和内涵的文化活动,乡村文化产业才能获得真正的动力。近年来,我国许多地区的农民群众开始继承和发扬乡村民俗文化,开展了如宗祠祭祀、庙会、戏曲表演等活动。这些自发组织的文化活动吸引了众多参与者,共同的精神风尚、价值观念及文化认同在这一过程中得以形成。因此,各地政府应积极鼓励农民自发组织和参与文化活动,并为农民自办农民书屋、文化户、农村文化大院等提供激励措施,确保农民群体培养文化自觉意识,并通过各种文化活动,共同构建乡村文化内涵。此外,各地应重点培养一批思维活跃、文化程度较高、富有创新精神的中青年农民,让他们成为乡村文化产业发展的主体。这些主体可以在乡村文化市场导向下,组建各类剧目表演团队、演出团体等文化组织,深入挖掘当地文化资源,通过喜闻乐见的文化形式,更好地满足当地居民的文化需求。

三、推进乡村文化资源数字化

为解决新媒体环境下乡村文化的"内卷"问题,必须深入挖掘并有效传播优秀乡村文化中的人文精神、思想观念和道德规范。在新媒体环境下,推动乡村文化建设和乡村文化产业发展,应特别关注对优秀乡村文化的数字化开发。通过建设优秀乡村文化数字博物馆和数字文物资源库,实现对优秀乡村文化资源的深入挖掘和有效传播。具体而言,对于古宅民居、传统农耕生产工具等文物古迹,木雕石刻等民间传统手工艺品,重阳登高等传统礼仪节庆活动,舞龙舞狮等传统体育活动,可以通过挖掘整理、田野调查、学术研究等方式,系统梳理提取其精华,并将其转化为数字化资源。同时,辅以实景模拟、音视频讲解、动态展示与体验,使公众能够不受地域和物理空间的限制,身临其境地感受各地优秀乡村文化的历史积淀。通过这种方式,乡村文化的生机与活力得以延续,乡村文化产业的开发利用与创新发展也能够得到有效促进。此外,乡村文化资源的数字化还需要充分利用先进媒介形式,通过引入新的文化形态,创新文化载体,使优秀乡村文化的时代风采与持久魅力通过现代传播方式得到充分展现。

四、推进乡村经济与文化深度融合

在新媒体环境下,乡村文化产业发展需要聚焦文化与经济的深度融合,特别是通过大力发展数字化乡村文化产业来实现这种融合。这一过程可以充分发挥乡村文化产业节能、环保、绿色、共享、创新等特点，对乡村经济发展、乡村文化资源开发以及可持续发展模式形成积极影响。同时，这种融合能够提升乡村文化形象，增强农民群体对乡村文化的自豪感和认同感，进而推动乡村文化自信的提升。实现乡村文化产业的转型升级，关键在于充分利用新媒体环境下的数字技术。通过智能化、网络化和数字化水平的提升，推动乡村文化产业的发展。此外，现代服务业如商贸流通业和乡村旅游业与乡村文化产业的深度融合也需要引起重视，特别是电子商务中的乡村文化，还可以结合"粉丝"经济、社交电商和虚拟现实购物等新型营销模式，形成虚拟旅游等新兴发展模式。

五、提供科学规划与政策支持

首先，地方政府及相关文化部门应充分认识到乡村文化产业发展的重要性，进行有效的顶层设计，甚至出台专项规划，为乡村文化产业发展提供标准和指导。

其次，建立各部门间的工作协调机制，以创造良好的发展条件。乡村文化产业在发展初期面临技术、资金、人才和经验等方面的挑战，因此各地区应通过提供土地、人才、奖励、融资、保险等方面的优惠政策来扶持乡村文化产业。优惠政策的引导能够有效地促进社会资金参与乡村文化产业的发展。

最后，在新媒体环境下，地方政府需要明确乡村文化产业建设的意义、扮演的角色以及战略地位，以便出台更具操作性和针对性的乡村文化产业发展细则，有效指导乡村文化产业健康、有序、规范发展。这些措施将有助于乡村文化产业迈向更加稳定和可持续的发展路径。①

思考题

1. 如何加快培养乡村数字化人才，强化乡村产业人才支撑？
2. 如何通过借力新媒体实现乡村文化产业振兴？

第十章思考题
参考答案

---

① 何雯.试谈新媒体环境下乡村文化产业发展策略[J].山东农业工程学院学报，2022（1）：78-82.

第十一章
新时代中国乡村文化构建路径

 **学习目标**

1. 了解乡村文化教育的内涵和价值。
2. 了解全面强化乡村文化教育的路径。
3. 掌握提升乡村文化整体影响力的方法。

第一节 全面强化乡村文化教育的实践环节

一、乡村文化教育的内涵阐释

文化教育起初指向国外不同族裔学生由文化差异导致学业不佳的问题,主张教师在关注学生原有文化背景与生活经历的基础上开展教学。乡村文化教育最基本的思想就是将学生的文化背景视为促进教学的资源,注重将教学置于学生熟悉的文化形式、行为与认知过程中。①与传统的教育模式相比,乡村文化教育关注学生已有的文化背景和学习经历对当前学习的影响,表现出强调教学内容的探究性生成、注重学生情感需求的满足、主张家校社区合作等特点。②这为我们审思当前乡村传统文化教学内容构建的不足、教学方法囿于灌输等现实问题提供了有益视角。

乡村是生活空间与生产空间融合的共同体。乡村成员在长期的生产生活实践中创造并逐步发展起来的一套心理、思想、观念和行为模式,以及为表达这些模式所

---

① 费孝通.乡土中国·乡土重建[M].北京:生活·读书·新知三联书店,2021:7.
② Rueda R, Stillman J.The 21st Century Teacher: A Cultural Perspective[J].Journal of Teacher Education, 2012, 63(4): 245-253.

生产出来的种种成品，即为乡村文化。乡村传统文化是乡村场域中人与人、人与自然长期互动的产物，规范着乡村成员的生产生活方式，维系着传统乡村社区的秩序格局，满足乡村成员的物质与精神生活需要，深刻影响着生于斯、长于斯的乡村成员的思想认知与行为表现。狭义上而言，乡村传统文化的内容体系可以大致划分为生产生活（种植养殖、衣食住行类）、历史文化（地方志、文物传说类）、传统民俗（节日习俗、婚丧嫁娶、乡风民约类）、民间艺术（工艺美术、戏曲舞蹈类）、地理景观（自然环境、物产资源类）和思想观念（当地人的信仰、价值观类）六个方面。[①]这六个方面的乡村传统文化共同构建了生活于其中的乡村成员的文化精神世界。乡村文化教育可以依托这六个方面的乡村传统文化，开展具有文化回应性质的道德教育、审美教育、劳动教育、知识教育、生态文明教育等，这会对乡村少年整体性发展产生深远的影响，成为他们的文化印记和记忆之根。因此，乡村文化教育天生具有传递与创新乡村传统文化的功能，同时乡村传统文化也是重要的育人资源，发挥着促进乡村教育教学的积极作用。基于乡村文化教育理念，乡村文化教育意指课程教学与乡村传统文化相联系，将乡村少年的文化背景与乡村生活经验作为教学基础，帮助乡村少年对学习内容进行文化迁移与比较，以构建知识体系，提升学业表现。

二、乡村文化教育的价值澄明

乡村文化教育开展的前提是教学主体对不同文化持有尊重和包容的态度，这要求教师对不同文化的价值有清晰的认识，并在内心产生高水平的情感认同和价值认同。因此，基于当前现实，可从乡村文化振兴、乡村教师队伍建设与乡村少年整体性发展等方面对乡村文化教育的价值做进一步说明。

（一）乡村文化振兴的教育路径

随着我国乡村城镇化的稳步推进，区域人口流动日益频繁，各地文化间的交流与碰撞也在增多。在此过程中，以现代城市文化为主体的外来文化对乡村文化生态形成了强烈冲击，乡村原有的生活秩序与道德秩序逐渐瓦解。传统的乡村道德伦理，如家风宗训、村规民约、乡俗习惯等，正在逐渐消解，乡村的自然与文化资源日益流失。在城乡二元结构的演进过程中，传统乡村文化的地位日渐削弱，乡村逐渐成为一个文化内涵匮乏的地域概念。

---

① 张家军，钱晓坚.论文化回应性教学及其对我国教育的启示[J].比较教育研究，2015，37（5）：87-92.

我们要坚持以社会主义核心价值观为引领，以传承和弘扬中华优秀传统文化为核心，立足乡风文明，在保护和传承优秀乡村传统文化的基础上，创造性地对其进行转化和发展，以期重塑乡村文化生态。

教育作为文化传承与创新的工具，天然具备传承文化的功能。在全面推进乡村振兴的大背景下，我们立足于乡村文化生态，将乡村文化教育作为推进乡村文化振兴的重要途径。一方面，通过课程教学等载体，有效地传承和弘扬优秀乡村传统文化，从而遏制乡村传统文化资源的流失；另一方面，将优秀乡村传统文化的种子播撒在乡村少年的心中，为乡村文化产业的创造、后备人才的创新培养、乡村文化的持续发展注入新的活力。

（二）乡村教师队伍建设的时代诉求

基于"发展乡村教育，乡村教师至关重要"的普遍认知，近年来，国家行政层面依据现实情况与发展需求，不断对我国乡村教师队伍的建设与发展进行推进与调整。从乡村教师队伍顶层设计视角来看，国家与社会期待新时代的乡村教师不仅身体力行地扎根于乡村，更从精神层面深入乡土，致力于打造一支能够紧密贴合乡村发展实际、积极回应乡土文化需求的教师队伍。

特别值得一提的是，2020年8月，教育部等六部门联合印发的《关于加强新时代乡村教师队伍建设的意见》从多个维度对新时代乡村教师队伍的建设提出了重要指导。该意见强调，引导乡村教师真正深入当地百姓生活，通晓乡情民意，增强教育实效；同时强调，厚植乡村教育情怀，探索小班化教学模式，充分融合当地风土文化，跨学科开发校本教育教学资源，引导教师立足乡村大地，做乡村振兴和乡村教育现代化的推动者和实践者。

从乡村教师自身的角色定位来看，乡村教师作为乡村社会的重要一员，凭借其专业的学识和能力，承载着乡贤的使命，为乡村提供服务。这种独特的文化现象历史悠久且影响深远。早年，乡村塾师便以其深厚的文化底蕴和社会影响力，扮演着乡村文化的传播者、乡村礼教的维护者以及乡村治理的协助者等多重乡贤角色。进入新时代，国家更是大力倡导乡村教师向新乡贤角色转变，期望他们能够充分发挥示范引领作用，塑造新时代文明乡风，推动乡村文化振兴。这一转变不仅赋予了乡村教师鲜明的时代特色，也对其提出了更高的要求。值得强调的是，无论是乡村教师身体与精神的深入扎根，还是新乡贤角色的成功担当，都离不开他们对乡村传统文化的深入了解和认同。因此，开展乡村传统文化教学对于加强新时代乡村教师队伍建设具有重要意义。

(三)乡村少年整体性发展的关键

乡村少年的身份是由乡土所赋予的文化内涵决定的,主要包含乡村场域的区域识别、长期生活其中的时间识别以及获得乡土文化特征的文化识别三个标准,其中,文化识别是核心。[①]乡村传统文化对于乡村少年身份的识别最直观的体现在于乡村少年身上所展现的"野性"。"野性"之于乡村少年,是乡村文化空间孕育的坚毅、隐忍品性,以及丰富的想象力和无限的创造力。"野性"植根于乡村少年的生命之中,是其发展的能量源泉和诗性思维的供养,是不悖于现代文明的重要素质,是现代城市文明比照下乡村少年"本我"的体现。因此,优秀的乡村教育要实现乡村少年的整体性发展,既使乡村少年对现代城市文明产生合理的想象,也让其保有乡村传统文化赋予的"野性"。然而,城镇化的飞速发展与长期奉行的单一化教育思维,使得"城市化取向"成为乡村教育的主旋律,乡村教育奉行的是"他者世界"而非"乡土世界"理念,教育内容充斥着城市文化符号而非乡土文化符号,"乡土世界"逐渐走向教育的边缘。乡村少年在这种"离土"的教育中常常因家园感的缺失而陷入虚空境地。乡村文化教育正是指向乡村少年文化身份"归根"的深度教学,其旨在回应乡村少年成长的文化背景,依托优秀的乡村传统文化资源,促进乡村少年的整体性发展。

三、全面强化乡村文化教育的路径分析

乡村文化教育的实践原则在于始终以文化为内核,对教学过程的各要素予以真切的关怀与回应。有鉴于此,基于乡村文化教育理论,乡村教师开展乡村传统文化教育要分别对乡村少年、自我、课堂以及乡村社区进行文化回应。

相关案例:苏州市吴江区金家坝幼儿园教师乡土情怀的培育

(一)回应学生,洞悉乡村少年的传统文化需求

乡村教育问题的中心,甚至也可以说乡村社会发展的中心,是乡村少年的健全发展与对乡村社会健全生活方式的引导与培育。从文化的角度分析,乡村少年生命姿态发展不健全的核心原因在于"唯城市"文化取向,这种文化取向的乡村教育既阻遏了乡村传统文化对乡村少年的精神滋养,又未引导乡村少年产生对城市现代性的合理想象,置其精神于无序的状态,破坏了其整体人格的塑造。乡村文化教育主张教材知识所蕴含的文化与教学对象本身所携带的文化的相遇与互动

---

① 李长吉.论农村教师的地方性知识[J].教育研究,2012,33(6):80-85,96.

是教学的逻辑起点，教学在实质上就转变为不同文化的碰撞和相互作用的过程。[①] 教师作为文化中间人，应以秉持文化平等观为前提，回应教学对象的文化需求。如若粗浅地将乡村少年的文化需求划分为对观念性文化、物质性文化、活动性文化三方面的需求，那么乡村教师在乡村传统文化教学中应据此做出相应的回应。具言之，第一，回应乡村少年对观念性文化的需求。在精神层面，乡村教师应当引导乡村少年发现乡村传统文化的正向价值，帮助他们构筑抵御有关乡村传统消极观念文化的屏障，比如引导他们理性看待"乡村传统文化是蒙昧的，是落后过时的"等观点，减少消极观念文化的侵害；在实践层面，乡村教师可充分利用"大课程"理念，将乡村传统文化中所包含的优秀观念性文化纳入各种课程，满足乡村少年对观念性文化的需求。第二，回应乡村少年对物质性文化的需求。统编教材承载的知识所借用的文化符号往往在乡村世界难以寻得有效参照，这就要求乡村教师带领乡村少年探索乡村文化世界，在乡村传统文化中找寻能有效替代教材知识的乡土物质性文化符号，帮助乡村少年更加具象化地掌握学科知识。[②]第三，回应乡村少年对活动性文化的需求。这要求乡村教师以乡村传统文化为基础，设计富有乡土特色的综合实践活动课程，比如尝试将地方民俗艺术产品引入手工劳动课程，借传统节假日的契机举办富有地方特色的文娱活动等，以满足乡村少年对活动性文化的需求。

（二）回应自我，充实乡村传统文化教学的知识资本

充足的知识资本和高水平的知识素养是教师进行教学活动的基础。在被城市现代化支配的乡村教育中，乡村教师需要提升自身在乡村传统文化方面的知识素养，以满足乡村少年对乡土知识的文化需求，弥补乡村少年精神方面的空缺。回应自我，就是要求乡村教师审视自身面对乡村传统文化的身份，探索学习乡村传统文化的途径，在生活实践中不断充实乡村传统文化教学的知识资本。

首先，乡村教师应当由"讲授者"转变为"学习者"。诚然，在城市接受过高等教育的乡村教师进入乡村场域，成为乡村中最有知识的群体，他们往往以知识掌握者和传授者的姿态去看待乡土文化，但是置身于乡村这一特殊场域，他们在地方文化面前往往捉襟见肘，地方性知识基础薄弱是其难掩的事实，端正"学习者"的心态是他们提升乡村传统文化素养的前提。

其次，乡村教师应当探索多样化的学习渠道，感知乡村传统文化。知识的保存与传播都依赖于一定的载体，在乡村场域，乡村教师可以通过找寻文化载体了解乡

---

① 周大众.乡村少年"野性"生命气象的呵护[J].当代教育论坛，2020（4）：103-110.
② 刘铁芳.乡土的逃离与回归——乡村教育的人文重建[M].福州：福建教育出版社，2008：11，8.

土文化，比如积极参与乡村社区文化活动，在与乡村成员交往的过程中了解乡村传统文化，也可以通过查阅地方志、文献读本等方式自主研修乡村传统文化，还可以通过浏览地方文化网站、文化宣传部门的微信公众号等途径了解乡村传统文化。

最后，乡村教师应当学会反思，留心记录个人乡村生活史。教师生活史就是教师教育生活的经历，其不仅包括教师作为"学习者"的学习经历，还包括作为教师的实践经验、经历的关键人和事以及所处的关键时期等。[①]这是乡村教师构建个人知识的重要来源以及进行反思与自主发展的重要手段。

乡村教师充实乡村传统文化教学的知识资本不是一蹴而就的，它从教师的乡村生活中来，与教师个人的乡村生活史密切相关。因此，进入陌生的乡村场域，乡村教师应当留心记录个人的日常教育生活经验，尤其关注与乡土文化相关的重要事件、人物交往经历等，通过反思与总结个人乡村生活经历，不断强化对乡土文化的学习。

（三）回应课堂，构建适切乡村传统文化的教学环境

着眼于现实，我们的乡村教育设计更多的是一种"背离乡土"式的教育设计，目标更多的是将乡村少年从原初的乡土中抽离，进而认同单一的现代性的想象结构。[②]回应课堂，意味着乡村教师应当改变这种教育设计，为乡村少年构建适切乡村传统文化的教学环境。其一，构建适切乡村传统文化的教学物质环境。一方面，乡村教师可以在课堂教学中使用贴近乡村少年日常生活的学习材料，借用乡村社会常见的事物作为教学用具，缩小乡村少年思维图式与教材知识间的文化落差；另一方面，乡村教师可以鼓励班级学生合作创办乡村文化图书角、绘制展示乡村文化的墙体板报等，为乡村传统文化教学营造良好的物理空间。在信息化时代，乡村教师还可以利用"互联网+乡村传统文化"的手段，提升乡村传统文化教学的物质条件。其二，构建适切乡村传统文化的教学精神环境。这要求乡村教师与乡村少年建立民主、亲近的师生关系。由于现实环境的制约，与城市学生相比，乡村少年在学习中往往表现出明显的差异性，乡村教师应当包容对待、给予关心，学会尊重其文化差异和个性。在教学过程中，乡村教师应当注意弱化掌控式教学，适度赋予乡村少年话语权，鼓励其在课堂提问、应答等交流过程中结合自身文化体验来发声，注重营造民主和谐的教学氛围。

---

① 靳伟，裴淼，董秋瑾.文化回应性教学法：内涵、价值及应用[J].民族教育研究，2020，31（3）：104-111.
② 李德华.新手教师实践性知识的建构——从教师生活史分析[J].当代教育科学，2005（12）：26-30.

（四）回应乡土，加强乡村社区的文化互动

乡村文化教育主张教师走进学生的家庭、社区，通过加强互动来增进对学生文化背景的了解。聚焦于乡村传统文化教学，乡村教师同样需要与乡村社区进行密切互动，以此增进对乡村传统文化的掌握。长期以来，由于乡村社区发展的现实局限性，乡村少年的教育基本上交托于乡村学校和教师，家长极少参与乡村学校的教育教学活动，乡村教师也常忽视与家庭、社区的合作，双方的文化互动极少。有鉴于此，回应乡土不是乡村教师对乡村社区的单向接触，而是学校、教师与家庭、社区的双向互动。就实践层面而言，一方面，乡村学校可以定期邀请乡村社区的文化宣讲人走进学校，开展乡村文化宣讲活动，增进师生对乡村传统文化的理解，同时组建"乡村教师+乡村成员"传统文化研习共同体，让有经验的乡村社区成员代表为乡村教师设计乡村传统文化教学活动提供精准有效的指导；另一方面，乡村教师也应当主动亲近乡村社区，比如定期家访，走进乡村少年生活的村落社区，直观了解乡村少年的家庭信息，动态把握乡村少年的文化处境，在与学生家长的亲密接触中积累有关乡村家庭生活的直接经验，以期在后续教学中更为精确地回应乡村少年的需求。[①]在全面推进乡村振兴过程中，乡村教师还可以通过积极参与乡村社区的乡风文明建设、志愿帮扶、乡村生产指导等实践活动，全面、多方位地了解所在乡村社区的乡风民约、生产生活等方面的乡村传统文化，在实践互动中深化对乡村传统文化的理解与运用。

四、乡村文化教育助推乡村振兴的方法

乡村产业治理对于我国当前推动"三农"工作、实现农村可持续发展的深远意义。在从乡村产业治理延伸到乡村文化教育方面，乡村文化教育是推动乡村产业治理的前提条件之一，也是人文教育的基础，它能够帮助更多的人了解家乡，激发乡土情感，产生乡土认同，树立乡土自信，使更多的人产生为改善乡土环境、促进国家发展贡献力量的情感情怀。因此，乡村文化教育同时也是爱国主义教育。

进行乡村文化教育，需要对当前乡村文化教育现状进行调研，在正确认识乡村文化教育的价值和意义的基础上，传承发展乡土文化，打造乡村文化教育体系，这也是乡村文化教育的使命。同时，还需要探索乡村文化教育的内涵和核心，落实乡村文化教育的切入点和延伸面。应基于人们对乡村文化教育的全面认知，逐步构建

---

① 王乐.乡村少年"离土"教育的回归——基于"文化回应教育学"的视角[J].湖南师范大学教育科学学报，2014，13（3）：98-102.

乡村文化教育体系的完整架构，发现乡村文化教育的不足和存在的问题，分析问题的成因。

将在分析问题的过程中初步架构的乡村文化教育体系落实到乡村文化教育实践中，因地制宜地开展乡村文化教育，可以让人们对乡村有更深刻的认识。通过教育的延伸功能，推动乡土文化得到更好的传承和发展，达成助推全面推进乡村振兴的目的。此外，基于调研结果完善乡村文化教育体系，能够有针对性地解决传统乡村文化教育中存在的不足和问题，最终推进乡土文化和现代文化有机融合，使乡土文化焕发蓬勃的生命力，促进文明乡村、现代乡村的建设，开辟以乡村文化教育助推乡村振兴的现实路径。

五、乡村文化教育助推乡村振兴的实践环节

乡村文化教育是乡村产业治理顺利开展的重要保障，而开展多方合力的乡村文化教育是实现乡村文化振兴的重要途径。面对乡村社会转型中的乡村文化教育主体缺位、教育时空窄化以及教育内容缩减等问题，乡村文化教育应以乡村产业治理为契机，在政府顶层设计与乡村基层实践的通力协作下选择未来发展振兴的路径。

首先，通过关注社会转型、乡村振兴中的乡土文化传承和发展，探索中国新型城镇化进程中的乡土文化传承和发展路径，审视乡土文化对于中华文化传承、中国人文化自信树立的意义，探索乡土文化的真实内涵，赋予其积极价值和意义，关注乡土文化在中国城镇化发展进程中的有力传承和创新发展，唤醒人们对于乡土文化的传承和保护意识。

其次，正确认识乡村文化教育对乡土文化传承和发展，以及其在全面推进乡村振兴中的作用和价值。[①]要把乡土文化传承和发展转化为乡村文化教育，并落实到具体的教育举措中，通过推动乡村文化教育来助力乡土文化传承和发展、助推乡村产业治理。把优秀乡土文化纳入乡村文化教育体系，能够为乡土文化传承发展找到具象化平台，促进乡土文化的可持续发展。

再次，确立以村庄"内生"为主、外部"植入"为辅的多元公共空间供给机制。无论是政治力量，还是乡村自身力量、市场力量，任何一种单向度的努力都难以解决乡村公共空间的有效供给问题，乡村公共空间的重构有赖于国家、农民、市场之间的良性互动。诚然，乡村内部基于共同的风俗习惯、文化需求等自发形成的公共空间更具乡土底色，更适宜乡土文化的传承，乡村公共空间的建设理应鼓励和发动乡村内部的力量，以内生型公共空间的修复和重塑为重心。但是，政府和市场具有

---

① 张军.社会主义核心价值观融入村镇文化的困境与对策[J].现代经济信息，2016（4）：432.

乡村无可比拟的资源优势和技术优势，可以为乡村公共空间的建设提供更优质的服务和保障。况且，传统乡村社会的内外部环境已然发生了变化，在乡村公共空间内生机制孱弱以及乡土文化不断衰落的当下，过于强调乡村内部的力量而忽视政府和市场的作用既不切实际也毫无益处。故而，乡村公共空间的供给应坚持以村庄"内生"为主，在充分尊重乡村风俗习惯、现实文化需求的前提下，趋利避害，以外部"植入"为辅，合理吸纳政府、市场在制度、资金、管理等方面的优势，更好地服务于乡村公共空间的再生与延续，为乡村文化教育的开展打破时空界限。

最后，政府应给予乡村更为宽松的政策环境，鼓励并引导乡村内生型公共空间的修复和再造。内生型公共空间的滋生源于村庄内部的公共交往、共同的话语体系、公共事件和活动的开展等。①故而，政府在乡村内生型公共空间的生成中应当发挥间接作用，一方面为乡村创设良好的外部环境，另一方面支持和鼓励村庄内部公共事务的开展，丰富乡村公共生活，动员更多的村民参与其中，重塑乡土话语体系，激发村民共同的交往及文化需求。此外，整合乡村外部力量，充分利用政府、市场的资源优势，间接促进乡村公共空间的发展。此外，在向政府和市场借力的同时，公共空间的外部"植入"还应注意以下两个方面：一方面，要契合村民风俗习惯、生活方式，不能游离于村庄内部生活之外；另一方面，要避免政府与市场对乡村公共空间建设的过度参与，既要预防政府单一、标准化的"大包办"空间供给，又要规避公共空间的市场化、私人化和商品化。

第二节 夯实乡村文化构建的基础保障

一、乡村文化建设现状

（一）乡村文化建设的物质基础

为深入贯彻社会主义核心价值观，推动社会主义乡村文化事业蓬勃发展，进而实现物质文明和精神文明相协调的现代化，近年来，国家有关部门及各级党委政府遵循既定要求，积极完善乡村文化建设的物质基础设施。从早期乡镇综合文化站的设立，到农家书屋的普及，再到建设宜居宜业和美乡村，持续满足人民群众日益增长的物质文化需要，打造提升人民群众文化素养的优质平台，并为培育和践行社会主义核心价值观提供丰富的活动空间。当前，我国乡村公共文化基础设施建设取得了显著成效。

---

① 张荣国.社会主义新农村道德规范的建构[J].农业考古，2009（3）：108-111.

在乡村产业治理的指引下,农村集体经济、村庄治理以及村容村貌均得到了显著提升和改善,承载乡村文化建设重任的人文景观亦日渐丰富。诸如古村、石桥、荷塘、流水等基础设施经过精心修葺与改造,不仅焕发出新的文化活力,更充分体现了乡村产业治理的核心理念。

乡村产业治理所涵盖的乡村文化构建,对于实现中华民族伟大复兴具有极其重要的意义。然而,在乡村文化建设的过程中,我们也不得不正视一些困境与问题。一方面,部分农村原生态古建筑保存状况堪忧,由于缺乏必要的资金进行维护,一些具有深厚文化底蕴的建筑被迫拆除,导致承载文化记忆的古建筑日渐稀少;另一方面,新农村建设中存在同质化现象,缺乏独特的"一村一品""一村一韵"的规划特色,房屋拆建频繁,村庄规划缺乏针对性,个别村庄在新农村建设中未能充分发挥村民的主体作用,影响了乡村文化建设的深入推进。此外,对历史元素的挖掘和保护也不够深入。一些具有历史价值的元素如古迹、名人、古树等,未能得到充分利用,维系乡愁的青山绿水也未能得到最大限度的保护;部分地区的生态修复工作存在本末倒置的现象,过于追求旅游开发效益,而忽视了生态修复的本质意义,导致乡村失去了原有的生产生活服务功能,沦为市场经济的附属品;村内农家书屋、图书馆等文化设施的利用率普遍偏低,大量乡村文化建设基础设施闲置,制约了社会主义核心价值观在乡村文化建设中的有效传播。

(二)乡村文化建设的精神文化活动

近年来,随着我国对精神文化建设的日益重视,各类文化产品层出不穷,各类文化活动及宣传讲座广泛开展,极大地满足了人民群众的精神文化需求,为全面建设社会主义现代化国家、实现中华民族伟大复兴中国梦提供了坚实的精神动力和智力支持。在社会主义核心价值观的引领下,以乡风文明建设为核心的乡村文化建设已成为乡村产业治理中的关键任务。然而,在乡村文化建设过程中,仍然存在一些问题和挑战。其一,农耕文明的逐渐消失导致乡村文化的特色逐渐淡化,乡村文化建设的方向不够明确。其二,随着农村青壮年劳动力的流失,乡村文化建设的主体力量受到削弱,"空心村""空壳村"现象日益严重。其三,乡村传统文化的流失以及受市场经济影响导致的"快餐文化"替代现象值得注意,乡村民俗活动和非物质文化遗产等宝贵财富的传承面临困境。

(三)乡村文化建设的社会道德规范

自党的十八大以来,在全面依法治国战略的指引下,人民群众法治意识显著提升,乡村综合治理水平稳步提高,乡村文化建设中的社会道德规范得以有序发展。

比如，乡村"四德工程"（即爱德、诚德、孝德、仁德）以社会主义核心价值观为主线，以文化涵育为核心，大力弘扬优秀传统文化，广泛传播道德力量，成功培育了一大批具有高水平社会公德、家庭美德、职业道德和个人品德的先进典型，乡村文化建设中的社会道德规范发生了显著变化。此外，与乡村文化建设社会道德规范相关的教育文化观念、法治民主观念不断增强，广大农民群众的思想道德素质和科学文化素质较以往有了显著提升。乡村社会作为一个熟人社会，乡村文化建设中的道德规范对人的潜移默化影响尤为显著。在美丽乡村建设和乡村产业治理的背景下，《教师教育振兴行动计划（2018—2022）》为乡村文化建设社会道德规范注入了新的活力，其更加重视传统国学教育的熏陶和引导，突出传统文化的启蒙与渗透，强调乡村文化在中国文化中的重要地位和作用。然而，人们在构建乡村文化社会道德规范的过程中，也面临一些挑战和困境。一些人过于追求速度与效益，忽视了传统文化建设的重要性，功利性思维日益增强。同时，诚信体系建设进展缓慢，人文关怀精神不足，乡村社会人与人之间的信任关系受到一定冲击，假冒伪劣、坑蒙拐骗等现象时有发生，对人民群众的生命和财产安全构成了一定的威胁。还有个别地区宗族观念强盛，宗源势力对乡村基层政权建设产生了一定影响，制约了社会的健康发展。农村黑恶势力和暴力抗法现象也偶有发生，非法势力的保护伞尚未得到根本铲除。在精神文化层面，部分个体信仰缺失或追求不当，对社会主义主流价值导向构成了冲击和挑战。

二、乡村文化建设的基础保障

（一）坚持传承乡村优秀传统文化，保留传统耕读文明风貌

党的二十大报告强调必须坚定文化自信，指出了中华优秀传统文化的时代价值和创新性发展的重要性。保护和传承乡村文化，包括古村落、古建筑和非物质文化遗产，是增强文化自信的关键。乡村是中华文明的根基，承载着丰富的历史文化遗产。保护这些历史文化遗产是我们的责任。耕读文明体现了人与自然的和谐，推广生态农业和结合教育是培养人们对土地和文化的感情的重要方式。传承乡村文化需要政府、社会和公众共同努力，包括政策支持、文化交流活动和公民的自觉参与。坚持传承乡村优秀传统文化是实现文化自信、繁荣和社会主义文化强国建设的必要途径。①

相关案例：建强文明实践大舞台　奏响平凉乡村文化振兴曲

一是乡村文化基础设施建设应广泛征求民意，适度将决策权归还村干部及村民

---

① 荀安经.巴蜀地区农村文化建设研究[J].西北农林科技大学学报，2011（5）：51-52.

（包括传统文化民间艺人），充分激发村民的主观能动性和积极性，引导他们参与村庄规划与设计，使乡村建筑文化更加承载乡愁与乡村记忆。从小桥流水、沟塘庙宇、牌坊等人文景观入手，精心打造独具特色的"一村一品"乡村文化建设基础设施，确保乡村文化基础设施建设能够体现社会主义核心价值观的文化精髓和原生基因。

二是应牢固树立绿色发展和可持续发展理念，构建高质量发展的顶层设计框架。大力宣传"绿水青山就是金山银山"的理念，倡导像保护眼睛一样保护生态环境，以实现生态宜居、美丽幸福家园建设目标，造福子孙后代。同时，应确立经济建设、政治建设、文化建设、社会建设、生态文明建设"五位一体"的发展理念，确保各项乡村文化物质基础设施的建设均符合长期发展规划，实现教育教化功能与生产生活的有机结合，以文化人、以文育人。通过乡村绿色革命实践，让广大群众深刻体验到人与自然的和谐共生，领悟生命的价值和真谛，推崇包容合作的发展理念，摒弃掠夺式利用自然资源的模式。

三是政府应加大对乡村文化建设的宣传引导与投入力度，以社会主义核心价值观为主线，加强乡村文化的顶层设计，逐步修复乡村生态环境。同时，实施"走出去"战略，在制度层面学习借鉴国外先进的乡村治理经验和实践做法，改变长期固化的生活方式。

四是应加大对乡村文化建设培训的支持力度，确保乡村文化建设工作的顺利开展。加强乡村文化专业队伍建设，充分发挥新乡贤在乡村文化建设中的积极作用，建立政府与农民群众之间的良性互动机制，实现优质资源的合理配置。创造更多培训机会，让更多群众受益，从而提升农民群众的整体文化素质。

五是应借助乡村产业治理平台，大力发展集体经济，增加集体收入，提升经济、政治、文化等多方面的村庄综合治理能力和水平。政府应发挥主导作用，形成形式多样、符合群众文化实际水平的教育方式，加强社会主义核心价值观的引领和教育作用，推动乡村文化建设事业健康发展。

（二）举办贴近农村、贴近农民、贴近农业的乡村文化活动

文化的力量之所以在很大程度上表现为民族凝聚力，就在于其来自人们对社会核心价值的认同。[①]我国自古以来就是农业社会，长期自给自足的农业生产方式决定了中国文化的特征。聚族而居、精耕细作的农业文明孕育了乡村居民内敛式的生活方式、文化传统、农政思想，这与今天我们所提倡的和谐、自强、节约的理念相一致。社会主义核心价值观视域的乡村文化建设，具体可以从以下几方面入手。一

---

① 韦顺国.论乡村文化建设与社会主义核心价值观的培育[J].百色学院学报，2016（1）：128-132.

是继承中国传统农耕文化精髓,传播"应时、取宜"的价值理念,体现农村生产生活"慢"的特点,宣扬诸如饮食文化、长寿文化等体现人与自然和谐相处的乡村文化,弘扬中华民族优良传统。二是解决乡村文化建设者方面的问题,开展诸如"青年返乡创业"等吸引人才计划,当地政府在税收、金融、土地、服务等方面提供配套支持和帮助,解决乡村文化建设人力资源不足和农村留守问题,调动人们返乡创业的积极性,为乡村文化建设提供人力资源支持。三是开展传统文化进乡村活动,举办体现社会主义核心价值观的孝善文化活动,提升乡村居民道德文化素质,为实现社会主义核心价值观的国家层面目标和社会层面目标提供必要条件。乡村大舞台等群众喜闻乐见的活动以"仁、义、礼、智、信"等传统文化元素为主题,符合时代主旋律、体现社会正能量。四是举办具有地方特色的各类民俗活动,传承和保护非物质文化遗产,完善文化遗产名录,梳理乡土文脉,深描乡村生活。通过村民口述、农家物什、乡村仪式等,展现村落民俗与人文世界,增强民俗文化产业化发展与可持续发展。五是开展礼仪礼节传统文化活动,引导人们在人际关系和日常交往中以礼为重、礼尚往来、礼貌待人;在家庭伦理方面,尊老爱幼、夫妻恩爱、兄弟姐妹和睦相处;在个人修养方面,养成热情大方、乐于助人、知行合一的良好品质。这些思想或行为正是社会主义核心价值观所倡导的。乡村优秀传统文化为社会主义核心价值观外化于行内化于心创造了条件、提供了资源。

(三)大力加强乡村熟人社会道德规范建设

社会主义核心价值观是社会主义精神文明建设和国家"五位一体"总体布局的重要组成部分,在新时代凝聚了全党全国各族人民最高价值共识和价值遵循。社会道德,即人们在日常生活与生产中应遵循的基本道德规范,其对于个体行为的发展具有鲜明的导向性、规范性及继承性。在乡村文化的构建进程中,我们坚持以社会主义核心价值观为主旋律,深入推进乡村熟人社会的道德规范建设。

首先,以党的二十大精神为指引,推广社会主义核心价值观,使其成为社会行为准则。结合社会治理创新,推动"四德"工程与社会治理现代化相结合,营造全社会共同参与的氛围。党员干部应发挥模范作用,引导群众实践"四德"。通过教育、媒体和文化活动,广泛开展"四德"教育,使"四德"理念成为自觉行动的指南。这些措施将推进"四德"工程,为构建和谐社会和实现中华民族伟大复兴梦提供精神层面的支持。

其次,积极推进村规民约和诚信体系的建设,加大对失信违约等行为的处罚力度,努力营造以遵守诺言为荣、欺骗他人为耻的良好社会风气。积极开展提升人民群众道德水平的各类活动,通过举办孝老爱亲、邻里和睦等主题活动,增强人与人之间的信任与依赖。

再次，开展遵守家训活动，根据家规村约引导人们树立守则、守约、责任、奉献等意识。结合当地爱国主义教育基地和近代历史上著名的农民反帝反封建案例，广泛开展理想信念教育和红色文化教育，使广大乡村居民深刻领会"有国才有家""家国一体"的道理。

最后，充分发挥农村新乡贤的作用。作为乡村文化的重要组成部分，乡贤文化在乡风文明创建中发挥着重要的带动和辐射作用。作为中国乡村母土文化的代表，乡贤文化深刻影响着乡村居民的道德规范，为社会主义核心价值观视域的乡村文化建设提供了精神原动力，也为实现中华民族伟大复兴中国梦提供了有利条件。①

第三节 开展创新性文化建设和交流

一、开展创新性文化建设和交流的路径

（一）做好乡村文化的传承

乡村文化是乡村发展的灵魂，也是乡村社区的基石。文化作为人类进化历程中不可或缺的外在表现形式，始终伴随着人类社会的发展而不断演进。它是驱动人类社会向前迈进的重要精神动力，对于促进人类文明的繁荣与进步具有深远的意义。一个民族发展的精神支撑是文化的延续，民族文化是一个民族有别于其他民族的显著特征。所以，要促进乡村的发展，就必须做好乡村文化的延续与发展工作。乡村文化是需要传承的。从本质上看，乡村文化传承是乡村文化的创新过程，通过创新展现时代风采。在传承中创新、在创新中传承，是乡村文化传承与发展的总体要求。做好乡村文化的传承，要把握以下几个方面。

一是尊重文化的客观性。乡村文化是乡村历史的积淀与乡村发展的时代反映，要传承乡村文化首先必须尊重文化现实。

二是保存好乡村文化。保存是文化创新的基础，这是由乡村文化的双重性决定的。一切文化成果都有超越时代局限性的元素，这是人们在从事文化传承的实践中，必须特别注意的文化现象。传承带有主观的文化选择性，所以，被选择与被抛弃，在乡村文化传承的过程中是会同时存在的。要真正做好乡村文化的传承，就要坚持在传承中保存、在保存中创新。没有保存，文化的元素就不完整。

---

① 费孝通.乡土中国·乡土重建[M].北京：生活·读书·新知三联书店，2021：7.

三是寻找精神内核。任何乡村都有自己的灵魂，这个灵魂就是乡村文化。乡村文化的发展是由乡村文化的内核决定的。只有把握乡村文化的内核，才能抓住传承的要义。乡村文化的内核是农民生产与生活方式长期固化而形成的核心文化元素。一切文化形式都是由这个内核演化而来的。

四是文化的时代化。文化是时代的反映，同时为时代发展服务。乡村文化的传承从本质上说，是对传统文化进行时代化的创新。所以，要做好乡村文化的传承工作，必须以乡村文化的时代化创新为抓手，实现反映时代与服务时代的有机结合。

五是文化的社会实践。文化活动是人的活动，乡村文化的传承与创新是广大农民群众的文化活动。农民群众的文化实践是以农民群众的生产生活方式的变革为基础来展开的。通过广大农民群众的文化实践活动，内化精神文化的价值，从而形成一个村庄特有的乡村文化。一切文化的存在与发展、积累与传承，都必须具有实践价值，否则都是不可持续的主观再造。

六是文化的物化。人的文化价值实现与人格塑造主要有以下三种路径：其一，传导，主要通过言传身教来实现；其二，体验，主要通过大众的观察、认知、感悟与参与实现，使文化价值在人们的内心深化；其三，实践，主要通过大众的参与行为，使文化价值在人的心灵深处得到固化，从而塑造人的人格。所以，要做好文化传承工作，就必须注重文化载体的创新与建设，让文化可感、可视、可体验。

七是文化的大众化。乡村文化的主体是农民群众，动力也来自农民群众。要做好乡村文化的传承与创新，必须确立农民群众在文化传承中的主体地位，引导广大农民群众进行文化精神的内植。从这个意义上讲，必须使乡村文化传承与创新成为农民群众的共识，通过农民群众的文化实践，提升其人格修养和行为规范水平，形成良好的乡村风尚。

（二）创新推动农村新文化建设

农村文化创新，是农民群众新型生产方式与生活方式的时代诉求。我们要立足传统之根基，展望未来发展之路；立足现实之需求，紧贴时代之脉搏。

首先，开放是推动文化创新的重要途径。其在文化创新中的作用主要体现在以下三个方面。一是通过开放促进比较与借鉴。乡村文化在与城市文化的比较中，不断吸取城市文化的优点、改进自身的不足，实现文化形态与文化功能的创新。二是通过开放促进吸收与融合。乡村文化在创新过程中，积极吸纳外来文化的有益元素，丰富和发展自身文化的内涵与形式，形成具有时代特色的文化风貌。三是通过开放促进交流与传播。通过开展多元化的文化交流活动，乡村文化得以在更大的范围内传播，不断检验和提升自身的文化内涵与价值。

其次，乡村文化与产业的融合创新，是推动乡村文化创新的重要动力。从文化的本质属性来看，产业是文化成果的具体展现，也是文化传承与发展的重要载体。产业创新作为文化创新的一种具体体现，为乡村文化创新提供了坚实的物质基础。农民群众作为文化创新的主体，通过参与产业创新实践，推动乡村经济的发展与繁荣，进而形成持久而强大的文化创新动力。因此，文化创新必须深深扎根于产业创新的过程，实现文化与经济的良性互动与共同发展。

二、创新发展乡村文化的措施

（一）创新发展优秀乡村文化，抵制低俗的乡村文化

一是创新发展优秀乡村文化。应以村民为主体，以仁爱孝悌、克勤克俭、笃实诚信等优秀传统文化为依托，开展各种各样的积极向上的文化宣传活动，改变村民古板、固执、封建迷信的思想。比如，定期举行文化宣讲会，让有德行或有威信的代表人物进行演讲，来增强宣传的可信度。再如，通过文艺表演、播放优秀文化影片等，将新文化与优秀传统文化相结合，促进乡村文化的创新发展。

二是抵制低俗的乡村文化，要实施相应的监督管理制度，可以在乡村建立专项监督委员会，加强对乡村中赌博、色情、封建迷信活动等不良现象的监督管理与制止。

（二）完善乡村教育体系，普及乡村教育理念

我们要大力发展现代农村基础教育。其一，办好学校，丰富乡村基础教育资源，抓好农村教师队伍人才建设，完善乡村教育体系；其二，当地政府应颁布优惠政策，通过提供一定的人力物力与环境条件支持，鼓励大学生回村建设，促使更多的科技人才走进农村、走近农民、走向农业，增加先进思想进入农村的机会，让更多的村民意识到教育的重要性，普及乡村教育理念，从而进一步创新发展乡村文化。

（三）国家的有力调控

为创新发展乡村文化，助力新农村建设，国家需要进行有力度的调控。政府应当加大财政支持力度，完善硬件设施，缩小城乡差异；应加强对本地文化的传承和创新发展，比如发展一些带有浓厚地方特色的歌舞文艺表演、刺绣文化、特色饮食、手工艺技能等，将原本零散的文化特色汇聚成产业，带动当地经济发展，全面推动乡村振兴。

三、文化创意赋能乡村振兴

党的二十大报告提出,加快建设农业强国,扎实推动乡村产业、人才、文化、生态、组织振兴。乡村文化振兴是乡村振兴的铸魂工程。文化创意作为一种新的路径和方法,是赋能乡村振兴的重要抓手。站在新的历史起点上,要加强文化创意赋能乡村振兴,通过文化创意元素的介入,挖掘乡村多元价值,激发乡村发展内生动力,努力实现农民更富裕、生活更幸福、乡村更美丽。

(一)强化创意设计,推进乡村"三产融合"、深度发展

文化创意的优势在于可以向各个产业渗透,在文化产业与其他产业之间建立密切联系,为产业融合创造条件。文化创意介入乡村振兴能够促进乡村从单一农产品生产向农耕文化传承、农业生态保护和乡村农文旅体验等产业转型升级,促进农业产业链拓展和价值链提升,赋能乡村一、二、三产业融合发展。要引导创意设计企业、平台、工作室及设计师向乡村拓展业务、落地经营,为乡村集体经济组织和各类企业、农民合作社、农户等提供创意设计服务,提升乡村文化创意产品开发和运营水平。要围绕市场需求,挖掘乡村资源,通过系统设计、文创策略和IP思维,将乡村农业经济、体验经济、数字经济以及美学经济有效结合,以设计驱动创新发展,带动乡村品牌建设,打造主导产业,发展特色产业,积极拓展产业链,促进发展多业态格局,助力构建现代农业产业体系。

(二)注重创意体验,助推农文旅融合发展

习近平总书记强调:新农村建设一定要走符合农村实际的路子,遵循乡村自身发展规律,充分体现农村特点,注意乡土味道,保留乡村风貌,留得住青山绿水,记得住乡愁。乡土,作为中华文化之根源与隐喻性的精神寄托,承载着独特的乡土记忆、文化习俗与生命情感。乡愁,乃华夏农耕文明孕育出的深厚"恋土"情感。美丽乡村建设不仅在于美化乡村风貌,更在于构建乡愁体验的载体。在推动农文旅融合发展的过程中,我们应系统梳理乡村文化脉络,切实保护乡村历史遗迹、古树名木等物质文化遗产,同时有效传承民俗风情、传统技艺、乡音乡戏等非物质文化遗产;深入挖掘农耕文化中所蕴含的优秀思想观念、人文精神与道德规范,以旅游为媒介推动文化的发展与繁荣,进一步提升乡村的人文价值;致力于提升农家乐的品质,优化新民宿的体验,打造独具特色的新庭院与田园体验环境,以实现"可行、可望、可游、可居"的乡村人居环境,打造"可耕、可种、可收、可食"的田园生

活体验。通过提升产品和服务的体验价值,让游客深刻品味乡愁的滋味,唤醒心灵深处的家园意识与亲切感。

(三)加快创意转化,打造乡村传统手工艺品品牌

中国的传统工艺源远流长,但随着工业社会生产力的提高,批量生产的工艺制品凭借价格低廉、功能实用、种类繁多的优势,挤压了传统手工艺品的市场,不少传统手工艺因此衰落失传。乡村传统手工艺技艺精湛、品种丰富,可为现代文创设计提供创意灵感和形式语言。传承、保护和发扬中国传统工艺,努力推动乡村传统手工艺创造性转化、创新性发展,可以为乡村社会文化的繁荣发展注入更多生机与活力。要鼓励非遗传承人、设计师、艺术家等参与乡村传统手工艺创作生产,加强各民族优秀传统手工艺保护和传承,带动农民结合实际开展传统手工艺创作生产;积极发展传统手工艺研学经济,创建体验研学机构,发挥乡村美育功能,用传统手工艺和造物思想启悟人心,让更多的人参与其中,认识乡村传统手工艺的价值,不断满足人民对美好生活的向往。

(四)搭建创意平台,促进乡村数字文化建设

当前,数字文化产业与乡村振兴的交汇点日益显现,二者之间的多元互动为乡村振兴开辟了新的发展路径。数字文化以"文化+"和"数字+"为媒介,有效推动了乡村各产业的融合创新发展,显著提升了乡村产业结构和消费结构的升级。同时,这种融合促进了城乡资源、人才、技术等要素的双向流动,充分彰显了文化在乡村振兴中的强大推动作用。利用数字化技术深入挖掘乡村文博文创资源,能够更好地传承和发展乡村文化,使其与时代发展同步。为实现这一目标,要紧密结合乡村发展实际情况,积极搭建乡村文化创意生产与传播平台。同时,鼓励数字文化企业发挥自身优势,以创新的方式深入乡村基层,积极参与乡村数字精品内容的创作、沉浸式体验项目的开发、优秀传统文化资源的活化利用以及品牌IP的打造。这有助于推动农村产业结构的调整,彰显乡村文化的独特魅力,并刺激乡村文旅消费的持续增长。[①]此外,为了支持数字文化企业在乡村振兴中发挥更大的作用,应给予其充分的政策扶持。这包括提升数字化金融服务水平、优化数字化传播渠道、构建优秀传统文化数字化保护平台等,以加强知识产权保护工作,为文化传承与创新提供有力保障,为文化创意产业的发展提供坚实的支撑。

---

① 于建嵘.岳村政治——转型时期中国乡村政治结构的变迁[M].北京:商务印书馆,2001:126.

思考题

1. 新时代中国乡村文化构建面临的主要挑战是什么?
2. 如何推动新时代中国乡村文化的构建?
3. 乡村文化在乡村振兴战略中的地位和作用是什么?

第十一章思考题
参考答案

第十二章
新时代中国乡村生态治理路径

学习目标

1. 了解生态保护与生态修复、农业循环经济、生态补偿等相关概念。

2. 理解乡村生态保护与生态修复的原则、发展农业循环经济应遵循的原则、乡村环境污染综合治理的原则、建立市场化多元化乡村生态补偿机制的原则。

3. 掌握乡村生态保护与修复、发展农业循环经济、乡村环境污染综合治理的主要内容以及生态补偿的重点领域。

第一节 加强乡村生态保护与生态修复

在全面推进乡村振兴的大背景下，乡村生态保护与生态修复显得尤为重要。这不仅是建设美丽乡村、实现农业可持续发展的必然要求，也是践行习近平生态文明思想的实际体现。

一、生态保护与生态修复的概念

（一）生态保护的概念

生态保护（ecological protection）代表着人类对生态系统所持有的守护和珍视态

度。这个看似简单却内涵丰富的词汇，蕴含着人类对自然环境的敬畏与责任。生态保护并非仅仅是口头上的标语，而是我们针对生态系统所采取的一种有意识的系统化的保护行动。

生态保护以生态科学为坚实的理论基础，它要求我们遵循自然界的生态规律，通过一系列科学、合理的策略和措施来保护生态环境。在生态保护的过程中，要运用生态学的理论和方法，深入研究人类活动与生态环境之间可能产生的相互影响，努力平衡和协调人类与生物圈的关系。生态保护的核心目标是确保生态系统的结构完整性和功能的长期可持续性。这意味着我们不仅要悉心守护那些原始的、未经人类干扰的自然生态系统，还要对那些受到人类活动影响但仍有恢复潜力的近自然生态系统给予关注。同时，还要以科学合理的方式利用和保护自然资源，确保生物多样性。只有这样，才能确保地球生态系统的健康繁荣，为子孙后代留下生机勃勃的自然环境。

（二）生态修复的概念

英文词汇 ecological restoration 比较常见的中文释义是"生态恢复"和"生态修复"。在中国和日本，学者习惯称之为"生态修复"，而在欧美国家，学者则更多地使用"生态恢复"。当我们谈"生态恢复"或"生态修复"时，实际上是在谈论一种对受损生态系统的修复和恢复过程。这个过程需要在生态学原理的指导下，以生物修复为基础，结合物理修复、化学修复和工程技术措施等多种手段，达到最佳的修复效果。尽管"生态恢复"和"生态修复"名称有所不同，但目标是一致的，都是恢复那些出于各种原因而退化、受损或被破坏的生态系统。

生态修复的实施需要生态学、植物学、微生物学、栽培学和环境工程等多学科知识的融合与协作，为受损的生态系统提供全方位的修复和恢复方案，助力生态系统重新焕发生机与活力。

二、乡村生态保护与生态修复的基本原则

（一）坚持问题导向，着力解决关键的突出的矛盾

围绕乡村生态系统保护和修复能力建设的主要问题和突出难点，优先解决当前紧迫需求，统筹考虑长远发展要求，进一步提高相关措施和政策的针对性，在抓重点、破难点上持续发力。

（二）坚持夯实基础，着力提高一线保障能力

立足于乡村生态系统保护和修复工作实际，加强上下贯通，优化网络布局，重点提升基层自然生态系统监测、自然资源管护、生态灾害应对等能力，逐步夯实乡村生态系统保护和修复工作基础。

（三）坚持科技创新，着力引领行业发展方向

统筹考虑生态系统保护与修复工作和治理能力现代化要求，顺应重点生态保护区域经济社会发展趋势，大力推动生态保护和修复重要机理与关键技术研发、成果转化应用和适用装备升级，全面提高乡村生态保护和修复的信息化、智能化水平。

（四）坚持统筹规划，着力推进资源共建共享

统筹推进山水林田湖草沙一体化保护和系统治理，建立健全行业和区域协作机制，合理布局和优化资源配置，全面提高生态保护支撑体系建设的科学性、整体性、系统性。

（五）坚持生命至上，着力筑牢防灾减灾安全底线

牢固树立以人为本理念，全力抓好自然生态领域安全生产和灾害防治工作，提高防灾减灾救灾能力，化解重大风险，切实维护人民群众生命财产安全。

三、乡村生态保护与生态修复的主要任务

（一）实施生态系统保护和修复工程

在乡村地区实施一系列深入且全面的生态系统保护和修复工程，构建更为稳固的生态安全屏障。这些工程不仅包括国土绿化行动，还包括防护林体系的建设，确保森林覆盖率稳步提升。同时，应巩固退耕还林还草的成果，并加强森林质量的精准提升，通过科学管理和技术手段，有效防治有害生物，维护森林健康。

此外，针对湿地生态系统，应通过一系列恢复和治理措施，包括水系连通、生态补水、湿地修复等，改善农村水生态，提升水环境质量。对于荒漠化、石漠化、水土流失等生态问题，采取综合治理措施，包括植被恢复、水土保持、生态修复等，逐步恢复土地生态功能，提高土地质量。

（二）健全生态系统保护制度

为确保生态资源得到有效保护，要进一步完善生态系统保护制度。在森林和草原保护方面，细化各类管控措施和经营制度，确保森林资源安全，同时加强草原禁牧休牧和草畜平衡制度的实施，保护草原生态。

在河湖保护方面，全面推行河湖长制，明确各级河湖长的职责和任务，加强对河湖水生态的保护和管理。同时，加强对水源涵养区、蓄洪滞涝区、滨河滨湖带的保护，确保水生态安全。

对于各类保护地，严格落实保护制度，确保生态资源得到有效保护。符合相关条件的地区可以探索生态搬迁试点，以减轻生态压力，促进人与自然和谐共生。

（三）健全生态保护补偿机制

为了激励生态保护行为，要建立健全生态保护补偿机制。加大对地方重点生态功能区转移支付力度，确保地方生态保护工作得到充分的资金支持。同时，建立省以下生态保护补偿资金投入机制，确保补偿资金及时到位。

在补偿机制方面，完善森林、草原、湿地等重点领域生态保护补偿机制，确保生态资源得到合理的补偿。同时，推动市场化多元化生态补偿，建立健全用水权、用能权、排污权、碳排放权交易制度，探索生态资源价值评估方法并开展试点。这些措施将有利于实现生态与经济的良性循环。

此外，鼓励各地建立横向补偿机制，促进区域间生态保护和生态修复的合作。通过加强区域间的合作与交流，共同推动生态保护事业的发展。

（四）发挥自然资源的多重效益

在保护生态环境的同时，应积极发挥自然资源的多重效益。依托乡村自然资源优势，大力发展生态旅游、生态种养等产业，打造乡村生态产业链。这些产业不仅能够促进乡村经济发展，还能够带动当地农民就业增收。

同时，进一步盘活森林、草原、湿地等自然资源，鼓励集体经济组织和社会主体参与生态保护和修复。通过引入社会资本和技术支持，推动生态保护和生态修复工作的深入开展。

此外，深化集体林权制度改革，扩大商品林经营自主权，激发农民参与生态保护的积极性。通过改革制度和完善政策，让农民在生态保护中获得更多的实惠和利益。这些措施将有利于实现生态与经济的双赢，推进乡村经济的绿色转型和可持续发展。

第二节 积极推进农业循环化发展

发展循环经济是我国的一项重大战略决策，是我国加强生态文明建设的重大举措，也是加快转变经济发展方式，建设资源节约型、环境友好型社会，实现可持续发展的必然选择。近年来，各地区、各部门大力推动循环经济发展，循环经济理论进一步完善，产业体系逐步健全，发展水平不断提高，经济、社会和环境效益进一步显现。农业是国民经济的基础，也是发展循环经济的重要领域。为了加快发展农业循环经济，应加快推动农业资源利用高效化、农业投入减量化、农业废弃物利用资源化、农业生产过程清洁化，大力发展种养结合循环农业，促进农业资源循环利用、农业产业循环发展。

一、循环经济的概念

循环经济是指将资源的高效利用与循环利用相结合，以实现生产活动中物质循环流转的新型经济发展模式。作为一种新型经济范式，循环经济正逐步将过去那种"高生产、高消费、高废弃"的传统经济模式，转向低排放乃至零排放的可持续发展轨道。[1]这一转变不仅彰显了对自然环境的尊重与保护，更是可持续发展战略中不可或缺的核心要素。

循环经济巧妙地将经济活动中的废弃物与清洁生产紧密结合，孕育出一种全新的经济生态。它摒弃了传统经济中一次性消耗资源、产生大量废弃物的做法，通过资源的循环利用，构筑"资源—产品—再生资源"的循环发展体系。这种循环发展体系以低能耗、低投入为显著特征，能实现高效能、高产出，进而推动形成集约型、高效益的经济增长模式。

在农业领域，循环经济的引入对农业经济的整体运行效益与生产质量的提升产生了显著影响。循环经济通过在农业生产过程中实施循环生产策略，不仅大幅提升了资源的利用效率，还实现了对废弃物的循环处理与再利用，达到了资源利用的最大化与废弃物排放的最小化。这一经济模式有助于构建农业经济增长与生态环境改善之间的动态平衡机制，推动农业经济在自我完善、自我积累与自我发展的过程中，逐步构建成熟完善的农业循环经济体系。

循环经济在农业领域的应用，还促进了产业结构和布局的优化调整，拓展了生

---

[1] 毕晓燕，沈子华.法治化视角下农业循环经济可持续发展问题与策略[J].农场经济管理，2022（5）：42-45.

产链条。它注重不同环节资源利用效率的提高,并对废物资源进行再利用,从而推动了农业产业的升级和转型。这种经济模式不仅提高了农业生产的效率和质量,还促进了农业与其他产业的融合发展,为农业经济的可持续发展注入了新的活力。

所以说,循环经济是可持续发展战略中不可或缺的一部分,它通过资源的循环利用和废弃物的最小化排放,促进了农业经济的整体运行效益和生产质量的提升。发展农业循环经济,不仅有助于农业经济的自我完善、积累和发展,还能促进产业结构和布局的优化调整,拓展生产链条,为实现农业经济的可持续发展奠定坚实的基础。

二、发展农业循环经济应遵循的原则

(一)坚持减量化优先和资源化利用

要强化源头减量化措施,从根本上降低资源消耗和废弃物产生。通过优化生产流程、提升加工技术、改进流通方式和引导绿色消费,减少各个环节的能源资源消耗。同时,积极推动废弃物的资源化利用,实现规模化、产业化、高值化转变,将废弃物转化为有价值的资源,提升农业的综合效益。

(二)坚持重点突破和示范推广

在农作物秸秆、农林产品加工副产物、林业废弃物、废旧农膜、畜禽粪便、水体富营养化等重点领域,组织实施示范工程,培育、总结、凝练一批农业循环经济典型模式,加大推广力度。

(三)坚持因地制宜和产业融合

各地应基于自身的资源禀赋、环境承载能力、产业基础及主体功能定位,科学规划农业循环经济的发展布局。通过选择适宜的技术路线,形成各具特色的农业循环经济发展模式。同时,推动产业的循环与集成发展,构建涵盖一、二、三产业的现代工农复合型循环经济产业体系,实现产业互补与共赢。

(四)坚持政府推动和市场化导向

政府应强化有序引导,提供技术支撑与政策扶持,并优化公共服务,确保市场在资源配置中发挥决定性作用。同时,要着力提升龙头企业、农垦、牧区、渔区、林区的引领作用，通过它们的成功经验与模式，带动整个农业循环经济体系的健康发展。在此过程中，政府应积极引导企业、新型农业经营主体和农户广泛参与，发挥各自的优势和力量，共同构建农业循环经济的社会化服务体系。这不仅有利于推动农业可持续发展，还能提升农业经济的质量和效益，为乡村振兴提供有力支撑。

三、构建农业循环体系

（一）种植业

发展节约型种植业，不仅要强化资源的高效利用，还要注重生态保护和可持续发展。首先，通过推广测土配方施肥和精准施肥技术，避免化肥的过量使用，同时增施有机肥，改善土壤结构，提高土壤肥力。其次，采用节水灌溉技术，如滴灌、喷灌等，减少水资源的浪费，提高灌溉效率。此外，重视作物秸秆等废弃物的资源化利用，通过秸秆还田、生物质能发电等方式，实现废弃物的循环利用，减少环境污染。

（二）林业

林业在农业循环体系中扮演着重要的角色。要充分利用林业剩余物，如木材加工剩余物、采伐剩余物等，进行再加工利用，生产板材、家具等，减少资源浪费。同时，发展林下经济，通过林下种植、林下养殖等模式，提高林业综合效益。此外，加强森林资源保护，禁止乱砍滥伐，确保生态平衡。通过实施退耕还林、封山育林等措施，恢复和扩大森林面积，提高森林生态系统的稳定性和服务功能。

（三）畜牧业

畜牧业是农业循环体系中的重要组成部分。在畜牧业中，要注重畜禽粪便的资源化利用。通过推广畜禽粪便堆肥技术，将粪便转化为有机肥料，为种植业提供养分。同时，建设沼气工程，将粪便转化为清洁能源，如沼气、生物天然气等，减少环境污染。此外，发展循环养殖模式，如"养殖—沼气—种植"模式，实现养殖业与种植业的有机结合，促进资源的循环利用。

（四）渔业

在渔业方面，要关注养殖废弃物的资源化利用和生态养殖模式的推广。通过处理养殖废水、废弃物，提取有用物质，如养殖废水中的营养物质可用于灌溉农田。同时，推广多物种养殖模式，利用物种间的相互作用实现生态平衡，减少养殖对环境的影响。建立生态养殖系统，如人工湿地、植物滤池等，处理养殖废水，降低污染排放。此外，加强渔业资源保护，合理控制捕捞强度，确保渔业资源的可持续利用。

（五）工农业复合

在工农业复合方面，要注重产业链的延伸和资源共享。实现农业产业链与工业产业链的有机结合，将农产品加工副产品作为工业原料，推动工业向精深加工和循环利用方向发展。同时，在工业园区周边发展农业，实现水、电、热等资源的共享，降低生产成本。建设循环经济园区，将农业、工业、服务业等产业融为一体，形成资源的循环利用和产业的协同发展。通过引进先进技术和管理经验，推动园区的可持续发展和转型升级。工农复合型循环经济基本模式如图12-1所示。

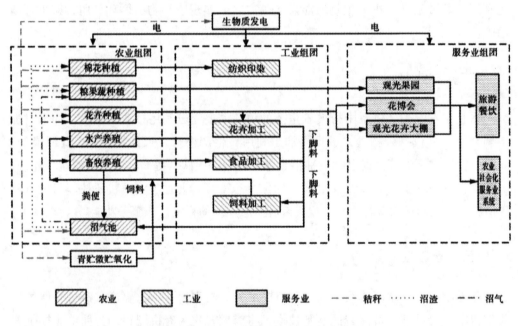

图12-1 工农复合型循环经济基本模式

四、发展农业循环经济的主要任务

（一）推进资源利用节约化

在土地资源节约集约利用过程中，不仅要深化传统耕作制度的革新，还要精准计算复种指数，以最大化挖掘土地、水资源、光照、热量等自然资源的内在潜力，借此全面提升耕地、草地、水面、林地等多元化资源的综合产出效能，实现资源的优化配置。同时，强化农田基础设施建设和耕地质量提升，实施耕地质量保护与提升行动，借助科学的土壤改良和修复技术，确保每一寸土地都能发挥其最大价值。

在水资源节约高效利用方面，采取一系列有力措施。对于干旱半干旱地区，大力发展节水农业，建设集雨补灌设施，并广泛推广先进的旱作节水技术，如保墒固土、生物节水、沟播种植、农田护坡拦蓄保水以及膜下滴灌等，以降低水资源消耗，提升农业生产的可持续性。在非旱作农业区，重视节水技术的应用，通过推广防渗渠、低压管道和水肥一体化等节水技术，以及选用抗旱品种和发展保护性耕作措施，如免耕、少耕、深松覆盖等，提高农作物的抗旱节水能力，促进水资源的高效利用。同时，大力发展循环水节水养殖，研发推广养殖废水处理技术，提升养殖用水的利用率。鼓励对屠宰废水等农产品加工废水进行无害化处理和循环利用，以减少水资源浪费和环境污染。

在农业投入品的科学施用上，优化肥料资源配置，调整施肥结构，并大力推广有机肥的生产和使用。通过扩大测土配方施肥规模，采用化肥机械深施、种肥同播、适期施肥、水肥一体化等技术，提高化肥的利用率。在饲料配制方面，注重科学配制，提高饲料利用效率，规范饲料添加剂的使用，并加强饲用抗生素替代品的研发和应用，逐步减少饲用抗生素的用量。

此外，积极推动农业领域的节能降耗工作。加快淘汰高耗能老旧农业机械和渔船，鼓励农机和渔船的更新改造。同时，大力发展农、林、牧、渔节能节水技术，逐步淘汰高耗能落后工艺和技术装备。推动省柴节煤炉灶的升级换代，并鼓励农业生产生活使用生物质能、太阳能、风能、微水电等可再生能源，以减少对传统能源的依赖，降低能源消耗，推动农业的绿色发展。[①]

（二）推进生产过程清洁化

在农业面源污染防治方面，实施统防统治和绿色防控策略。全面推广高效、低毒、低残留的农药，以及现代化的施药机械，确保农药使用的科学性和精准性。同时，强调合理使用化肥、农药和地膜，严禁使用国家明令禁止的高毒、高残留农药，以减少农业面源污染和内源性污染。[②]

---

① 发展改革委 农业部 林业局关于加快发展农业循环经济的指导意见[J].中华人民共和国国务院公报，2016（16）：55-60.
② 陈钰，曾波，徐永红，等.推进农业环境治理促进可持续发展[C].中国科学技术协会，吉林省人民政府.第十九届中国科协年会——分6生态文明建设与绿色发展研讨会论文集，2017：6.

有效控制畜禽养殖污染物的无序排放,推广雨污分流、干湿分离和设施化处理技术,并广泛应用有益微生物生态养殖技术。在重点富营养化水域,因地制宜地开展水生经济植物的规模化种植、采收和资源化利用,实现生态效益与经济效益的双赢。

在推进农产品加工和林业清洁生产方面,关注食品加工企业的清洁生产,确保食品安全的同时,减少加工过程中产生的污染。引导木材加工和林产化学加工企业向清洁生产转型,提高林业生态功能。推广林业生物防治、环保型木材防腐防虫技术、木材改性、木材漂白和染色、制浆造纸以及林产化学产品制造技术。通过减少木材化学处理中化学药剂的用量,降低环境污染,实现农业和林业的可持续发展。

(三) 推进产业链循环化

构建农业循环经济产业链,推动种养结合、农牧结合,确保养殖场与农田建设紧密结合。基于生态承载容量,合理规划畜禽养殖场(小区)的布局,并广泛推广农牧结合型生态养殖模式。同时,鼓励发展设施渔业及浅海立体生态养殖,促进水产养殖业与种植业的深度融合。特别重视农林牧渔复合型模式的发展,以实现畜(禽)、鱼、粮、菜、果、茶等产业的协同发展。培育一系列循环利用模式,如"种植业—秸秆—畜禽养殖—粪便—沼肥还田""养殖业—畜禽粪便—沼渣/沼液—种植业",促进资源的循环利用。

构建林业循环经济产业链,推广林上、林间、林下立体开发模式,鼓励利用木、竹、藤等采伐、加工过程中产生的废弃物和次小薪材,生产人造板、纸、活性炭、木炭、竹炭、酒精等产品和生物质能源。鼓励对废弃的食用菌培养基、城市园林绿地废弃物以及经济林和果树修剪枝杈材等资源进行再利用。此外,发展城市屋顶绿化、建筑墙体垂直绿化、阳台菜园等,增强城市对空气污染物的吸附能力,缓解"热岛效应",进一步拓展绿色空间。

构建复合型循环经济产业链,大力推进农产品精深加工和高效物流冷链等现代物流体系建设。支持集成养殖深加工模式,发展饲料生产、畜禽水产养殖、畜禽和水产品加工及精深加工一体化的复合型产业链。推进种植、养殖、农产品加工、生物质能、旅游等产业的循环链接,形成跨企业、跨农户的工农复合型循环经济联合体。此外,发展林板一体化、林纸一体化、林能一体化和森林生态旅游,构建涵盖粮、菜、果、茶、畜、鱼、林、加工、能源、物流、旅游等多个领域,实现一、二、三产业联动发展的现代复合型循环经济产业体系。①

---

① 国务院关于加快建立健全绿色低碳循环发展经济体系的指导意见[C].中国企业改革发展2021蓝皮书,2021:5.

(四)推进农林废弃物处理资源化

第一,农村生活废弃物循环利用的推广。积极倡导农村生活废弃物的分类回收、利用和无害化处理。鼓励各地区因地制宜,构建人畜粪便、生活污水、垃圾等有机废弃物的综合处理体系。在条件成熟的地区建立完善的"村收集、镇中转、区域集中处理"的农村生活垃圾处理机制,实现资源的最大化循环利用。

第二,秸秆资源的综合利用。针对秸秆问题,鼓励农户和新型农业经营主体在购置农作物收获机械时,配备秸秆处理设备,如粉碎还田或捡拾打捆设备。同时,鼓励有实力的企业和社会组织组建专业的秸秆收储运机构,形成健全的服务网络。重点推进秸秆的过腹还田、腐熟还田和机械化还田,并拓展秸秆的肥料化、饲料化、燃料化、基料化和原料化利用,构建多元化的秸秆综合利用产业链。

第三,畜禽粪便的资源化利用。为推动养殖业循环发展,加强饲料管理,支持规模化养殖场和养殖小区建设粪便处理设施。对于分散养殖区域,鼓励建立分散储存、统一运输、集中处理的模式。同时,推广工厂化堆肥处理和商品化有机肥生产技术,并鼓励利用畜禽粪便和秸秆等原料发展沼气、生物天然气工程,促进沼渣沼液的深加工,生产有机肥。

第四,农产品加工副产物的深度利用。鼓励企业与合作社、家庭农场、农户紧密合作,优化生产方式,使农产品加工副产物更符合循环利用和加工原料标准。通过构建闭合式循环模式,将农产品加工副产物转化为饲料、肥料、微生物菌、草毯、酒精和沼气等,实现资源的循环利用和增值。同时,支持企业进行技术改造,提高农产品加工副产物的附加值,并建立完善的收集、处理和运输体系,推动农产品加工副产物的高值、梯次利用。

第五,废旧农膜、灌溉器材、农药包装物的回收与再利用。为减少环境污染,建立政府引导、企业实施、农户参与的回收利用体系,覆盖农膜、灌溉器材、农药包装物生产、使用、回收和再利用的各个环节。推广使用标准地膜,鼓励农民回收废旧地膜和使用可降解地膜。同时,支持建设废旧地膜、灌溉器材的回收初加工网点及深加工利用项目,并建立农药包装物回收处理机制,减少农药残留对环境的污染。

第六,林业废弃物的资源化利用。在林业废弃物方面,推动建立废旧木质家具、废纸、木质包装、园林废弃物的回收利用体系,并推进废弃竹木的综合利用。鼓励利用森林经营、采伐、造材、加工等过程中的剩余物,建设生物质联产项目,如热、电、油、药联产等,实现林业废弃物的资源化利用。

第三节　推进乡村环境污染综合治理

整治农村人居环境，是以习近平同志为核心的党中央站在战略和全局的高度，做出的具有深远意义的重大决策，这也是实施乡村振兴战略的目标任务之一。它不仅关乎亿万农民的切身利益，更是建设美丽中国的关键一环。

一、乡村环境污染的概念

环境污染这一复杂的现象，源于人为因素与自然因素的交织，致使环境质量急剧下滑，对人类健康构成威胁，同时打破生态平衡。当污染的程度超过了环境自身的净化能力，便会造成难以逆转的破坏。环境污染作为当今社会的显著问题，并非孤立存在，而是与我国长期以来所依赖的粗放型经济增长模式紧密相连。这种发展模式过度追求速度与规模，而忽视了环境保护的重要性，导致环境污染愈演愈烈，生态平衡逐渐被打破，污染问题愈发严峻。

乡村环境污染特指乡村居民在日常生活中产生的污染，主要包括污水、垃圾以及其他废弃物等。随着城镇化的快速推进，乡村居民逐渐集中，而相应的垃圾处理设施与制度却未能及时跟上，导致了污染问题的凸显。[1]这种污染不仅影响了乡村环境的整洁与美观，更对乡村居民的生活质量与健康构成了威胁。

二、乡村环境污染综合治理的原则

（一）突出重点，统筹兼顾

为了切实提高乡村居民的生活品质，应优先解决对他们来说最关切、最直接、最紧迫的环境问题。整治工作的重心应放在"好水"与"差水"周边的村庄，着重强化农村饮用水水源地的保护，确保乡村居民的饮水安全。同时，要大力推进乡村生活垃圾和污水的有效治理，以及畜禽养殖污染的防治，以减少对环境的负面影响。在整治过程中，需要综合考虑生产与生活、城市与乡村、种植业与养殖业等各个方面的环境保护工作，确保各项措施之间的协调与衔接。特别要加强环境保护工作与秸秆综合利用、农村饮水安全工程、河道整治、村庄绿化等工作的有机结合，形成合力，共同推动乡村环境持续改善。

---

[1] 宋宇.秦皇岛市农村环境污染问题及治理对策研究[D].河北科技师范学院，2015.

(二）坚持规划先行，突出统筹推进

在推进农村人居环境整治提升的过程中，应当牢固树立系统观念，坚持先规划后建设的原则。具体而言，应以县域为基本单元，进行统筹规划和整体部署，确保各项重点任务有序进行。在这一过程中，需要将重点突破和综合整治结合，既要针对突出问题采取精准措施，又要注重整体环境的全面提升。同时，要发挥示范带动效应，通过打造典型示范村庄，引领和推动整体工作的深入开展。

（三）因地制宜，分类指导

在推进乡村环境治理的过程中，必须坚持从实际出发，全面考量村庄的布局、人口规模、当前环境状况、自然条件以及经济水平等多维度因素，科学精准地选取治理技术和模式。坚持"以用为本"这一核心理念，将资源的综合利用作为解决乡村环境问题的根本途径。[①]这种综合利用不仅能够有效解决环境问题，还能让乡村居民在实际使用中受益，从而激发他们履行环保责任的积极性，实现环境改善与乡村居民福祉的双赢。

（四）创新机制，市场运作

响应国家生态文明体制改革的总体部署，持续深化和完善农村环保体制机制的建设，创新政策举措，坚决避免简单地复制城市和工业污染防治的既有模式。积极培育和发展针对农业面源污染治理、乡村生活垃圾污水处理的市场主体，通过探索规模化、专业化、社会化的乡村环保设施运营机制，确保建设的每一个设施都能得到及时有效的运行，并且实现预期的环保效果。

（五）政府主导，依靠群众

地方各级政府，特别是县级政府，作为本行政区域乡村环境质量提升的关键责任主体，需要承担规划编制、资金筹措与保障、设施建设、运行监管以及监督考核等多重职责。[②]同时，地方各级政府应充分激发农民群众的主体力量，积极引导和鼓励他们广泛参与乡村环境综合整治实践，共同为乡村环境质量的持续提升贡献力量。

---

① 柯善北.打好"农村污水处理"攻坚战，补齐城乡宜居环境短板[J].中华建设，2017（9）：10-11.
② 王夏晖，王波，王金南.面向乡村振兴农村环保面临的挑战与对策[J].中国农村科技，2018（2）：30-34.

三、乡村环境污染综合治理的主要内容

乡村环境污染综合治理的主要内容包括农村饮用水水源地保护、生活垃圾和污水处理、畜禽养殖废弃物资源化利用和污染防治以及厕所无害化改造和厕所粪污处理。

(一) 农村饮用水水源地保护

在农村饮用水水源地周边设立警示标志,建设防护带和截污设施,依法拆除排污口,开展水源地生态修复等。

(二) 生活垃圾和污水处理

重点在村庄密度较高、人口较多的地区,开展生活垃圾和污水处理工作。主要内容包括以下两方面:一是生活垃圾分类、收集、转运和处理设施建设,包括垃圾箱、垃圾池等收集设施,垃圾转运站、运输车辆等转运设施,以及生活垃圾无害化处理设施;二是生活污水处理设施建设,包括污水收集管网、集中式污水处理设施或人工湿地、氧化塘等分散式处理设施。经过整治的村庄,生活垃圾定点存放清运率达到100%,生活垃圾无害化处理率超过70%,生活污水处理率不低于60%。

(三) 畜禽养殖废弃物资源化利用和污染防治

在推动畜禽养殖废弃物资源化利用和污染防治的过程中,要坚持政府支持、企业主导、市场化运作的原则,将沼气和生物天然气作为主要处理手段,同时将其就地就近作为乡村能源和农用有机肥,以实现资源的高效利用。在畜禽养殖规模大、环境问题突出的地区,开展区域或县域范围的畜禽养殖废弃物资源化利用和污染防治工作,建设包括堆肥、沼气、生物天然气、有机肥等在内的废弃物资源化利用设施,以及养殖废水处理设施。通过这些设施的建设和运行,经过整治的村庄将实现畜禽养殖废弃物的有效处理,确保畜禽粪便的综合利用率达到或超过70%,从而显著减轻对环境的负面影响,同时推动乡村能源的可持续利用和有机农业的健康发展。

知识链接:厕所革命

(四) 厕所无害化改造和厕所粪污处理

厕所问题不是小事情,是城乡文明建设的重要方面,不但景区、城市要抓,乡

村也要抓，要把它作为乡村振兴战略的一项具体工作来推进，努力补齐这块影响群众生活品质的短板。必须坚持不懈推进"厕所革命"，把"厕所革命"进行到底。中共中央办公厅、国务院办公厅印发的《农村人居环境整治提升五年行动方案（2021—2025年）》明确指出了扎实推进农村厕所革命的具体措施。一是逐步普及农村卫生厕所。新改户用厕所基本入院，有条件的地区要积极推动厕所入室，新建农房应配套设计建设卫生厕所及粪污处理设施设备。二是切实提高改厕质量。科学选择改厕技术模式，宜水则水、宜旱则旱。三是加强厕所粪污无害化处理与资源化利用。加强农村厕所革命与生活污水治理有机衔接，因地制宜推进厕所粪污分散处理、集中处理与纳入污水管网统一处理，鼓励联户、联村、村镇一体处理。

第四节 建立合理的乡村生态补偿机制

随着生态保护补偿范围的持续拓展，传统的以政府补偿为主导的财政资金模式正面临严峻挑战，难以满足日益增长的补偿资金需求。因此，引入市场化、多元化的补偿手段显得尤为重要。这种转变不仅能够充分发挥市场机制的活力，还有助于构建长效补偿机制，显著提升生态保护补偿的效能与品质。

一、生态补偿的概念

生态补偿是一种旨在促进生态环境保护与恢复、实现人与自然和谐共生的制度设计。它基于生态保护成本、生态系统服务价值以及发展机会成本的考量，旨在合理调整与环境保护相关的各方利益关系。在国际上，与之相对应的概念是生态系统服务付费或环境服务付费，这体现了全球对生态环境价值及其保护机制的共同认知。

生态补偿不仅体现了一种经济利益关系，更是作为一项重要的环境经济政策，在森林、草原、湿地、荒漠、海洋、水流以及耕地等多个生态系统中发挥着至关重要的作用。它有助于保护或恢复这些生态系统的健康状态，调动社会各界参与生态环境保护的积极性，并确保在环境资源分配与利用上的社会公平公正。通过这些方式，生态补偿为实现生态环境可持续发展提供了有力的制度保障。

知识链接：建立完善自然资源有偿使用制度

生态补偿主要包括以下几种方式：一是对生态系统本身保护（恢复）或破坏的成本进行补偿；二是通过经济手段将经济效益的外部性内部化；三是对个人或区域保护生态系统和环境的投入或放弃发展机会的损失进行经济补偿；四是对具有重大生态价值的区域或对象进行保护性投入。

二、建立乡村生态补偿机制的原则

为构建市场化、多元化的生态补偿机制，需要进一步完善乡村资源开发补偿、污染物减排补偿、水资源节约补偿以及碳排放权抵消补偿等制度。这些制度的完善不仅要求合理界定和配置生态环境权利，还要求加强交易平台的建设，以引导生态受益者对生态保护者进行合理的补偿。同时，应积极稳妥地发展生态产业，并通过建立健全绿色标识、绿色采购、绿色金融以及绿色利益分享等机制，激发社会投资者的积极性，使其参与到对生态保护者的补偿之中。在具体实施时，应遵循以下原则。

（一）权责统一、合理补偿

在生态补偿机制中，应当秉持"谁受益、谁补偿"的原则，确保生态保护的公正与合理。为此，必须科学界定生态保护者与生态受益者的权利义务，以明确各自的职责和利益。同时，积极推进生态补偿标准体系的建立与完善，确保补偿标准的科学性和合理性。此外，还需构建高效的沟通协调平台，加强各方之间的沟通与协作，以推进生态补偿工作的顺利开展。通过这些措施，加快形成受益者付费、保护者得到合理补偿的良性运行机制，从而有效促进生态环境的保护与可持续发展。

（二）政府主导、社会参与

在推进生态环境保护的过程中，政府应充分发挥主导作用，通过强化制度建设、完善法规政策以及创新体制机制来奠定坚实的治理基础。同时，为了更有效地激励和保护生态环境，政府需要积极拓宽补偿渠道，不仅要运用经济手段来加强政府购买服务的力度，还要结合法律手段来确保各项措施的有效执行。在此过程中，政府应积极引导社会公众广泛参与，构建生态环境保护的全民行动体系，确保生态环境的持续改善与社会的可持续发展。

（三）统筹兼顾、转型发展

在推进生态补偿机制建设的过程中，应积极将其与主体功能区规划、西部大开发战略以及全面推进乡村振兴等紧密结合。这种结合不仅有助于提升重点生态功能区等区域的基本公共服务水平，还能有效推动这些区域实现全面绿色转型。通过整合各方资源，形成合力，共同促进生态环境的保护和改善，同时带动相关地区的经济社会发展，实现生态与经济的双赢。

（四）试点先行、稳步实施

在推进生态补偿机制建设的过程中，应将试点先行与逐步推广的策略紧密结合，同时注重分类补偿与综合补偿的有机结合。通过大胆探索，稳步推进不同领域、不同区域的生态补偿机制建设，确保每一步都扎实有效。这不仅能促进生态补偿机制的持续优化，还能逐步提升生态保护的成效，为实现生态文明和社会可持续发展奠定坚实基础。

三、生态补偿的重点领域

（一）生态保护红线地区

生态保护红线，无疑是国家生态安全的坚实堡垒和不可或缺的生命线。[①]我国在划定重点生态功能区、生态环境敏感区和脆弱区等关键区域时，设立了生态红线，这些区域不仅是国家生态安全的重要屏障，更是守护自然之美的神圣领域。为确保生态保护红线的有效性，要将其与地方的生产生活区域严格区分开来，确保生态保护红线地区得到真正的严格保护，不受外界干扰。生态保护红线的设立，是我国环境保护领域的重要制度创新，旨在提升生态系统服务功能，确保国家生态安全。我们必须时刻保持对生态保护红线的警醒与尊重，因为一旦底线失守，生命线便岌岌可危，发展也将失去坚实的基础。

作为生态系统服务功能保护的关键举措，生态保护红线是加大生态保护力度的有力抓手。划定生态保护红线的流域或区域，必须尽快建立相应的生态补偿机制，探索多样化的补偿模式，并完善当前以行政手段和支付意愿为主导的流域生态补偿模式。这不仅是生态保护红线政策得以落实的重要保障，也是实现生态与经济和谐发展的必由之路。2017年2月，国家环保部（现生态环境部）召开例行新闻发布会强调，生态保护红线的划定，如果影响了局部的经济利益，就要通过生态补偿来解决。2017年中共中央办公厅、国务院办公厅印发的《关于划定并严守生态保护红线的若干意见》提出，财政部会同有关部门加大对生态保护红线的支持力度，加快健全生态保护补偿制度，完善国家重点生态功能区转移支付政策。推动生态保护红线所在地区和受益地区探索建立横向生态保护补偿机制，共同分担生态保护任务。

---

① 环坚轩.生态环境部9月例行新闻发布会实录[J].中国环境监察，2018（10）：8-19.

（二）耕地

耕地是人类不可或缺的自然资源，在耕地的利用上，人们往往只关注耕地的经济属性，对于耕地的社会属性和生态属性的关注远远不够。随着城镇化的不断推进，土地功能性消退、总量减少，可用于耕作的土地面积总量减少，耕地质量下降。长期以来，农村耕地生态保护缺乏奖励机制和约束机制，人们主动保护农村耕地生态环境积极性不高，从而使得我国农村地区耕地生态环境不断恶化，耕地生态功能被严重削弱。保持耕地地力水平，维护耕地生态环境安全成为当务之急。农村耕地生态补偿是实现耕地质量保护的有效途径和必要手段。农村耕地生态补偿是指以保护农村耕地生态环境和实现生态公平为目的，运用市场和政府两种手段，平衡不同主体、不同区域生态利益与资源利益，通过资金筹集、政策优待等补偿方式，对为保护农村耕地生态环境做出突出贡献的人、做出牺牲的人及因农村耕地生态环境破坏而受到损失的人进行奖励或补偿，对农村耕地生态环境的破坏者进行收费。农村耕地生态补偿有利于维护耕地经营者的利益，提升耕地经营者保护耕地的积极性，可为土地环境保护提供助力，以期同时实现农村土地损耗减轻的环境效益、城乡差距缩小的社会效益。

（三）森林

森林作为陆地生态系统的核心支柱，在全球生态平衡、国土生态安全以及人类生活需求满足等方面，扮演着无可替代的角色。然而，森林资源生态功能作为一种公共物品，其外部性特征使得受益者能够无偿享用其益处，而提供者往往未能获得应有的经济回报，这无疑对森林资源的健康发展形成了一定程度的限制。[1]森林生态补偿机制的构建，正是基于森林资源这一自然财富在投入产出比上的经济效率相对不足，但其生态效益极为显著的事实。这种效益不仅直接惠及森林资源的直接管理者，更通过其广泛的外部效应，服务于社会大众，为整个社会的生态福祉做出贡献。

为了激发森林资源生态功能提供者的保护热情，防止不合理开发利用导致的生态功能退化，有必要对森林资源生态功能提供者进行适度的经济补偿。通过构建森林生态补偿机制，对森林生态效益的受益者进行合理收费，同时对于积极参与退耕还林和生态林建设，并为此付出超过其义务范围成本的主体，提供必要的经济补偿，

---

[1] 聂承静，刘彬，程梦林，等.基于区域协调发展理论的京津冀地区横向森林生态补偿研究[J].安徽农业科学，2017，45（33）：168-171，203.

以弥补其收入损失或提升其经济收益。①这一补偿机制不仅是对参与者的激励，更是一种制度保障，有助于推动更多单位和个人积极投身于生态林建设，为森林资源的可持续发展注入强劲动力。

（四）草地

草地、森林、湿地以及河流等，都是不可或缺的生态屏障，它们构成了人类生存和发展的基石。确保这些生态屏障的良性发展，是推动经济社会可持续发展的重要前提。

草地生态补偿旨在通过支付相应的费用，激励那些积极参与草地生态环境保护的行为主体。这些费用不仅是对他们辛勤付出的认可，更是对草地生态系统保护行为的鼓励。在草地生态系统中，农牧民扮演着主要管理者的角色。过度放牧和草地转为耕地的行为，虽然短期内为农牧民带来了一定的经济收益，但长期损害了草地生态系统的功能，如碳汇功能的丧失、水资源服务功能的降低、生物多样性的减少等。

为了恢复和保护这些退化的草地生态系统服务功能，国家采取了一系列措施，如退牧还草、退耕还草和草地生态保护补助机制等。这些政策的实施，旨在对那些因落实草地保护政策而经济受损的农牧民和其他经营者进行补偿，以确保他们的经济利益不受损害。

然而，草地生态补偿的实施并非一蹴而就的，在这个过程中，需要妥善处理草地生态保护、畜牧业生产建设和牧民生活改善的关系。在资金的使用上，应坚持生态建设为本，以改善生计为目标，同时适度合理地利用草地资源。只有确保这三者均衡协调发展，草地生态补偿的投入才能达到预期的效果。

此外，还要结合各地的实际情况，制定合理的草畜平衡、封育禁牧、替代产业和草地建设等规划。这些规划不仅要满足当前的生态保护需求，更要考虑未来的可持续发展，要避免牧民为了追求短期利益而牺牲牧区的未来，确保草地生态系统的长期健康稳定。

思考题

1.农副资源综合开发综合利用需要较高的技术和资金投入，而农民在生产经营中主要缺少技术和资金，如何进行解决？

---

① 颜奇英，王国聘.乡村生态振兴的实然之境与应然之策——基于江苏美丽乡村建设的研究[J].江苏农业科学，2021，49（23）：8-14.

2．农村环境治理体系建设滞后于农村现代化进程，使得在解决农村环境问题上不仅力量薄弱而且适用性不强，应如何解决？

3．在生态补偿中，生态产品的定价标准尤为关键，如何科学合理地对资源进行评估定价？

第十二章思考题
参考答案

第十三章
新时代中国乡村组织治理路径

学习目标

1.了解农村集体经济的发展战略和政策,了解县域经济协同发展的核心内容和村级集体经济发展过程。

2.认识对村民进行法律教育的重要性。学习创新法律教育手段,通过不同的方法开展对村民的法律教育。

3.认识提升村民自治积极性的路径,以及借助社会力量协同推进乡村组织治理建设的途径。

第一节 在壮大农村集体经济中推进组织过程

在壮大农村集体经济中推进组织过程是一项系统工程,涉及多个方面的改革与创新。

相关案例:灌引村乡村组织治理经验

一、加强组织领导与制度建设

加强组织领导与制度建设是在壮大农村集体经济中推进组织过程的基础。这要求建立健全组织架构,明确各级组织的职责和权限,确保决策的科学性和执行的有效性。同时,需要制定和完善相关规章制度,规范组织运行,提高管理水平。加强组织领导可以更好地动员和利用农村资源,发挥集体经济的规模优势,提升农村集体经济的整体竞争力。组织领导的强化还体现在对人才的培养和使用上。通过吸引和培养一批懂经营、会管理、善决策的人才,为农村集体经济的发展提供智力支持。

此外，加强组织领导还要求提高组织的服务能力，为农民提供技术指导、市场信息、金融服务等，帮助他们提高生产效率，增加收入。

二、优化资源配置与资产运营

优化资源配置与资产运营是在壮大农村集体经济中推进组织过程的重要途径。这需要对农村集体经济的资源进行全面梳理，明确各类资源的属性和价值，通过科学合理的配置，提高资源的使用效率。同时，要创新资产运营方式，通过租赁、合作、股份制等多种方式，实现资产的保值和增值。在资源配置方面，要注重发挥市场机制的作用，通过市场调研和需求分析，合理调整农业生产结构，发展特色产业，提高农产品的附加值。在资产运营方面，要积极探索混合所有制经济，吸引社会资本参与农村集体经济的发展，实现资源共享、优势互补。

三、推动产业融合与创新发展

推动产业融合与创新发展是在壮大农村集体经济中推进组织过程的关键。这要求农村集体经济组织紧跟市场趋势，不断探索新的产业发展模式，实现农业与第二、三产业的深度融合。通过发展农产品精深加工、乡村旅游、农村电商等新兴产业，拓宽农村集体经济的收入来源，提高农村集体经济效益。在产业融合过程中，要注重利用现代信息技术，提高农业生产的智能化、精准化水平。同时，要加强与科研机构、高校等的合作，引进新技术、新品种，推动农业科技创新。创新发展还要求农村集体经济组织树立品牌意识，通过打造特色品牌，提升产品的市场竞争力。

四、强化风险管理与权益保障

强化风险管理与权益保障是在壮大农村集体经济中推进组织过程所不可忽视的方面。这要求农村集体经济组织建立健全风险评估和预警机制，及时识别和应对各种风险挑战。同时，加强对农民权益的维护，确保他们在集体经济中的合法权益不受侵害。在风险管理方面，要注重市场风险、自然风险、技术风险等多方风险的防范，通过多元化经营、保险保障等手段，降低风险影响。在权益保障方面，要完善利益分配机制，确保农民能够公平分享集体经济发展的成果。此外，还要加强法治建设，通过法律手段维护农民的财产权、参与权和知情权。

总之，在壮大农村集体经济中推进组织过程，需要从加强组织领导与制度建设、优化资源配置与资产运营、推动产业融合与创新发展、强化风险管理与权益保障等多个方面入手，形成系统的工作机制和政策支持体系。通过这些措施，有效提升农村集体经济的组织力和竞争力，为实现乡村振兴战略目标提供坚实的经济基础和社会支撑。

第二节　将法治理念贯穿组织治理全过程

一、通过立法完善制度及运行机制

（一）理顺各管理主体之间的关系

在农村转型关键期，如何妥善保障农民群众利益，已然成为基层治理工作的核心考量。确保"权力下放合理、赋权有序进行、权益切实维护"不仅是解决基层治理问题的关键，更是突显村民自治制度价值的决定性因素，这无疑对乡村治理体系和能力提出了更加严峻的挑战。在推进现代化进程时，政府的治理能力通常表现在能否在政治制度化和公众参与之间找到一个合适的均衡点，从而实现两者之间的相互推动和共同成长。在当前的村民自治实践中，最显著的问题是村民委员会和村党支部之间的管理混乱，也就是所谓的"两委"关系问题。为了促进"两委"之间的合作，为村民自治带来新的活力，我们需要清晰地划分"两委"的管理职责，并确保它们能够建立一个有效的互相监督和制约的机制。

为了更好地协调《中国共产党农村基层工作组织条例》与《村民委员会组织法》之间的关系，应在法律文本中进一步明确村党支部的领导职责和村民委员会的自治权限。通过详细的条款规定，明确乡镇政府与村民委员会的职责划分，这包括乡镇政府对村民委员会的指导、支持与协助的权责范围，以及村民委员会协助政府工作的具体流程和规则。这有助于明确乡镇政府、村民委员会和村党支部的权力划分，进而解决管理上的混乱问题，确保管理的科学性和层次性。此外，为了更清晰地界定基层治理各参与方之间的权利和义务，有必要对《村民委员会组织法》进行修订，并对乡镇政府的组织架构、工作规范以及违法行为的责任追究等做出明确的规定。与此同时，应主动吸收各地的先进管理经验，并将政府的管理职能转变为提供服务的功能。通过对事业站所的整合、机构人员的精简、财政转移支付制度的规范以及县乡财政管理体制的改革，推动"乡财县管"的财政体制改革，以优化资源的配置并提高基层治理的效率。

（二）提升村民法治意识

首先，鼓励村民参与法律知识的学习活动。传统的法治教育主要集中于普及法律基础知识和灌输法治观念，与村民实际利益紧密相连的法律规范教育仍然不够充分，这在某种程度上限制了村民法治思维的发展。因此，在推动乡村振兴战略的过程中，应当积极寻求将法治教育与村民的个人利益相融合的新模式。更具体地说，需要根据村民的独特需求，指导他们学习与日常生活密切相关的法律法规。比如，对于年长的村民，可以大力宣传与养老有关的法律常识；对于那些使用农业机械的村民，可以大力宣传交通相关的法律法规；对于学生，可以大力宣传关于未成年人保护法的知识。还应鼓励村民将他们所掌握的知识灵活地应用于日常生活，从而增强其法治实践经验。

其次，为了提高法治教育的实际效果、增强村民的参与度，应当激励村民更加主动地参与法治实践活动。法治实践活动不仅具有很高的实践价值，也能帮助村民加强对法律的了解，并增强他们的法治意识。有关机构应当充分利用各种资源，并定期组织各种形式的法治教育活动。法治教育活动包括法律知识讲座、法治相关影视作品播放、法治主题的体育活动、法律知识的竞赛和法治主题的演讲比赛等。除此之外，我们还应尝试各种创新的活动方式，如组织模拟法庭进入村庄、分享法治先进人士的经验和在线法治教育课程等，这可以丰富村民的法治学习经验，并进一步提升法治教育的成效以及村民的法治修养。

（三）拓展教育主体范围

在农村地区推进法治教育时，政府作为关键的管理机构，其资金投入和监督机制对于乡村法治教育成效起着决定性作用。因此，政府在增强村民的法治观念时，必须深入理解自身在这一过程中的核心作用。首先，明确基层政府在法治教育中的角色和职责。作为法治教育的实施者，政府需要全方位地整合法治教育资源，并加强对乡村法治教育的监督，以确保其有效性和系统实施。其次，提高基层管理者的法律素养，这是深化法治教育的关键。管理者需要与时俱进，不断增强自身的法律意识，并通过持续学习来更新和补充法律知识，以便更好地引导村民理解和遵守法律。最后，为了保证法治教育持续进行，政府需要增强对法治教育的财政支持力度。为了实现这一目标，可以创建专门的基金，将村民的法治教育资金纳入基层政府的年度财务预算，确保为法治教育提供足够的资金支持。这种资金投入不仅有助于提高法治教育的教学品质，还能确保村民从法治教育中获得益处。

（四）多方社会动员

首先，利用多种媒体渠道，如电视、广播、报纸和互联网，向广大村民普及法治观念。考虑到现今媒体内容丰富多样，需要谨慎挑选，避免对法律条文进行刻板的解释，确保违法行为不被过度放大，同时也要确保信息的完整性和公正性。

其次，教育系统亦扮演着不可或缺的角色。在农村中小学实施系统的法治教育，以加深学生对法治理念的理解，并培养他们的法治意识。为实现这一目标，学校可以与地方司法部门及高等教育机构合作，设立专门的法治教育中心，并定期组织法治讲座和教育活动。

再次，从事社会法治工作的人员也是法治教育的关键组成部分，律师、法律研究者等专业人员，可以凭借丰富的法律知识和实践经验，为人们提供帮助和支持。我们可以将这些资源进行整合，建立一个专业的法律服务团队，并根据实际需求合理配置人员。同时，利用在线平台打破时间和空间限制，为村民提供更加方便和高效的法律咨询服务。

最后，需要密切关注其他组织或机构在法治教育方面所扮演的角色。比如未成年人救助保护中心与法律援助基金会等相关机构，在保护未成年人和农民的权益上都表现出了积极的影响力。此外，与农业有关的各种协会也应当承担起法律教育的职责，例如定期向村民普及《动物疫情应急条例》《畜禽规模养殖污染防治条例》等相关法律法规知识，以提高农村养殖户的法律意识和素养。

二、完善法律教育内容

（一）注重村民需求

一方面，为了确保法律普及工作的高效性和准确性，我们必须将其与农村的日常生活紧密结合，以持续提高村民的法律学习和应用能力，并激发他们在法律方面的积极性。目前，与农村和农民的日常生活紧密相关的法律除了宪法，主要包括《民法典》《土地管理法》《劳动法》和《教育法》等，覆盖土地争议、家庭婚姻、赡养与继承、劳动权利以及教育等多个领域。在推广法律时，我们必须重视程序法的实施。例如：在正式开始工作之前，应当主动提议与雇主签署劳动合同，并清晰地列出核心条款；当发生劳动纠纷时，应当及时与雇主所在地劳动仲裁委员会取得联系；在日常工作中，应当重视保存考勤记录、培训证书、工作制服的照片以及工资条等关键证明材料，以在必要时准确反映实际工作状况和劳动关系。

另一方面，需要确保法律知识在普及过程中能够被村民准确理解。在解释法律条款时，应使用通俗易懂的语言，避免使用过于专业的法律术语，以便村民能够直接理解并应用这些知识。

（二）注重法治价值

首先，引导村民确立法律为最高准则的价值观。这一观念源于社会主义民主政治体制的本质和核心，它强调了在我国这样一个由人民当家作主的国家中，法律是由人民共同制定的，代表着人民的共同意志和利益。同时，我们应当认识到法律至上并不排斥农村传统礼仪的价值，这两者应是相辅相成的，共同为维护农村社会的稳定和谐发挥作用。然而，在纠纷解决过程中，法律的权威性高于一般礼仪和习俗。

其次，指导村民正确地理解法律和政策之间的关系。尽管政策在某种程度上能够补偿法律的滞后性，但在制定的主体、程序和效果方面，两者之间存在显著区别。因此，我们有必要清晰地区分法律和政策，以免产生混淆。此外，还需要引导村民形成权力制约相关思维。例如，明确权力的行使应受到法律的约束和限制，确保权力的合理合法使用；公开各级权力的具体内容和细节，使村民能够了解并有效监督权力的行使。

最后，引导村民形成合法办事的观念。执法人员在参与司法过程时，应指导村民形成合法办事的观念，培育他们的法治思维，使其能够积极配合执法活动，并对执法行为进行有效监督。这种做法不仅有助于提高村民的法律意识，也能为乡村社区的和谐稳定打下稳固的基石。

三、创新法律教育手段

（一）体验法

在推进乡村法治教育的过程中，深化对法治的接受与理解尤为重要。为此，应积极倡导村民主动投身于法治实践活动，通过亲身参与，深入学习领会乡村法治的核心原则，并树立法治观念。目前，有效的实践途径包括但不限于鼓励村民亲临庭审现场，直观感受法律的实际运作，以及参与乡村规章制度的制定过程，通过参与式决策提升法治意识。这些活动旨在让村民在亲身体验中反思与判断，从而精准把握法治理念，强化法治思维，并学会运用法律知识来分析和解决日常生活中的实际问题。

（二）生活法

首先，利用广泛传播的现代媒体、多样信息和庞大的受众基础，为村民构建增强法治意识的平台。通过这个平台,将法治相关知识和内容传达给村民,从而在不知不觉中提高他们对社会主义法治的认同度和接受度。更具体地说,可以利用微信公众号、微博和主流短视频平台等多种渠道,构建普及法律知识的平台,定期发布法治知识和相关信息,从而拓宽法治意识普及路径。利用各种活动和人物示范来培养法治意识也是至关重要的。最近几年,乡村地区出现了许多新乡贤,他们不仅有丰富的知识和技能,还有充足的资源和对乡村的深厚情感,成为乡村社区的核心力量。邀请这些贤能人士参与法治宣传活动,可以有效连接现代法治思想和乡土价值观,通过他们与村民的紧密联系,提高法治教育的可靠性和影响力。

为了进一步巩固法治教育成果,需要将法治教育相关内容与村民日常管理紧密结合。通过制定并实施具体的规章制度,规范村民的行为,引导他们逐步树立法治观念,并养成良好的法治习惯。这样,法治教育才能真正融入村民的生活,成为他们自觉遵循的行为准则。

第三节　提高村民自治组织的积极性

一、村民自治组织的重要性

在新时代中国乡村治理体系中,村民自治组织扮演着至关重要的角色。它不仅是乡村治理体系中的基础单元,更是实现乡村民主管理、促进乡村和谐发展的关键力量。

(一)实现乡村民主管理

村民自治组织作为乡村民主管理的基石,其核心价值在于为村民提供了平等参与的平台。这种参与方式不仅赋予村民表达自身意愿和需求的权利,而且确保他们能够在村内事务的决策过程中发挥实质性作用。通过自治组织,村民的声音能得到倾听和重视,每一项决策都凝聚了集体智慧和共识。这种参与方式不仅促进了决策的民主化,也增强了决策的透明度和公正性。村民自治组织通过这种方式,有效地保障了村民的知情权、参与权和监督权,使得乡村治理更加贴近村民的实际需求,更具针对性和有效性。此外,村民自治组织还有助于培养村民的民主意识和自治能力,提升他们的公共意识和责任感,从而为乡村的和谐发展和长远进步打下了坚实的基础。

（二）维护村民权益的保障

村民自治组织在维护村民权益方面发挥着至关重要的作用。它不仅是村民诉求的直接反映渠道，更是确保村民在土地使用、财产分配、社会福利等方面权益得到充分保障的重要机构。通过村民自治组织，村民可以及时表达自己的利益诉求，参与相关政策和决策的制定过程，从而有效避免信息不对称或权力滥用造成的权益损害。村民自治组织的存在，为村民提供了一个公平对话和协商的平台，使得村民的合法权益得到更为有效的维护。在土地流转、财产分配等关键问题上，村民自治组织能够监督政策的执行，确保决策过程的公正性和透明度。此外，村民自治组织还通过教育和培训，提高村民对自身权益的认识，增强他们维护自身权益的能力。

（三）增强乡村社会凝聚力的纽带

村民自治组织作为增强乡村社会凝聚力的纽带，发挥着至关重要的作用。通过精心策划和组织多样的文化、教育、娱乐活动，村民自治组织不仅丰富了村民的精神生活，还加深了村民之间的相互了解和情感联系。村民自治组织为村民提供了一个共同参与和交流的平台，促进了不同年龄、不同背景的村民之间的相互理解和尊重，从而增强了乡村社区的内在凝聚力。此外，村民自治组织还致力于培养和弘扬积极向上的乡村文化，通过传承和创新地方文化传统，激发村民的文化自豪感和认同感。这些文化活动不仅展示了乡村的独特魅力，也成为推动乡村社会和谐发展的重要力量。通过这些活动，村民能够更好地认识和欣赏自己的文化根源，同时激发对乡村未来发展的共同愿景。

二、村民自治组织存在的问题

（一）组织能力不足

村民自治组织在实际运作中往往面临组织能力不足的问题。这主要表现在缺乏专业的管理人才和有效的组织结构，导致决策效率低下，执行力不强。此外，由于缺乏系统的培训和指导，村民自治组织的成员往往缺乏必要的管理知识和技能，难以应对日益复杂的乡村治理需求。这不仅影响了村民自治组织的服务效能，也削弱了村民对其的信任和支持。

（二）参与度不高

村民自治组织在动员村民参与村内事务方面存在一定的难度。由于村民对村民自治组织的认识不足，或者受到传统观念和生活习惯的影响，他们往往对参与村内事务缺乏积极性。同时，村民自治组织在宣传和动员方面也存在不足，未能充分激发村民的参与热情。这种低参与度限制了村民自治组织发挥其应有的作用，也影响了村民自治的质量和效果。

（三）激励机制不完善

村民自治组织在激励机制方面存在缺陷，缺乏有效的激励措施来鼓励村民积极参与村民自治活动。由于缺乏物质或精神上的奖励，村民往往难以感受到参与村民自治的直接好处，这在一定程度上降低了他们的参与动力。此外，对于在相关活动中表现突出的村民，村民自治组织也缺乏相应的表彰和奖励机制，这进一步影响了村民的积极性。

（四）法治意识薄弱

村民自治组织成员的法治意识相对薄弱，部分成员对法律法规的了解不足，导致在村民自治活动中可能出现违反法律法规的情况。这种法治意识的缺失不仅影响了村民自治组织的权威性和公信力，也可能引发村民之间的矛盾和纠纷。此外，村民自治组织在维护村民权益方面也存在不足，未能充分发挥其在维护法律秩序和村民权益方面的作用。

三、提升村民自治组织积极性的策略

（一）加强组织能力建设

提升村民自治组织的积极性首先需要加强其组织能力。这包括构建合理的组织架构，明确职责分工，确保决策和执行过程的高效。同时，通过定期的专业培训和实践指导，提高村民自治组织成员的管理能力和服务水平。此外，引入现代信息技术，如电子投票、在线会议等，提高村民自治组织的工作效率，降低其运营成本，使村民更便捷地参与到村民自治活动中。

（二）提高村民参与度

提高村民参与度是激发村民自治组织活力的关键。可以通过开展形式多样的宣传教育活动，增强村民对自治组织重要性的认识，激发他们的参与意识。同时，创新参与方式，如设立村民议事会、开展主题讨论等，为村民提供更多表达意见和建议的机会，确保村民的意见和建议能够得到充分的重视和及时的反馈，增强他们的参与感和归属感。

（三）建立和完善激励机制

建立和完善激励机制对于提升村民自治组织的积极性至关重要。可以通过设立奖励基金，对积极参与村民自治活动的村民给予物质或精神上的奖励，如荣誉证书、小额奖金等。此外，对于在村民自治组织中表现突出的成员，可以通过公开表彰、优先考虑其在村内其他事务中的参与机会等方式进行激励，从而激发村民的参与热情。

（四）强化法治教育

强化法治教育，是确保村民自治组织规范运作和提升村民参与度的基础。可以通过定期举办法律知识讲座、分析具体案例等形式，提高村民对法律法规的认识和理解。同时，村民自治组织应当在决策和执行过程中严格遵守法律法规，以身作则，树立良好的法治榜样。这不仅有助于维护村民的合法权益，也有助于提升村民自治组织的权威和公信力。

第四节　借助社会力量协同推进乡村组织治理

一、社会力量的引入与角色定位

（一）社会力量的多样性与互补性

社会力量的引入为乡村组织治理带来了多样化的资源和视角。社会力量包括非政府组织、企业、基金会、专业志愿者等，它们各自拥有不同的专业能力和资源。例如，非政府组织通常具备较强的社区动员能力和项目管理经验，企业则可能在资金和技术支持方面有优势。通过这些不同社会力量的互补与合作，可以更全面地满足乡村治理的多元化需求，提高治理效率和效果。社会力量的引入还能为乡村带来新的思维模式和方法，激发乡村发展的活力。

（二）角色定位与功能发挥

社会力量在乡村组织治理中的角色定位至关重要。它们应被视为乡村治理体系的重要补充和合作伙伴，而非替代者。社会力量的角色可以是服务提供者、资源协调者、能力建设者或政策倡导者。它们通过与村民自治组织和地方政府的合作，发挥各自的专长，共同推动乡村治理的创新和发展。例如，专业志愿者可以提供教育和培训服务，提高村民的自我发展能力；企业可以通过投资和技术支持，促进乡村产业升级转型。

（三）合作模式与机制建设

社会力量与乡村自治组织的合作模式与机制建设是两者实现有效协同的关键。合作模式与机制需要建立在双方相互尊重和平等协商的基础上，双方要明确各自的责任和权利。合作模式可以是项目合作、资源共享、联合倡议等多种形式。同时，需要建立一套有效的沟通协调机制，确保信息的透明流通和问题的及时解决。此外，还要通过签订合作协议、构建监督评估体系等，保障合作的长期性和稳定性，促进社会力量与乡村自治组织的互信和共赢。

二、社会力量参与乡村治理的实践策略

（一）需求导向的项目设计

社会力量在介入乡村治理之前，应通过深入调研了解乡村的实际需求和问题，包括基础设施、教育、卫生、经济发展等方面。基于这些需求和问题，设计切实可行、针对性强的项目方案。例如，针对教育资源匮乏的乡村，可以设计支教项目，引入志愿教师，提供教育资源和培训。这种以需求为导向的项目设计能够确保社会力量的介入更加精准有效，避免资源浪费，提高乡村治理效率。

（二）资源整合与跨界合作

社会力量应充分发挥自身在资源整合方面的优势，通过与政府、企业、其他社会组织以及村民自治组织等合作，形成多方合力。这种跨界合作能够汇聚各方资源和智慧，共同解决乡村治理中的复杂问题。例如，企业可以提供资金和技术支持，

非政府组织可以提供项目管理和实施经验，村民自治组织则可以提供本地知识和社区动员服务，共同推动乡村治理项目的成功实施。

（三）持续监测与能力建设

社会力量需要建立一套科学的监测评估体系，定期对项目的实施效果进行评估和反馈，确保项目能够按照既定目标顺利推进，并及时调整改进。同时，社会力量还应注重乡村治理能力建设，通过培训、指导等方式，提高村民自治组织和地方政府的治理能力，使其能够在未来独立承担更多的治理任务。这种能力建设不仅有助于提升乡村治理的自我发展能力，也是实现乡村可持续发展的重要途径。

三、构建长效合作机制

（一）政策环境的优化

构建长效合作机制的首要任务是优化政策环境。这需要政府在宏观层面制定有利于社会力量参与乡村治理的政策框架，包括税收优惠、资金支持、法律保护等。政策的制定应充分考虑社会力量的特点和需求，降低其参与门槛，激发其参与热情。例如，政府可以通过优化项目资金匹配机制、减免相关税费等措施，减轻社会力量的经济负担，鼓励其在乡村治理中发挥更大的作用。同时，政府还应加强对政策执行情况的监督，确保政策能够落到实处，真正惠及乡村和参与乡村治理的社会力量。

（二）激励与约束机制的建立

有效的激励与约束机制对于长效合作至关重要。设立明确的奖惩制度，鼓励社会力量积极参与乡村治理，同时对其行为进行规范。激励机制可以包括荣誉表彰、政策倾斜、资金奖励等，以表彰和鼓励在乡村治理中做出突出贡献的个人或组织。约束机制则需要明确参与各方的权利和义务，对违反合作协议或不履行职责的行为进行惩罚。这种机制的建立有助于维护合作秩序，确保合作各方的权益得到保障，促进合作的长期稳定发展。

（三）监督评估与反馈机制的完善

监督评估与反馈机制是确保长效合作机制有效运行的关键。需要建立一套科学合理的监督评估体系，对合作项目的实施过程和效果进行定期监测和评估。评估结果应及时反馈给所有合作方,以便及时调整和优化合作策略。此外,还应建立开放的反馈渠道,鼓励村民、社会力量、政府等各方对合作项目提出意见和建议,形成持续改进的良性循环。通过这种机制,可以及时发现和解决合作中的问题,提高合作的透明度和公信力,增强各方对合作的信心和满意度。

思考题

1. 如何理解农村集体经济模式?
2. 如何发挥法治教育对乡村教育的促进作用?

第十三章思考题
参考答案

第四篇
新时代中国乡村治理的创新路径及案例

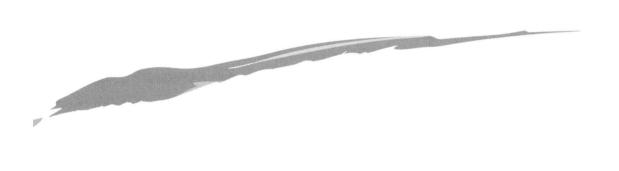

第十四章
新时代中国乡村治理的创新路径

学习目标

1.了解乡村基层政府职能转变的必要性和方向。理解乡村基层政府在新时代乡村治理中的角色和职责,并认识到职能转变的必要性;能够明确乡村基层政府职能向公共服务倾斜、职能重心下沉、加强职能协同、理念现代化等转变方向。

2.了解乡村社区自治文化环境建设的重要性和实施路径;认识到乡村社区自治文化环境建设对于推进乡村振兴和农村社区自治的重要性;认识到可以通过加强领导及组织机构建设、完善相关政策措施、发挥市场机制作用等建设乡村社区自治文化环境。

3.理解构建乡村治理良性互动机制的重要性;掌握构建乡村治理良性互动机制的具体举措。

第一节 转变乡村基层政府管理职能

一、乡村基层政府管理职能概述

乡村基层政府在乡村治理中的职能,主要是根据乡村经济和社会发展、解决"三农"问题、建设社会主义新农村以及乡村振兴等需要来具体确定。乡村基层政府的职能职责定位、网络关系结构及其机构设置和人员编制情况直接决定了基层治理的效能与效果。当前，乡村基层政府在基层治理中主要具有以下四种职能。①

（一）政治引领职能

政治引领职能是乡村基层政府的首要职能。政府要把握群众需求和意愿，代表人民管理当地事务，提高乡村居民的政治意识和文化素质，推动乡村发展，维护当地稳定和谐。首先，乡村基层政府是代表人民的政治组织，承担着代表人民管理国家事务、保障人民权益的职责。在实际工作中，乡村基层政府需要积极组织开展各项民主选举和决策程序，代表和维护当地人民的合法权益。乡村基层政府需要向广大乡村居民宣传国家法律法规和政策，发挥良好的政治引领作用。其次，乡村基层政府应为乡村居民提供必要的政策解读和技术指导，帮助他们更好地了解和适应国家政策。乡村基层政府需要通过开展各种形式的宣传教育活动，弘扬爱国主义、集体主义、社会主义思想，推动当地民众树立正确的世界观、人生观、价值观，增强他们的国家意识和集体意识。在乡村地区，问题种类繁多，涉及的利益关系复杂，乡村基层政府需要协调各方利益关系，积极解决各种矛盾纠纷，维护当地社会和谐稳定。再次，乡村基层政府要倾听群众意见，掌握当地实际情况，为群众提供必要的帮助和支持，引领农村发展。最后，乡村基层政府需要着力推动文化、教育、卫生、体育等事业的发展，推广先进文化，传承和弘扬优秀传统文化，推动当地精神文明建设和文化繁荣。

相关案例：
浙江省衢州市：
"县乡一体、
条抓块统"
提升治理效能

（二）经济财政职能

乡村基层政府的经济财政职能是积极引导和推动当地经济发展，提高当地群众生活水平，合理利用和管理当地资源，保障当地财政运行稳定，提高财政效率，促进乡村经济的可持续发展。首先，乡村基层政府需要根据当地实际情况，制定并实施经济发展规划，引导和支持乡村产业发展，促进当地经济增长和群众增收。其次，乡村基层政府要负责当地的财政预算和财务管理工作，保障当地公共服务设施建设和运营，合理分配和利用财政资源，提高财政运行效率。与此同时，乡村基层政府要负责管理和监督当地的经济活动，协调和解决当地经济发展中的矛盾和问题，提高当地经济运行效率，保障当地经济持续稳定发展。还要加强对当地市场的监管和管理，打击非法经济活动，维持市场秩序，维护消费者权益。此外，也要加强对当

---

① 江国华，罗栋梁.乡镇政府治理职能完善与治理能力现代化转型[J].江西社会科学，2021（7）：203-210.

地资源的保护和管理，合理利用当地资源，推动资源循环利用和可持续发展。最后，乡村基层政府需要积极推进招商引资，吸引外来投资和技术，推动乡村旅游等服务业的发展，提高当地经济发展水平。

（三）公共服务职能

乡村基层政府的公共服务职能是指政府要加强对基础设施和公共服务的投入，提高当地居民的生活质量和满意度，促进乡村社会和谐稳定与可持续发展。同时，乡村基层政府还需要加强与社会力量的合作，发挥社会组织和志愿者的作用，共同推动乡村公共服务事业的发展。这主要包括以下几个方面：一是基础设施的建设和维护，包括道路、桥梁、电力、自来水等，提高当地的交通、能源、水利等基础设施建设水平；二是社会保障服务，包括养老、医疗、住房、就业等方面，保障当地居民的基本生活需要得到满足；三是群众服务工作，包括文明创建、社区管理、矛盾调解等，维持当地社会和谐稳定；四是基本卫生服务，包括预防保健、传染病防治、医疗卫生等，保障当地居民的健康和生命安全；五是基本教育服务，包括幼儿园、小学、初中和普及教育等，提高当地居民的文化素质和受教育程度；六是基本文化娱乐服务，包括文化活动、体育赛事、电影放映等，满足当地居民的文化和娱乐需求。

（四）社会管理职能

乡村基层政府的社会管理职能是指政府要加强对社会管理工作的投入和重视，提高社会管理水平，加强社会监督和管理，保障社会的和谐稳定与可持续发展。同时，乡村基层政府还要积极与社会力量合作，发挥社会组织和志愿者的作用，共同推动乡村社会管理事业的发展。这主要包括以下几个方面。一是维持社会治安。乡村基层政府需要加强对社会治安的维持力度，包括打击违法犯罪活动、维护社会稳定等；还要建立完善的社会管理体制，提高社会管理水平，加强社会监督和管理，保障社会的和谐稳定。二是组织社会调解。乡村基层政府需要加强对矛盾纠纷的调解工作，采用多种形式解决纠纷，如仲裁、调解、诉讼等方式，减少社会矛盾和纠纷，维持社会稳定。三是推动社会事业发展。乡村基层政府需要加大对教育、文化、体育等社会事业的支持力度，制定政策，加大投入，推动乡村社会事业的发展，提高社会文明程度和文化素质。四是加强社区建设。乡村基层政府需要加强对社区建设的管理和服务，这包括环境卫生、交通安全、居民安全等方面的工作；还要建立健全的社区管理机制，加强对社区的管理和服务，提高社区居民的生活质量。五是维护社会公平正义。乡村基层政府需要加强对社会公平正义的维护，包括打击各种不正之风、维护社会公平和正义等。政府需要制定政策和法规，加强监督和管理，保障社会公平和正义的实现。

二、乡村基层政府管理困境

从目前乡村基层政府的职能职责定位来看，其与我国基层实际存在较大偏差，很难满足基层事务治理的需要，导致乡村基层政府在落实基层治理职能中面临诸多实践困境。

（一）职能定位与基层实际存在偏差

乡村基层政府作为最基层的行政机构，直接负责国家各项方针政策在乡村社会的落实，是连接国家与乡村社会的纽带。然而，就当前我国法律法规以及相关中央政策对乡村基层政府的角色定位而言，其与基层实际情况存在一定的偏差。这主要表现在以下几个方面。

一是职能定位与基层实际脱节。目前，乡村基层政府在职能定位上侧重于基础设施建设和经济发展，忽视了社会管理和公共服务等方面的职能。乡村基层实际上在农村医疗保障、教育、环境保护等方面存在一些问题。这些问题需要政府给予更多关注，并积极解决。

二是经济财政职能与需求存在偏差。首先，乡村基层政府的经济措施难以适应市场需求。改革开放以来，我国的经济体制从计划经济转向社会主义市场经济，市场在资源配置中发挥着越来越重要的作用，而乡村基层政府的经济激励性措施因易忽视市场真实需求，且前置性审批程序较烦琐，难以对乡镇经济发展起到促进作用，难以适应新时代需求。其次，乡村基层政府经济管理理念难以适应市场变化。乡村基层政府重视经济管理而忽视经济服务职能，经济管理模式单一固化，经济管理理念落后，难以适应日益复杂的经济环境与多元的经济发展形势。

三是"大部门"式机构设置徒具形式。我国前期改革已经对乡镇党政工作机构、事业单位进行了优化调整。从规范机构设置、整合管理资源角度来看，这些改革是非常必要的。但在实际工作中，"大部门"式机构设置徒具形式，其内部办公仍然是相互独立的，不利于实际工作的有序开展。在实践中，部分乡村基层政府为了便于开展工作，仍然按照先前"七站八所"式进行分工，这使得现行机构设置在运行中成了一种摆设。

四是职能部门之间协调不足，导致政府整体职能难以有效发挥。例如，基础设施建设需要多个部门的配合，但是这些部门之间的协调常常存在问题，导致项目难以顺利推进。

五是行政编制不足。在行政编制不足、人员空缺的情况下，行政岗位使用事业编制人员甚至使用"以钱养事"、公益性岗位、临时聘用等无编制人员的现象，仍然存在。

六是政府服务效能不高。乡村基层政府的服务效能普遍不高，主要原因是政府职能分散，各职能部门的工作重心难以统一。这不仅导致政府服务难以有序开展，还会让基层群众对政府的信任度下降，不利于政府工作的开展。

七是政府人才缺乏。由于地理环境和薪资待遇等方面的不同，乡村基层政府存在人才流失和招聘困难的问题。这不仅导致乡村基层政府管理人员素质和能力普遍较低，还会影响政府工作的开展。

（二）职能扩张与财政投入不匹配

随着国家加强对农村发展的重视，乡村基层政府的职能不断扩张，包括经济发展、社会管理、公共服务等多个方面，但是乡村基层政府的财政投入并没有相应增加，导致职能扩张与财政投入不匹配，这是当前乡村基层政府面临的一大难题。

首先，乡村基层政府的职能扩张需要大量的财政投入。在乡村经济发展方面，政府需要投入大量资金用于基础设施建设、农业产业发展等；在社会管理方面，政府需要投入大量资金用于维持社会秩序、保障社会安全等；在公共服务方面，政府需要投入大量资金用于提高医疗、教育等公共服务水平。但是，由于乡村基层财政收入有限，政府往往难以承担如此巨大的财政投入。

其次，财政投入不足会导致乡村基层政府职能无法得到有效落实。政府需要投入资金用于人员培训、管理系统建设等，以提高政府工作效率和服务质量，但是由于资金不足，乡村基层政府往往难以保障这些方面的投入。这样一来，乡村基层政府的职能扩张就无法得到有效的实现，难以满足乡村居民的需要。

最后，财政投入不足会加剧乡村基层政府的债务风险。政府常常会通过举债等方式来融资，但是，由于乡村基层政府的还款能力有限，这些债务可能会成为其财政风险的重要来源，进一步加剧财政风险。

（三）职能下沉不足

乡村基层政府是乡村社区管理和服务的重要组成部分，是联系农民群众、推进农村发展的重要力量。然而，乡村基层政府职能下沉不足是一大问题，这主要表现为治理重心、治理人员与治理资源未全面下移。乡村基层政府的治理力量与治理资源较薄弱，管理权限和资源较少。乡村基层政府职能下沉不足主要表现在以下几个方面。

第一,行政职权过窄。依照我国顶层制度设计,当前乡村基层政府仅享有规划区内违反规划建筑的拆除等几项非常有限的行政职权。但实践中,在县级政府主管部门基层派出机构大量撤销的背景下,为了加强市场监管属地管理、提高效率,乡村基层政府有诸多市场监管的现实需要。一小部分乡村基层政府可能通过法律法规授权或者行政委托的形式获取了综合行政执法权,但绝大多数乡村基层政府并没有执法权,却实际承担着辖区内除行政处罚、行政许可及行政强制以外的市场监管职能。随着"放管服"改革的深入开展,除跨地市(州)执法事项和重大行政许可事项外,绝大多数行政许可、服务、市场监管和执法职能被取消或下放,还有一些则转变为非行政许可事项或者事中事后监管事项,但"编随事走,财随事转"未匹配和落实到位,县级体制压力传导和下移至乡镇级政府。

第二,乡村基层政府在经济发展中的职能下沉不足。当前,中国经济发展进入了新时代,乡村振兴成为国家战略,但乡村基层政府在经济发展中的职能下沉不足。乡村基层政府的传统职能主要是土地管理、农业生产和社会管理,而在新时代,乡村基层政府要承担更多的职责,如推动农村创新创业、招商引资等。然而,因为财政困难、经费不足等,乡村基层政府在经济发展中的职能下沉不足,导致乡村经济发展缺乏有效的支持和引导。

第三,乡村基层政府在社会治理中的职能下沉不足。乡村基层政府应当承担社会治理的重要职责,如维持社会稳定、促进社会和谐等。然而,乡村基层政府在社会治理中的职能下沉不足,导致社会治理能力不足。对于乡村地区存在的社会问题,乡村基层政府应当积极介入、及时化解,但现实中部分乡村基层政府缺乏有效的社会治理手段,难以有效维护社会稳定。

第四,乡村基层政府在公共服务中的职能下沉不足。乡村基层政府应当承担提供公共服务的重要职责。然而,乡村基层政府在公共服务中的职能下沉不足,导致公共服务质量不高。乡村地区存在很多公共服务短缺的问题,如学校、医疗机构缺乏、设施落后、服务水平不高等,乡村基层政府应当承担更多的责任,但现实中很多乡村基层政府缺乏有效的公共服务手段,难以满足乡村居民的公共服务需求。

第五,乡村基层政府在人才引进和人才培养方面的职能下沉不足。人才是乡村振兴的重要支撑,乡村基层政府应当承担人才引进和人才培养的重要职责。然而,现实中乡村基层政府在人才引进和人才培养方面的职能下沉不足,缺乏相关政策和措施,难以吸引和培养乡村人才,导致乡村发展缺乏人才支持。

(四)理念落后

乡村基层政府是乡村社会管理的重要组成部分,是联系农民群众和政府的桥梁和纽带。要完成从"全能管理型政府"到"服务型政府"理念的转变,乡村基层政府还有很长的路要走。结合当前实际，我国乡村基层政府在基层治理理念上主要存在以下几点不足。

第一，行政化管理倾向。传统的行政化管理模式强调命令、禁止和惩罚，强调对群众的管理和控制，缺乏与群众沟通、协商和参与的机制，难以满足群众的多元化需求。部分乡村基层政府没有从实际出发，忽视群众的多样化和个性化需求，致使出现"一刀切"等现象。同时，过于行政化的管理模式容易导致腐败和权力滥用，影响政府的公信力和形象。

第二，传统思维的束缚。乡村基层政府的管理理念往往受传统思维的影响，强调维护传统秩序和稳定，缺乏创新和变革的思维，难以适应当今快速变化的社会和乡村发展的新要求。比如，在村组选举中，乡村基层政府一般会利用人情优势进行游说，找群众谈话，集合乡镇干部，对其思想进行统一。

第三，缺乏服务意识。乡村基层政府管理的主要对象是农民群众，但由于历史原因和其他因素的影响，乡村基层政府存在服务意识不足的问题，缺乏以人民群众为中心的管理思想，服务质量低下，难以满足乡村居民的需求。

第四，可持续发展理念不强。乡村基层政府的一项重要任务就是为经济发展提供支持，但其在发展经济时可能会忽略可持续发展。比如，为了加快当地经济发展，个别乡镇政府引进一些高污染、高耗能的工业企业，发展理念仍停留在粗放型经济增长方式上。

第五，缺乏专业化管理。要有效解决乡村各种社会问题，乡村基层政府的工作人员需要具备一定的专业知识和技能。然而，由于乡村基层政府的工作人员大多数为非专业人士，缺乏专业知识和技能的支持，有时难以有效解决乡村地区的复杂问题。

三、乡村基层政府管理职能转变方向

（一）简政放权

随着中国乡村振兴战略的深入推进，乡村基层政府的改革也日益受到重视。简政放权是乡村基层政府改革的关键举措之一，旨在减轻乡村基层政府负担，提高其工作效率，使其更好地服务于乡村居民。在过去多年，乡村基层政府负责诸多事务，如土地管理、公共安全、教育、医疗等。由于职责过多，乡村基层政府的工作效率受到影响，同时也增加了自身负担和成本。简政放权主要包括两个方面。一是取消或下放行政审批事项。取消或下放行政审批事项是指取消或下放乡村基层政府对企业和居民的行政审批权限，使乡村基层政府的服务更加便利和高效。此外，也可以通过简化审批流程、增强信息透明度等方式，提高审批效率和公正性。二是减少管理层级、推进权力下放。减少管理层级、推进权力下放则是指缩减政府机构的数量和层级，使政府机构更加精简，办事更加高效。同时，也可以通过下放财政和人事管理等权限，提供更加灵活高效的公共服务。

（二）职能重心向基层下沉

近年来，我国一直致力于推进实施乡村振兴战略，为此，乡村基层政府职能下沉已成为一项重要的改革举措。职能下沉是指将一部分上级政府的职责下放到乡村基层政府，从而实现更加精细化、便捷化和高效化的服务。乡村基层政府作为基层政府的重要组成部分，负责许多重要事务，但由于乡村基层政府的资源和能力有限，很难承担更多的职责。因此，将一部分上级政府的职能下沉到乡村基层政府，成为提高基层政府服务能力和效率的重要举措。

乡村基层政府职能下沉的内容主要包括两个方面。一是下放政策制定和执行的权力，将一些上级政府的政策法规制定和执行权力下放到乡村基层政府，使其更好地服务于当地居民和企业。同时，还可以通过加强部门协作、完善考核评价等方式，确保政策的有效执行和落地。二是下放一部分资金预算和经费管理的权力，将一部分上级政府的资金预算和经费管理的权力下放到乡村基层政府，以便更好地保障当地居民的基本生活和发展需求。同时，还可以通过完善预算管理、加强监督检查等方式，确保资金的合理使用和效益最大化。

乡村基层政府职能下沉是推进乡村振兴战略的重要举措。职能下沉的作用体现在以下几点：让乡村基层政府更好地了解当地的实际情况和需求，提高服务能力和效率；更好地支持和促进当地的经济发展，提高当地居民的获得感和满意度，同时吸引更多的企业和投资，推动当地的经济繁荣；让乡村基层政府更好地贯彻执行中央和省级政策，提高治理效能，加强社会管理和服务；推动政府职能转型，实现政府职能的优化、精简和高效，增强乡村基层政府的自治和自我发展能力；增强乡村基层政府的责任感和使命感，鼓励其更加积极主动地服务于当地居民和企业，促进乡村治理现代化和提高政府形象。

（三）加强政府职能协同

政府职能协同是指政府各部门在工作职责、资源协调和信息共享等方面紧密配合和协同。在乡村振兴战略实施过程中，要实现乡村经济和社会的协调发展，就必须加强基层政府职能协同。在这个过程中，乡村基层政府各部门需要相互支持、协同配合，实现职能协同，为乡村振兴提供有力支撑。

首先，乡村基层政府职能协同可以促进政策的落地。在实践中，乡村基层政府各部门负责不同的工作，相互之间具有一定的协同作用。例如，农业部门可以与工商、财政部门联合推动乡村企业发展，助力农民增收，而教育部门可以与卫生部门协同推动乡村卫生健康教育普及。通过各部门协同配合，推动政策更快更好地落地，并为乡村发展提供更好的服务。

其次，乡村基层政府职能协同可以实现资源的优化配置。不同的基层政府部门拥有不同的资源，包括资金、人力、物资等，如果能够实现资源的共享和优化配置，就可以更好地服务于乡村发展。例如，农业部门可以提供农资和技术支持，工商部门可以提供市场监管服务，教育部门可以提供人才培训服务，劳动部门可以提供就业服务等。各部门通过资源共享和协同，实现资源的最优配置，从而提高服务水平，推动乡村发展。

最后，乡村基层政府职能协同还可以促进信息的共享和交流。不同的基层政府部门都有自己的信息系统和数据库，如果能够实现信息的共享和交流，就可以更好地服务于乡村发展。例如，农业部门可以提供农产品市场信息，工商部门可以提供企业发展信息，教育部门可以提供人才培训信息等。各部门之间通过信息的共享和协同，可以实现信息的最大化利用，从而提高决策水平和服务效率，推动乡村发展。

（四）推动治理理念现代化

乡村基层政府治理理念现代化，是指乡村基层政府在治理方面，适应新时代和新形势，将传统治理理念升级转变为更加符合现代化要求的治理理念。随着中国经济社会的快速发展和乡村振兴战略的深入推进，传统的乡村治理模式已经无法满足新时代的需求，乡村基层政府需要加强自身建设，更新治理理念，推动乡村治理现代化。具体来说，可以从以下几个方面入手。

一是深入推进依法治理。依法治理是国家治理现代化的基石，也是实现国家治理现代化的重要途径。乡村基层政府应当加强对法治观念的宣传，推动全体人员树立法治意识，增强依法治理的自觉性和主动性。同时，乡村基层政府应当完善法律制度体系，建立健全法治教育体系，加强对村民自治组织和村民代表大会的监督和管理，推进乡村治理法治化。

二是提高服务意识。从源头上铲除乡镇干部"官本位"的价值理念，强化服务意识，形成积极的政绩观，以保障农民利益为第一要务。[①]

[①] 金丽馥，严家玮.乡村治理现代化进程中乡镇政府的角色定位探究[J].农场经济管理，2022（12）：12-18.

三是秉持可持续发展理念。要深入践行"绿水青山就是金山银山"理念,把生态环境和资源保护工作摆在突出位置,平衡经济发展与环境保护之间的关系,实现乡村可持续发展。

四是积极推进数字化治理。随着信息技术的不断发展和普及,数字化治理已经成为社会治理现代化的重要趋势。乡村基层政府应当加强信息化建设,推进数字化治理,建立数字化治理体系,提高乡村治理的科学化、规范化和精细化水平。具体而言,乡村基层政府应当加强数字化基础设施建设,建立数字村庄、数字服务平台、数字政务中心等基础设施,推动乡村信息化和智能化建设。同时,乡村基层政府应当加强数据管理和运用,利用大数据、云计算等技术,提高治理效率和质量,为乡村发展提供科学支撑。

第二节 乡村社区自治文化环境建设

一、乡村社区自治文化环境建设的意义

随着城市化进程不断加快,城乡发展的差距逐渐加大,越来越多的乡村居民涌向城市。乡村振兴和乡村社区自治已成为当前我国发展的重要议题。乡村社区自治文化环境建设,是推进乡村振兴和乡村社区自治的关键举措之一。

相关案例:
村民自治聚合力打造乡村治理的"贵州样本"

首先,乡村社区自治文化环境建设有利于增强乡村居民自治意识,促进社会稳定。自治意识是推进社会自治的基础,也是促进社会和谐稳定的关键。通过乡村社区自治文化环境建设,可以提高乡村居民的自治意识,让他们理解乡村社区自治的本质和价值,增强他们的自治信心和能力,有效地推进乡村社区自治,维护乡村社会稳定。

其次,乡村社区自治文化环境建设有利于传承和弘扬传统文化,促进文化多样性和文化创新。乡村是我国传统文化的重要承载地之一,乡村社区自治文化环境建设可以充分挖掘和利用乡村文化资源,传承和弘扬传统文化,促进文化多样性和文化创新,推动文化与经济的融合发展。

最后,乡村社区自治文化环境建设有利于促进乡村经济发展,促进农民增收致富。当前,乡村旅游和文化产业已成为促进乡村经济发展的重要支柱之一。通过乡村社区自治文化环境建设,可以提高乡村文化和旅游产业的竞争力和吸引力,推动乡村经济的持续发展,带动农民增收致富。

二、乡村社区自治文化环境建设的主要内容

一是加强乡村社区自治制度建设。乡村社区自治制度是推进乡村社区自治的基础和保障。可以通过加强法律法规的宣传和普及，建立健全乡村社区自治制度，完善乡村自治组织和制度，提高乡村自治组织的运转效率和服务能力。

二是建设文化设施和公共服务设施。文化设施和公共服务设施是乡村社区自治文化环境建设的重要组成部分。可以通过修建文化广场、图书馆、文化展览馆、博物馆等设施，提高乡村居民的文化素养和文化参与度；通过建设公共服务设施，如医疗卫生、教育、交通、水利等相关设施，提高乡村居民的生活质量和生活水平。

三是开展文化教育活动。文化教育活动是提高乡村居民文化素养的重要途径。可以通过开展文化教育活动，如绘画、书法、音乐、舞蹈、民俗节庆、传统手工艺制作等，提高乡村居民的文化素养和审美能力，传承和弘扬乡村传统文化，让乡村居民了解和体验传统文化的内涵和魅力，增强乡村文化的影响力和凝聚力，提高社区自治的文化水平。

三、乡村社区自治文化环境建设的实施路径

（一）加强领导及组织机构建设

乡村社区自治文化环境建设是一项复杂的系统工程，需要政府、基层组织、专家学者、文化机构和广大群众共同参与。政府是乡村社区自治文化环境建设的主要责任方，要加强领导，汇聚多方力量，形成强大的合力，推动工作开展。首先，政府应成立领导小组，政府主要领导担任组长，各级政府相关部门、专家学者、文化机构和群众代表组成成员，明确各自的职责和任务，协同推进乡村社区自治文化环境建设工作；其次，政府要加大资金投入，通过财政拨款、引导资金和社会资金等方式，为乡村社区自治文化环境建设提供资金保障；最后，政府要加强督导和检查，及时发现问题和不足，及时调整工作方向和方法，确保工作达到预期效果。

为了使工作更加有序、高效，可以根据实际情况，设立工作机构，制定明确的工作任务和标准，通过科学的管理和监督，提高工作效率。首先，建立健全乡村社区自治文化环境建设工作领导小组，明确各部门和成员的职责和任务，确保各项工作有序推进；其次，成立乡村社区自治文化环境建设工作机构，设置工作人员和专职人员，协调各项工作，提高工作效率；最后，加强对乡村社区自治文化环境建设工作的督导和检查，及时发现问题和不足，及时纠正和改进，确保工作达到预期效果。

（二）完善相关政策措施

政策措施是乡村社区自治文化环境建设顺利进行的重要保障。政府应制定相关政策，如财政资金支持、税收优惠、人才引进等，为乡村社区自治文化环境建设提供坚实的政策保障。一是完善乡村治理的法律制度，健全乡村自治法律体系，建立健全乡村权利保护机制，制定具有可操作性和针对性的政策，促进乡村地区的发展和乡村社区自治文化环境的建设；二是加大对乡村社区自治文化环境建设的财政投入力度，建立健全资金保障机制，提高资金使用的效益和透明度，加强财务监督，确保资金使用合理、公开和公正；三是建立健全乡村社会保障体系，提供医疗、教育、养老等方面的保障，提高乡村居民的生活水平，增强乡村居民的幸福感和获得感，提高他们参与乡村社区自治文化环境建设的积极性；四是建立健全考核评估机制，对乡村社区自治文化环境建设的实施效果进行定期评估，及时发现和解决问题，加强对乡村社区自治文化环境建设的监督和管理，确保工作顺利开展。

（三）发挥市场机制作用

市场机制是推动文化创意产业发展的重要手段。可以采取市场化的方式，吸引社会力量参与乡村社区自治文化环境建设，增加资金投入，提升经济效益。

1. 积极引导社会资本参与

政府应积极引导社会资本参与乡村社区自治文化环境建设，通过与企业、机构、基金等资源方合作，拓宽项目资金来源，扩大建设规模，提高工程质量。例如，通过发放优惠政策、减免税收、提供奖励等方式来引导社会资本参与乡村社区自治文化环境建设。此外，还可以在建设项目中加强与社会资本的合作，为社会资本提供有效的引导和服务。

2. 提高政府采购的透明度

政府采购要充分发挥市场机制的作用，通过采购服务，引导市场机制参与乡村社区自治文化环境建设。要加强对采购服务的监管，提高采购的透明度，保证采购程序的公开、公平和公正。同时，可以通过公开招标、询价、拍卖等方式，吸引更多的市场机构参与到乡村社区自治文化环境建设中来。

3. 鼓励企业承担社会责任

政府可以通过鼓励企业承担社会责任的方式，加大企业对乡村社区自治文化环境建设的投入。采用多种方式，如税收优惠、资金补贴等，鼓励企业在乡村社区自治文化环境建设方面承担更多的社会责任。还可以通过对企业的社会责任行为进行评估和认证，进一步提升企业在乡村社区自治文化环境建设方面的积极性和主动性。

（四）加强人才引进与培养

在当前全球化和信息化大背景下，引进人才和技术已经成为促进乡村振兴、实现农业现代化和加快推进城乡一体化的重要手段。一方面，引进高水平的人才可以丰富乡村社区文化内涵，提高乡村社区文化软实力，特别是引进高端科技人才和专业技术人才，可以帮助乡村社区充分利用当地资源，推动乡村社区产业升级，促进经济发展；另一方面，引进最新的技术和管理经验，可以提高乡村社区自治的管理水平，更好地推动乡村社区文化环境建设。

当前，乡村社区的资源和条件相对较差，很难吸引高水平人才来乡村社区工作和生活。许多乡村社区基础设施落后、住宿条件较差、薪酬福利水平较低，难以满足高水平人才的需求。因此，政府需要加大对乡村社区的支持力度和投入，出台"引才入村"政策，建立完善的薪酬福利体系，推行特殊补贴措施和培训计划，为高水平人才提供更好的生活环境，增强其归属感和融入感，提升乡村社区的吸引力。同时，还要进一步加强人才培养，为乡村社区自治文化环境建设提供坚实的人才保障。一方面，加强人才储备，通过招聘、选调、培训等方式，引进和培养乡村社区自治文化环境建设方面的专业人才；另一方面，建立健全人才评价和激励机制，对工作表现突出的人才进行表彰和奖励，激发其积极性和创造性。

（五）加大宣传教育力度

宣传教育是指通过各种渠道向乡村居民宣传和普及自治、法治、文明等知识和理念，增强其法律意识、公民意识，提高其文明素质，进而推进乡村社区自治文化环境建设。它是推动乡村社区自治文化环境建设的重要手段。首先，宣传教育可以增强乡村居民的自治意识和自治能力。乡村社区自治文化环境建设强调乡村居民的主体地位和自治精神，因此要让其充分了解乡村自治的概念和意义，提高其自治意识和自治能力，这样才能更好地推进乡村社区自治文化环境建设。其次，宣传教育可以提高乡村居民的法治意识和法律素质。通过宣传教育，让乡村居民了解相关法律内容，提高他们的法律意识和法律素质，避免因不了解法律而误入歧途。此外，加强法律教育，还可以推动社会的法治进程，增强社会的文明程度。最后，宣传教育可以提高乡村居民的文明素质。在乡村社区自治文化环境建设中，需要营造和谐、文明、有序的社区环境。通过宣传教育，让乡村居民了解和接受文明的观念和习惯，提高其文明素质和道德观念，才能有效推进乡村社区自治文化环境建设。

针对乡村居民的宣传教育可以采用多种渠道和形式，比如悬挂标语、张贴海报、发放宣传资料等。

一是制订详细的宣传计划，以更好地组织和安排各类宣传活动，使宣传更有针对性、更高效。在制订宣传计划时，可以结合乡村社区的实际情况，选择合适的宣传主题、宣传对象和宣传方式，从而达到更好的宣传效果。

二是打造宣传平台。可以打造多样化的宣传平台，如政府网站、宣传栏、公共服务设施等，使其成为宣传阵地。通过不同的宣传平台，实现信息的互动和共享，让更多的人了解和参与乡村社区自治文化环境建设，形成社会共识。

三是加强宣传力度。可以利用多种媒介手段，如广播、电视、网络、报刊等，对乡村社区自治文化环境建设进行全面、深入、系统的宣传报道。此外，还可以邀请专家学者、成功典型和社会名人等，开展宣传讲座、座谈会等，增强宣传的权威性和可信度。

四是发挥乡村居民自我教育作用。可以通过开展社区文化活动、社区互动交流活动等，让乡村居民自发地了解和参与乡村社区自治文化环境建设，进而达到自我教育的目的。同时，可以积极鼓励和引导乡村居民通过社交媒体、微信群等新媒体形式，进行互动和交流，提高其文化水平和自治意识。

（六）建立健全监督机制

监督机制是乡村社区自治文化环境建设的重要保障。可以通过建立健全监督机制，加强对乡村社区自治文化环境建设的监督和管理，确保工作规范有序进行，避免腐败现象的发生。乡村社区自治文化环境建设是一项长期而复杂的任务，需要多方支持和参与，同时也需要保证建设工作的规范和质量。因此，建立健全监督机制，加强对建设工作的监管和监督，可以有效避免工作中出现违规行为和不规范操作，促进乡村自治文化建设的可持续发展。

一是建立健全乡村自治文化环境建设的责任制度。责任制度是保证监督工作有章可循、有据可依的重要手段。应当建立健全乡村自治文化环境建设的责任制度，明确各级领导和部门的职责和权限，确保监管责任明确、任务清晰。

二是加强对建设工作的监督和检查。在乡村自治文化环境建设过程中，应建立多层次的监督机制，强化对建设工作的监督和检查，及时发现问题并纠正问题。监督机制应当覆盖全过程，确保工作质量和安全。

三是建立投诉举报渠道。建立便捷的投诉举报渠道，让广大乡村居民可以及时向有关部门反映问题和意见。各部门对于涉及乡村自治文化环境建设的问题要及时处理，保障乡村居民的合法权益。

第三节 构建乡村治理良性互动机制

当前我国正处在全面推进乡村振兴的关键阶段，乡村治理也成为当前社会关注的焦点。在过去，我国的乡村治理模式多由政府主导，但这种模式面临诸多问题，如权力过于集中、信息闭塞、决策不够民主、基层干部能力有限等。因此，如何构建乡村治理良性互动机制，成为当前乡村治理改革的核心问题。

相关案例：创新"三事分议"议事协商机制　打造"枫桥式"基层治理新模式

一、构建乡村治理良性互动机制的意义

构建乡村治理良性互动机制意义重大。一方面，乡村治理良性互动机制可以增强乡村基层组织的自治能力，激发乡村居民的积极性，增强基层组织对本地区的认同感和责任感，提高基层组织的服务能力和质量，更好地维护乡村居民的合法权益，满足其实际需求；另一方面，乡村治理良性互动机制可以加强政府与基层组织、企业、社会组织之间的互动，促进信息共享和多方协作，发挥各方优势，形成合力，推动乡村发展。乡村治理良性互动机制是促进乡村社区自治和乡村振兴的关键因素之一。随着城市化和现代化的快速推进，乡村社区治理面临越来越复杂的挑战，需要探索更有效的治理模式。乡村治理良性互动机制可以在乡村治理过程中发挥积极作用。

（一）提高乡村居民的自治意识和参与度

乡村居民是乡村社区的主体，而乡村社区自治是在民主的基础上，通过乡村居民自治、社区管理和自我服务来实现的。因此，提高乡村居民的自治意识和参与度是建立乡村治理良性互动机制的关键。通过加强政府与乡村居民之间的互动，加强基层组织与乡村居民之间的互动，加强乡村居民与企业、社会组织之间的互动，可以让乡村居民更加积极地参与到乡村治理中来，共同建设美好的乡村社区。乡村治理良性互动机制还可以帮助乡村居民更好地了解乡村治理的政策、规划和决策，并提高他们对政府的信任度和满意度，进一步激发其自治意识和参与热情。

（二）优化乡村治理的决策机制和执行机制

乡村治理良性互动机制可以优化乡村治理的决策机制和执行机制，更好地解决实际问题。在现实生活中，乡村治理面临资源、环境、产业、民生等诸多问题。解决这些问题，需要政府、基层组织、企业、社会组织以及乡村居民之间密切合作。在建立乡村治理良性互动机制的过程中，各方可以共同协商、制定决策，并在执行中互相配合，促使治理机制更加科学、透明和有效。此外，乡村治理良性互动机制还可以鼓励创新和探索，通过吸纳社会力量和资源，为乡村振兴提供更多的可能性。

（三）促进社会资本的投入和乡村多元化发展

在当前的乡村发展中，传统的政府投资模式已经无法满足乡村发展的需求。首先，乡村治理良性互动机制可以促进社会资本的投入。其次，构建乡村治理良性互动机制可以促进基层社会治理体系建设。基层社会治理体系是维护社会稳定、保障社会安全的重要基础。乡村社区自治作为基层社会治理体系的重要组成部分，必须建立在有效的互动机制基础之上。推进政府、基层组织、企业、社会组织和乡村居民的良性互动，可以进一步加强各方在乡村治理中的共识，协调各方利益关系，提高治理效率和治理质量。此外，还可以不断完善基层治理机制，提高各方治理能力和治理水平，推动基层社会治理体系逐步规范化、科学化、现代化。最后，构建乡村治理良性互动机制可以促进乡村振兴战略的实施。当前，我国正在深入实施乡村振兴战略，通过建设美丽乡村、振兴乡村产业等多种途径，推动农村经济社会全面发展。然而，在乡村振兴的过程中不可避免地会出现一些矛盾和问题，如土地流转问题、农民收益问题等，这需要政府、基层组织、企业、社会组织和乡村居民之间形成有效的沟通机制，妥善处理各种矛盾和问题。

二、构建乡村治理良性互动机制的举措

（一）推进政府与基层组织的互动

政府应根据乡村实际情况，制定相应的政策和计划，支持和引导基层组织发挥作用。可以通过建立和完善乡村治理的法律法规和政策，加强对基层组织的指导和监督，保障基层组织依法行使权力，使基层组织能够更好地服务于乡村居民。还可以通过定期召开村民代表大会、村民议事会等，加强政府与基层组织的联系和沟通，了解基层组织的情况，共同制定村庄建设规划，推进乡村治理。具体来说，可以从以下几个方面展开。

一是建立政府与基层组织的沟通机制。政府应主动与基层组织建立联系，积极听取他们的意见和建议。同时，定期组织会议，听取基层组织工作汇报，以便及时解决问题。此外，还应利用数字化技术，建立在线平台，方便基层组织与政府沟通交流。

二是加强政府与基层组织之间的协作。政府应将基层组织作为重要的合作伙伴，加强与他们的合作。政府在制定政策和计划时，应主动邀请基层组织成员参与，听取他们的意见和建议，以确保政策和计划有效实施。此外，政府还应在资金和技术方面给予基层组织支持，帮助他们更好地开展工作。

三是建立政府与基层组织的信任关系。政府应加强与基层组织的沟通和协作，做到公开、公平、公正，增强透明度，增强基层组织对政府的信任。政府还应加强对基层组织的帮扶力度，帮助他们解决问题，提高基层组织的能力和服务水平。

四是加强政府对基层组织的教育培训。政府可以通过举办培训班、组织交流学习等方式，加强对基层组织的教育培训，增强他们的能力和素质，提高他们的管理和服务水平，使他们更好地服务于乡村发展。

（二）加强基层组织与企业、社会组织之间的互动

基层组织与企业、社会组织之间的互动是构建乡村治理良性互动机制的重要环节。企业和社会组织可以通过向基层组织提供技术、资金和人力等，为基层组织提供支持和帮助，促进基层组织的发展壮大。

首先，加强基层组织与企业之间的互动，推动基层组织与企业融合发展。乡村经济的发展需要企业的支持，而企业的发展也需要基层组织的支持和服务，双方的互动合作是实现乡村振兴的重要保障。政府可以出台相关政策，鼓励和引导企业参与乡村治理，同时鼓励基层组织积极主动地联系和服务企业，为企业提供必要的服务和支持，提高企业的发展效益。

其次，加强基层组织与社会组织之间的互动，推动基层组织与社会组织的融合发展。社会组织在乡村治理中发挥着重要作用，可以帮助政府和基层组织更好地了解和满足群众需求，同时也可以为乡村发展提供各种形式的支持和帮助。政府可以积极引导和鼓励社会组织参与乡村治理，同时鼓励基层组织与社会组织密切联系、协同合作，共同推动乡村治理的现代化和规范化。

最后，政府还可以建立基层组织与企业、社会组织之间的沟通平台，促进多方互动。政府可以通过建立统一的信息平台和沟通渠道，为基层组织、企业、社会组织之间的交流提供便利和支持，推动信息共享和资源整合，提高乡村治理的效率和质量。

（三）推动农民参与乡村治理

农民是乡村的主要人口群体，他们对于乡村的治理起着重要的作用。农民的参与可以增强乡村治理的民主性、公正性和有效性。农民对于乡村的了解和认知比较深入，能够从生产生活中抓住实际问题，为乡村治理提供更加真实、全面的信息和建议。此外，农民的积极参与也能够增强乡村自治的有效性和广泛性，充分发挥社会治理的主体作用。

在我国现阶段，虽然政府积极推进农民参与乡村治理，但实际上农民的参与程度还较低。一方面，由于基层组织的效能不足，农民的诉求难以得到及时传递和解决；另一方面，农民自身的主观意识和能力有限，难以积极参与乡村治理。此外，一些地方落后的经济和教育水平也影响了农民参与乡村治理的积极性。因此，要想推动农民参与乡村治理，必须从多方面入手。

首先，加强宣传教育，提高农民参与乡村治理的积极性。政府可以利用各种媒体宣传农民参与乡村治理的重要性，让农民了解到自己的权利和义务，激发他们的主人翁意识，提高其参与能力。其次，以通过落实财政保障、制定奖励政策等方式，进一步提升农民的参与积极性和参与度。例如，通过财政资金或税收优惠等方式，鼓励农民积极参与乡村治理，推动农村公共事务的开展。最后，可以制定奖励政策，奖励表现突出的农民代表或乡村组织，鼓励他们更加积极地投身于乡村治理事业。

思考题

1. 乡村基层政府在简政放权过程中面临哪些挑战？如何克服这些挑战？

2. 在推进乡村社区自治文化环境建设过程中，如何增强居民的自治意识和自治能力？

第十四章思考题参考答案

第十五章
新时代中国乡村治理的典型案例

第一节 马岭村探索边远乡村持续发展案例

一、背景

湖北省京山市罗店镇马岭村东临应城市田店镇,村域面积3.97平方千米,耕地面积3960亩,辖5个村民小组、219户、837人。[①]自20世纪90年代初开始,村民为谋生计大量外出务工经商,半工半耕,农业生产以水稻种植为主,村庄空心化、集体空壳化、农户空巢化、农民老龄化、土地碎片化等问题突出,是湖北省典型的"五化"村。

2010年,马岭村张立针对乡村发展的系列问题,首次提出"村民股东化、居住集中化、养老福利化、管理公司化、经营集约化、发展产业化"的"六化"模式。但是,马岭村部分村民对新的建设模式不看好、不理解、不支持,还有部分村民强烈反对,例如居住集中政策需要所有村民拆除自家私房,有些村民的私房刚建成并装修,如果拆除会造成较大损失,因此新模式的推行举步维艰。张立书记通过深入访谈、实地调研等方式把握群众实际难题,积极回应群众需求,有针对性地提出解决方案。在马岭村9位外出创业成功人士的带头支持下,马岭村2组开始小范围试点新模式,后来逐步覆盖到其他4个村民小组,最后新模式成功得以全面实施,还吸引了周边部分村民到马岭村定居。同时,进一步发挥"能人经济"效应,发展循环农业,实现多产融合以及村民共治共享。

"十四五"时期是我国全面建成小康社会、实现第一个百年奋斗目标之后,乘势而上开启全面建设社会主义现代化国家新征程、向第二个百年奋斗目标进军的第一个五年,"三农"工作重心历史性转向全面推进乡村振兴、加快中国特色农业农村现

[①] 此处数据是马岭村在2021年底提供的。

代化进程。马岭村探索形成的边远乡村发展之道，为建设中国特色农业农村现代化提供了新思路。

二、项目实施

（一）党建引领基层治理，激活村民发展意识

马岭村在推进乡村战略实施的过程中，始终以党建为重要抓手。

首先，落实党建班子责任，书记带头先行。马岭村党支部书记张立放弃大城市高薪高职回乡奉献，三年不拿工资，村里的21位党员中之前有12人在外地打工或经商，在其带动下，主动关闭部分公司，将资金转移到村庄建设。进行旧房改造时，党支部书记和全体共产党员充分发挥先锋模范作用，使一期工程覆盖面从5户发展到15户，直至最后实现90%的村民搬迁，以实际行动树立了党员旗帜，解决了农村基层党组织弱化、虚化、边缘化的问题。

其次，发挥党组职能，引领服务创新。马岭村探索建立《村两委干部及农村党员积分管理办法》，实行党员积分管理制度，用党风、党纪、法规引导和规范党员的日常行为，增强党员的党性意识和观念；按照"五务合一"要求建设农村党员群众服务中心，将面向基层的党务、服务、事务等63项直接办、代理办、协助办的各项功能，集中到农村党员群众服务中心，提升基层党组织治理效能，以党建带动农村基层服务方式创新；党支部对村民开展德治、励志、感恩教育，每年拿出5%的集体利润设立"孝心股份"，用于村庄尊老养老服务和奖励，积极倡导"马岭精神"。

最后，党建融入治理，政企交叉任职。一是打破纵向结构，以党建统筹区域化发展，将党建与治理相结合，通过小组负责人和党员身份合理"入场"，深入村民生活领域，拉近党群关系，并合理利用村民的"面子"意识，以拉家常方式了解村民对乡村发展的想法，动之以情、晓之以理，促使村民行动起来。二是"两委"干部与企业管理层双向嵌入、交叉任职，引领机制规范化。针对个别难以沟通的村民，党员帮助其解决各类困难，并进行行动示范。

（二）坚持绿色循环产业，保障乡村持续发展

为补齐传统乡村产业发展"缺技术、缺资金、缺门路"的短板，马岭村以公司和品牌作为对外招商引资、签订合作协议的市场主体，采取外引内扶方式，先后引进五家企业，扶持村民创业。

首先，优化产品质量，发展定制农业。注册"泰康源""马嘉领""马岭优谷"等品牌，对接市场需求，实行品种定制、私人定制和订单生产，并与湖北省奥林匹

克体育中心签订直供协议,以电商为媒介,以农村综合体验店为依托,以私人定制方式确定生产规模,推广马岭品牌原生态优质农副产品。

其次,坚持绿色生态,发展循环农业。建设标准式大棚、玻璃温室,引进花卉种植,将高岗坡地建成特色苗木生产基地,做到四季有花、四季有果。其中,武汉城市圈项目投资600万元,支持120亩蔬菜大棚;利用羊粪转化的沼气、沼液、沼渣种植有机蔬菜和花卉苗木,将水稻等农作物秸秆加工成生物饲料,探索"羊—沼—菜""羊—沼—林"等循环生产模式,全面提升了农业废弃物资源化利用率,有效改善了村庄生态环境,提升了产业附加值。

最后,实现多产融合,发展创意农业。依托前期一、二产业生产布局,培育和挖掘乡村旅游文化元素,发展"休闲农业""观光农业",创建生态型健康养生文化产业园,围绕"食、住、行、游、购、娱",完善乡村旅游服务,拓宽农副产品销售渠道。

(三)完善利益分配机制,实现村民共治共享

首先,民宅统一规划。村民通过提交申请表,自愿选择是否集中居住,村集体按统一建筑风格和标准施工,并采用"抓阄+车库+装修补贴"等措施,对住房进行公平分配,村民可以免费入住。政府通过1万亩国土整治项目支持建设3条小区道路与1800米下水道,利用迁村腾地增减挂钩项目给予村民拆迁补助260万元,林业局补贴村庄绿化约80万元。

其次,村民全员入股共建共治。村企合一,通过入股激发全体村民的建设热情,村民以现金和土地两种方式入股,由合作社集体经营土地。农民既是村民也是股东,每年可获得土地租金及股份分红,还可自愿选择留在合作社工作领取薪酬。对剩余的集体资产,如近千亩闲置水面、近千亩林地等都实行股份制,将资产股份量化到集体成员个人,实现村庄全域资源股份化,让每位股东都享受到集体红利。

最后,村民集中养老共享红利。对于村民来说,公司经营土地,村民务工经商,坐收红利两不误。村民人人关心集体,个个参与管理,凸显了社会主义制度的优越性。通过兴建老年休养所,对60岁以上老人实行免费集中供养,享受"三统一、三集中"(即统一安排、统一负担基本医疗费用、统一购买商业保险,集中组织文化体育活动、集中开展志愿者联谊活动、集中建立视频交流平台引导亲情交流等)服务,大大提升了村民的幸福指数。

三、成效

(一)产业发展成效

截至2021年底,马岭村已建成黑山羊圈舍13间,总面积达1万平方米,投产标

准冬暖式蔬菜大棚35个、钢架大棚120个、玻璃温室1栋、智能连体大棚3000平方米，现代温室连体大棚20亩。种植内生菌抗氧化有机营养米500亩，养殖泥鳅、虾200亩，并将800亩高岗坡地建设成为特色苗木生产基地。通过"羊—沼—菜""羊—沼—林"的循环生产模式，真正做到品种生态无污染、资源循环无浪费、产品质量绿色环保。每年可生产牛羊专用饲料2万吨，解决近万亩农作物秸秆焚烧带来的空气污染问题。获得湖北省肉羊标准化示范场、荆门市放心蔬菜基地、荆门市生态蔬菜示范基地等荣誉称号，还成为湖北省奥林匹克体育中心的战略合作伙伴，CEB抗氧化营养大米被选定为"航天员专供大米"和"国家运动员专供大米"。十年来，马岭村发展肉羊养殖、反季大棚蔬菜、水稻、优质稻、水产养殖、花卉苗木、秸秆饲料和生物燃料、乡村旅游的产值累计达到16843.4万元，从2011年单一水稻种植的546万元到2021年多元化特色经营的2225万元，增长幅度达307.5%。马岭村十年产业年总收入统计如图15-1所示，马岭村2021年主要产业收入统计如图15-2所示。

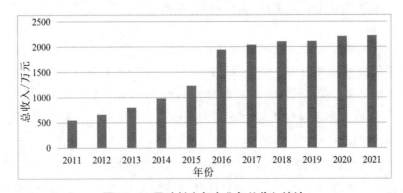

图15-1 马岭村十年产业年总收入统计

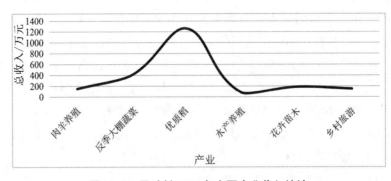

图15-2 马岭村2021年主要产业收入统计

（二）人居环境成效

截至2021年底，全村90%的村民已经搬迁，社区内住房超过170户，水、电、路、宽带配套齐全；修建公共卫生间250平方米、污水处理池2个，埋设污水管道近

8000米，污水处理率达到100%；投资建设农村垃圾处理设施和场地，实现了村庄垃圾统一回收处理；建设党员群众服务中心1200平方米、运动场地6000多平方米、文化广场5800平方米，栽植各类景观树30000多棵，公共绿化和道路绿化面积超过50000平方米，初步形成千亩花海，实现全村亮化、净化与美化。党员群众主动参与美丽乡村建设、应急互助救援等活动548次，有40户被评为村级"十星级文明户"。近十年全村无一人上访闹事，无一人违法违纪，村庄和谐幸福、村风文明向上、村民安居乐业。

（三）收入增长成效

截至2021年底，马岭村年吸纳就业人员120余人，带动农民就业，人均年纯收入增加到3万元，村集体年收入从原来负债90万元到现在增收200万元。兴建老年休养所2200平方米，免费供养60周岁以上老年人近50人，通过"三统一、三集中"服务，彻底解决了留守老人和孤寡老人的后顾之忧，大大提升了村民的幸福指数。2011—2021年马岭村人均年纯收入增长如图15-3所示。2011—2021年马岭村集体收入增长如图15-4所示。

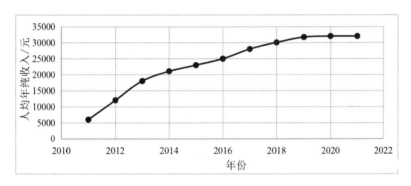

图15-3　2011—2021年马岭村人均年纯收入增长

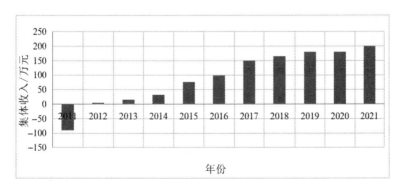

图15-4　2011—2021年马岭村集体收入增长

（四）社会影响成效

马岭模式得到了湖北省委省政府、荆门市委市政府、京山市委市政府的肯定和高度重视，各级领导与学术专家多次实地调研，并予以实践指导。近年来，马岭村先后获评全国先进基层党组织、全国乡村治理示范村、湖北省先进基层党组织、湖北省宜居村庄、省级生态村、湖北省休闲农业示范点、湖北省美丽乡村建设示范点、中国美丽乡村百佳范例、最美村镇乡村振兴榜样奖、湖北省美丽乡村建设特别贡献奖、湖北十佳美丽乡村提名奖等。马岭村现为武汉大学经济管理学院实习基地、中南民族大学经济学院学生实习基地、华中师范大学湖北经济与社会发展研究院农业经营机制创新示范基地、荆门市返乡创业示范园、荆门市干部教育现场教学基地。

四、经验与启示

马岭村的发展经验和模式，为我国69万多个行政村全面推进乡村振兴中的农民土地流转、农村集体产业化经营、公司化管理、农民当地就业、农民退休养老、集体产业持续性经营等提供了实例借鉴；为"十四五"时期抓住农业农村现代化的重要战略机遇，加强前瞻性思考、全局性谋划、战略性布局、整体性推进，以更高的站位、更大的力度、更实的举措，推进中华民族伟大复兴的"三农"持续发展提供了有益经验与启示。

（一）筑牢乡村振兴之"垒"——党建引领，坚持共治共享

一是加强基层党组织建设，激发村干部做事的热情，实现基层有组织、有制度，提升乡村治理能力，推动乡村治理的理念、制度与实践创新。二是以群众面临的困难为导向，积极回应群众需求，解决群众最烦心、最揪心、最操心的实际困难，调动各方积极性，通过深入访谈、实地调研等了解群众实际难题，有针对性地提出解决方案，发挥协同共治的治理效能。三是引导乡村群众积极建言献策，参与乡村治理，共享乡村振兴成果。乡村群众扎根乡村，能够发现党组织发现不了的问题、能够掌握党组织掌握不了的情况。集民意、汇民智，才能集中力量办大事，要切实发挥乡村群众的聪明才智，增强决策的可实施性。实践证明，组织振兴是乡村振兴的根本保障，只有将基层党建与乡村振兴深度融合，充分发挥基层党组织的战斗堡垒作用和基层党支部的领头作用，破除以往乡村治理中二元治理的弊端，让乡村群众、社会团体、乡贤力量纷纷加入建言献策的队伍，才能构筑乡村共治良好局面，凝聚乡村振兴强大合力。

（二）夯实乡村振兴之"基"——产业融合，增强发展动力

产业兴旺是乡村振兴的关键，产业振兴能促进农民增收、农业发展和农村繁荣。马岭村在推动产业振兴上，采取了以下有效措施。一是注重改革创新，加快农村集体产权制度改革，将农民的承包地全部流转到公司，统一规划、种植，进行规模化、集约化经营，最大限度地释放土地效应，实现农民的增产增收。二是坚持因地制宜，根据不同情况规划不同的产业，宜种则种、宜林则林、宜旅则旅，形成蔬菜生产区、果品生产区、苗木区和乡村旅游示范区。三是通过与知名企业合作，着力于优化第一产业，在第一产业的基础上大力发展第二、三产业，延长农业产业链，提升农业价值，促进三大产业融合发展。实践证明，通过创新机制，激活农村生产要素，因地制宜地规划发展产业，促进三大产业融合发展，才能实现产业振兴，为乡村振兴注入源源不断的动力，实现农民经济富裕，农村长远发展。

（三）打造乡村振兴之"军"——外引内培，激发人才活力

人才振兴是乡村振兴的关键力量。马岭村本着"人才是第一资源"的理念，充分激发人才活力，为推进乡村振兴提供坚实的人才支撑。一是吸引外出人才返乡创业，出台一系列鼓励返乡创业的优惠政策，在资金支持、融资担保、土地使用等方面予以保障与支持，加强农村建设，深挖农村发展潜力，增强农村发展动力。二是培育新型职业农民队伍，致力于培养一支"懂农业、爱农村、爱农民"的农村人才队伍。结合当地农业发展实际，对农民进行培训，采取"理论授课+基地实训+跟踪回访"的系统化培训方式，全方位提高参训人员的水平，培育一批新型职业农民，助力乡村振兴发展。实践证明，乡村人才振兴必须改变人才由农村单向流向城市的状况，要吸引走出去的人才把经验、技术、资本带回农村，促进农村的发展。要破解农村人才瓶颈制约，实现乡村人才振兴，不仅要注重引进人才，更要着眼于培育本土人才，提高本土人才的发展内生动力与技术水平。

（四）传承乡村振兴之"魂"——培育文明乡风，打造文化乡村

文化振兴是乡村振兴的灵魂。马岭村始终坚持物质文明与精神文明共建。一方面，大力弘扬中华民族传统美德，制定村规民约，教育引导村民勤劳向善、仁爱孝悌、诚实守信，注重发挥先进模范的引领作用，建立"积分管理"创评表彰活动、促使乐于奉献的村民不断涌现，形成了家庭和睦、邻里和谐的良好乡风。另一方面，注重培育和发展现代乡村文化，健全农村公共文化服务体系，引导村民开展积极向上的文化活动，在村庄里绘制一面面以社会主义核心价值观为主题的文化墙，营造

浓厚的文化氛围，使村民在丰富的文化体验中树立正确的价值观，形成良好的道德理念。实践证明，乡村文化在维系乡村社会稳定、和谐，凝聚乡村民心方面起着重要作用。乡村文化振兴根在传承、重在创新，既要传承、弘扬中华民族优秀传统文化，又要打造以社会主义先进文化为核心的乡村文化体系，让社会主义核心价值观深入人心。只有培育文明乡风，打造文化乡村，才能提振乡村的精气神，使乡村焕发文明新气象。

（五）塑造乡村振兴之"形"——绿色发展，打造循环经济

生态振兴是乡村振兴的绿色支撑。马岭村在生态振兴方面，做了如下努力。一是除脏治乱，改善人居环境质量。拆除旧房危房，集体规划设计联栋住房，改善村民的住房环境；积极推进农村垃圾治理、厕所粪污治理、农村生活污水治理，实现污水全收集、管线全入地、改厕全覆盖，改善村容村貌；按照"六有"标准建设公共服务设施。二是造绿添彩，对村庄、道路进行绿化建设，串点成线，将"盆景"变成"风景"。三是业态融合，使农业与旅游、文化、康养等产业融合发展，在生态改善的同时，促进产业的发展，实现"农民富"与"农村美"的有机结合。实践证明，只有坚持绿色发展，推进生态文明建设，才能用"生态美"换来"百姓富"。

第二节 阳新县王英镇仙岛湖旅游助力乡村振兴发展案例

阳新县王英镇有着天然的旅游资源——仙岛湖，它是世界三大千岛湖之一。这里湖面秀丽、水清鱼肥，风景美不胜收，是个性化度假的优选。王英镇充分依托山水资源禀赋和交通区位优势，加快推动区域转型发展，产业结构升级，大力开展招商引资，盘活闲置资产，优化全域旅游空间布局，完善全域旅游基础和服务设施，促进产品迭代升级，加大品牌营销力度，坚持实施产业化、城镇化"双轮驱动"，落实县域战略部署，扎实推进王英镇旅游经济高质量发展，擦亮文化旅游新名片，全面推进乡村振兴。

一、挑战与问题

王英镇曾经是国家级贫困乡镇，辖区多为山区和库区，交通不便、信息闭塞，集体经济薄弱。20世纪60年代国家兴修水利工程，筑坝截水，建成了规模宏大的王英水库，王英镇辖区内三座大山和一个水库占据了大部分的面积，百姓可耕作的土地微乎其微，从而导致农业薄弱。加之王英水库是省级饮用水源保护地，是大冶、

阳新、咸宁等多地的重要饮用水源，因此，加强仙岛湖生态环境保护，确保水质安全，是关系到阳新县乃至整个黄石市长远发展、绿色发展的根本性问题。

二、项目实施

2014年至今，王英镇党委、政府高度重视仙岛湖旅游发展，充分践行"两山"理念，坚持在上层建筑上做科学规划，引领景区高质量发展。筑牢生态屏障，加强水资源生态环境保护，高起点、高标准推进全镇旅游资源开发，使得全域脱贫攻坚取得实效、旅游业核心地位稳固。经过系列项目的规划和实施，王英镇呈现经济高质量发展、生态文明建设成效显著、基础设施提档升级、社会治理能力显著提升的向好局面。

（一）发挥党建引领作用，提升乡村治理水平

1.坚持抓党建、促乡村振兴

王英镇充分发挥各级党组织龙头作用，持续增强农村基层党组织"造血"能力，积极探索决策共谋、发展共建、建设共管、效果共评、成果共享的方法和机制，团结各方力量，筑牢民生根基，乡村治理工作取得重大突破，实现美好生活共同缔造。王英镇党委、政府组织"共同缔造"观摩学习活动，十个村一条龙当面学、互相评，最后在总结调度会上进行总结，取长补短，互相借鉴。采用"基层党组织+驻村工作队+志愿服务队"的共同缔造模式，构建"纵向到底"的组织体系框架，通过驻村第一书记的护航指引及乡贤联谊分会、巡逻队的服务转化，提升乡村治理水平。

2.打造先锋党建，践行"两山"理念

王英镇党委、政府高度重视仙岛湖旅游发展，明确将王英水库里的一湖清水视为脱贫致富、带动经济发展的最好资源。为保障景区安全有序的开放环境，王英镇党委、政府成立了以镇党委书记为总指挥长、镇长为副指挥长、其他班子成员为组长的工作小组，在节假日与黄金周，全体党员干部取消休假，协调县公安、交警等部门，投入到重点区域巡逻防护、景区景点旅游秩序维护、安全隐患排查排除等一线岗位，时刻保持"在岗位、在现场、在状态"，责任到人，使命在身，尽全力确保景区安全稳定。在游客高峰期，党支部发挥了先锋模范作用，成立党员先锋队，设立流动示范点，开展旅游咨询、景区讲解、文明旅游劝导和维护旅游秩序等服务活动，在党旗飘扬的同时让游客感受到温暖的服务和安全的力量。

3. 惠及民生，共享旅游发展红利

2018—2022年，350多万人次打卡仙岛湖，王英镇累计旅游综合收入达9亿元，镇上有3000多人吃上了"旅游饭"。

（二）筑牢生态屏障，加强水资源生态环境保护

水资源生态环境是王英镇发展旅游业的根本，王英水库的水质好坏，直接影响大冶市、阳新县、咸宁市3个城区26个乡镇场，共计230多万人口的饮用水安全。王英镇以"生态优先，绿色发展"为主要思路，坚持"绿水青山就是金山银山"的理念，加大生态修复和环境治理力度，守住自然生态安全边界，落实生态补偿机制，加快经济社会发展全面绿色转型，维持饮用水源地的良好局面。

为了保护王英水库生态环境，改善湖区水体质量，王英镇出台水库水质保护方案，在一级、二级和标准级保护区范围内杜绝任何旅游资源开发和建设行为，严禁库岛耕种，严控上游养殖；加大库岛绿化、封岛停耕力度，让库岛全部披上了绿装；增设水库巡查常态化措施和长效清捞管护机制，重点打击非法排污、设障、捕捞、养殖、采砂、倾倒废弃物和非法填库等活动，不断推进水源地保护管理和环境改造工作；持续开展"清流行动"，加大垃圾收集、清运力度，并将其纳入城乡环卫一体化体系，实现集中、无害化处理，从根本上改善居民生活卫生环境。王英镇多措并举维护生态平衡，切实守护一库清水。

（三）依托区域优势，加速推进旅游经济快速发展

王英镇依托区域优势，构建全域旅游战略布局，从"一、十、百、千、万"（即护一湖清水、亮十里长廊、育百里乡风、种千亩水果、栽万亩新茶）五个方面努力，以实现文旅、农旅多维度融合发展。

1. 优化全域旅游空间布局

王英镇按照"三山嵌一湖、一环串九区"旅游空间布局结构，整合优势资源，统筹推进王英、国和、东源三大片区发展：王英片区重点加强车前、王英、高山、泉丰、新屋、鲁山等沿线村建设，依托旅游核心区优势，建成集生态旅游、健康度假于一体的生态休闲旅游带；国和片区利用食用菌基地和蔡贤河沿线农旅资源，建成集果、桑、林多元发展的特色观光农业示范带；东源片区以发展万亩茶园为生态保障，依托王平将军纪念园、大湖红色旅游一条街和王文无名烈士纪念碑等资源，

建成集茶旅融合、党史教育和生态保护于一体的红色文化体验带，实现"一心两翼、三带联动"的战略布局。

2. 高标准推进全镇旅游资源开发

仙岛湖持续向创建国家5A级旅游景区目标不断迈进，以高标准建设全域旅游示范区。除此之外，王英镇充分挖掘本地旅游资源特色，培育优质多元的文旅产品，形成以文化艺术、休闲运动、商务会展为主题的湖岛休闲度假品牌，以及以观光体验、乡土旅游产品为补充的大众旅游产品体系；深度挖掘自然、人文旅游资源，拓展文旅多元融合维度，提升旅游品质和旅游全行业服务水平，促进仙岛湖旅游特色小镇发展。王英镇从多维度、多角度、多方面做活农、文、旅、体、康融合文章，激活乡村振兴"一池春水"。

3. 创新利益联结机制

王英镇进一步扩大招商引资规模，引入社会资本。2019年天空之城景区开放，成为仙岛湖景区一个新的"网红"旅游打卡地，辖区内29个村集体利用扶贫资金入股湖北天空之城旅游开发有限公司，聚合发力，开启村企合作新模式。天空之城景区将景区收入按照村集体入股比例每年进行分红，分红资金的80%用于村里脱贫户、监测户以及低收入家庭补差，通过公益性岗位方式发放，另外20%用于巩固脱贫攻坚成果、补短板设施项目建设。2020年以前，王英镇29个村集体入股天空之城，每年分红152万元。受新冠疫情影响，2020年以后，每年分红135万元。截至2022年，该景区共有员工130人，90%以上为当地村民，对当地脱贫攻坚起到了至关重要的作用。仙岛湖景区内各景点企业作为镇级工作队，到各村驻点，进行对点帮扶，为有效实现巩固拓展脱贫攻坚成果与乡村振兴有效衔接注入新的力量。

三、成效

（一）脱贫攻坚成效

随着旅游业的不断发展壮大，旅游产业带动群众致富增收成效显著。截至2022年底，王英镇所辖的29个行政村，辖区户籍人口约6万人，共有建档立卡脱贫户2272户7568人，已全部脱贫出列，群众认可度超过98%。建档立卡初期，人均可支配收入不足5000元。自2019年复牌营业以来，仙岛湖及天空之城景区累计接待游客400余万人次，旅游综合收入突破8亿元，全镇共计发展农家乐近400家，土特产商户150余户，3000余人直接或间接从事与旅游相关的产业，王英镇的农民人均年纯收入也从2000年的1272元增长到2019年的19000元，上涨了近14倍，实现了良好的经济效益和社会效益，旅游核心产业红利不断释放，仙岛湖成为黄石全市旅游产业发展名副其实的"名片"。

王英镇依托文旅融合、农旅融合，于高山村新建采摘园520亩，发展黄金芽茶叶基地160余亩、生态垂钓基地140亩，新开发农家乐38家，其中四星级农家乐1家。开发"仙岛紫红"蓝莓酒、桑葚酒、杨梅酒等特色旅游名优产品3种，年产销1600箱，带动群众增收致富，走出了一条"旅游+扶贫"的良性发展之路。

（二）利益联结成效

2018年，王英镇整合27个村，投入700万元扶贫资金发展食用菌种植专业合作社；2018—2020年整合全镇29个村，投入1549.7万元资金入股天空之城景区，按照13%比例进行逐年分红；通过"旅游+食用菌+光伏+自主产业"发展模式，所有村集体经济均达到10万元，部分村达到30万元，实现贫困户产业分红全覆盖，旅游经济及红利实现共建共享。

（三）社会影响成效

2019年，天空之城景区核心景点"天空之镜"成功创造吉尼斯世界纪录；2019年，天空之城景区获评"2019年湖北旅游新地标"，湖北天空之城旅游开发有限公司董事长周现金荣获年度"旅游风云人物"；2020年，天空之城景区荣获"2020博鳌国际旅游奖年度精品目的地大奖"；在外交部湖北全球特别推介会上，天空之城景区作为湖北旅游新名片备受全球瞩目，仙岛湖景区被评为2020年度湖北旅游行业传播力十佳景区（景点）。近些年仙岛湖获得的众多荣誉极大地增强了当地群众的文化自信，让文化自信成为推动乡村振兴的内生动力，带动乡村各项事业的发展。

四、经验与启示

一是坚持"党委重视、政府主导、部门联动、市场运作、社会参与"的旅游发展模式。创新思路，创新举措，整合村集体的扶贫资金集中入股旅游开发企业，创新村企合作新模式，让旅游经济及红利有效带动村集体和群众增收致富。利用旅游企业开展结对帮扶，实行驻村责任制，拓展帮扶力量，进一步确保乡村振兴各项惠民政策真正落到实处，真正惠及群众。

二是确立旅游业在经济发展中的主导地位。以旅游产业发展为核心，坚持规划引领，按照5A级旅游景区标准完成旅游码头、生态停车场、游客接待中心、旅游标识系统等配套设施建设,推动文旅融合发展,提升旅游品质和旅游全行业服务水平,推动仙岛湖向创建国家5A级旅游景区目标不断迈进,高标准建设全域旅游示范区。依托核心旅游区,稳步推进仙岛湖游客换乘中心建设,破解景区接待能力难题,打造黄石旅游业发展新亮点。

三是形成有效的利益联结机制。充分遵循"创新、协调、绿色、开放、共享"的新发展理念,建立健全"共建、共治、共享"的发展模式。仙岛湖景区和天空之城景区自建成并对外开放以来,吸纳和带动了当地群众就业和创业,特别是为本地脱贫户提供了稳定的工作岗位,让脱贫群众实现了就业增收。此外,这两个景区每年都会接待数以万计的游客,尤其是"五一"小长假和"十一"黄金周,丰富的游客资源促进了王英镇当地农家乐、农庄、土特产销售产业的蓬勃发展。王英镇在文旅融合方面成功打造了特色农产品一条街、楹联一条街和古建一条街,在吸引游客消费的同时为村民创造了实实在在的财富。

第三节 姚家山村以"红"带"绿",引领"武汉抗战第一村"致富案例

湖北省武汉市黄陂区姚家山村位于大别山南麓,距武汉中心城区98千米,是武汉最偏远的山村之一。姚家山村曾是新四军豫鄂挺进纵队司令部、政治部和中共豫鄂边区党委机关所在地,是"皖南事变"后新四军第五师1941年三次东进时的军事指挥中心,是新四军第五师暨鄂豫边区指挥中心移驻大悟白果树湾后边区的重要后方基地和重要活动发生地,被誉为"武汉抗战第一村"。李先念、郑位三、任质斌、陈少敏等曾在此生活和战斗。在土地革命时期,姚家山地区有23名烈士为了民族的解放和人民的幸福,义无反顾地参加了革命,用鲜血和生命谱写了一曲曲壮丽的英雄赞歌。但是,2012年以前,姚家山村还是个交通不便的贫困村,村民们大多靠山吃山,以种田、外出打工为生。2012年,在黄陂区委、区政府的支持下,姚家山村外出创业成功人士回到家乡,投资开发红色旅游和生态旅游,探索"红+绿"致富之路:依托红色文化打造"武汉抗战第一村"——姚家山村;依托绿色资源重点打造"武汉湿地第一谷"——香溪谷。

一、项目实施措施

(一)构建"红+绿"模式,打造红色美丽村庄

2012年,武汉市黄陂区政府筹划打造"武汉抗战第一村",景区一期建设总计投

入1.8亿元。历经3年建设，2015年3月28日，红色乡村和绿色溪谷景区开园；同年8月15日，纪念抗战胜利七十周年红色陈列馆开馆，逐步建成集红色教育、绿色旅游、美丽乡村于一体的综合性景区。2021年，姚家山村对村湾环境进行了全面整治，新建了红色文化广场和听党课、学党史的红色大讲堂；武汉产业投资控股集团有限公司帮助姚家山村建成了包括红色影像体验馆、红色歌谣体验馆等数个场景在内的"红色经典体验街"；成立了由革命后代、党员志愿者等20余人组成的"红色宣讲团"；姚家山村给每家每户发放《姚家山革命故事文选》，通过通俗易懂的语句和生动形象的连环画，实现人人了解红色故事、人人能讲红色故事。

（二）校企村三方联动，助力"国企联村"

姚家山村是武汉市委组织部、市国资委第一批"国企联村"基地，武汉产业投资控股集团有限公司在这里投资建设了"红色经典体验街"，其以"红色美丽村庄"为核心，聘请专家团队挖掘红色资源，研发了一批红色文艺节目、红色教材、红色课程，建成了包括红色老书体验馆、红色影像体验馆、红色歌谣体验馆、红色手工体验馆等数个场景在内的"红色经典体验街"，助力姚家山村成为重要的革命传统教育基地，让红色基因代代相传。同时借助高校智库力量，由武汉纺织大学、湖北科技职业学院等高校多个群团组织通过文化赋能乡村，成立"植蘭香溪"非遗工作坊、"非遗特色学校"等，结合该村红色旅游资源开发非遗产品，助力姚家山"红色经典体验街"沉浸式旅游体验升级，校企村三方联动助力姚家山村成为创新模式，受惠村民300余人，各大企事业单位通过红色体验馆创新党建教育形式，惠及近万人。

（三）加强劳动力转移培训，运营文创打造乡村品牌

为了进一步提升红色经济发展质效，村"两委"依托姚家山村红色旅游和教育培训平台，对村民进行后勤、安保、保洁、讲解等岗前培训；依托"国企联村"行动，借助武汉纺织大学相关资源开展绣娘培训，帮助留守妇女创业就业、建立工坊并开发文创产品。团队根据姚家山村特色制作了汉绣产品，并与当地"姚山红"品牌联名进行宣传、推介和销售，极大地丰富了当地的旅游文创产品。通过培训相关知识，尝试带领姚家山村村民使用新型数字媒体技术，将姚家山村文创产品、特色农产品推广宣传出去；同时举办成果展览，让红色文化得到有效传承。

（四）完善利益分配机制，实现村民共同富裕

姚家山村坚持以红色文化带动乡村产业振兴，在黄陂区委组织部指导下，姚家

山村升级旅游产业链，积极探索党支部领办合作社模式，组织村集体和群众以空闲房屋、土地、资金、劳动力等入股，发展旅游观光、农家乐等产业，引导村民发展特色小商业、文化创意等服务业，切实将红色文化引力变为产业发展动力。同时，对整个村庄的老房屋进行统一规划，集中新建，对整个村庄和文物建筑群进行原貌修复，修建公共设施，改造管道，拓宽道路，从而提升村民的居住环境，保障村民的居住权益。

二、成效

（一）旅游产业发展成效

黄陂区政府依靠自身投资和利用社会资本打造了"武汉抗战第一村"（姚家山村）、"武汉湿地第一谷"（香溪谷）、红色乡村景点（新四军第五师司政机关大礼堂旧址、后勤部旧址、参谋部旧址、印刷厂旧址、枪械所旧址、医务室旧址）、2个红色文化广场、1个党史教育广场和1条红色经典体验街，建成集红色教育、绿色旅游、美丽乡村于一体的综合性景区。姚家山村年均游客量超20万人次，年创收益600万元，有效解决了村民就业问题。同时带动旅游周边产业，创建完成了姚家山荆蜜、姚家山面、姚家山茶等"姚山红"文旅产品的创作设计，形成了一批独具特色的农家产品，提升了品牌价值。姚家山村在发展旅游产业的同时积极探索发展观光农业、特色民宿等相关产业。截至2020年，全村共开办农家乐、民宿和土特产店达37家，农家乐年均收入15万元以上。

（二）人居环境成效

姚家山村对村湾环境进行了全面整治，对整个村庄和文物建筑群进行了原貌修复，对文物旧址进行了精心布置和复原陈列。同时对乡村道路进行了改造升级，升级之后，5米宽的柏油路绕村而行，湾内方块石板路户户相通。此外，将村内排水管网重新规划铺设，新建污水处理厂，建设农村垃圾处理设施，保证村庄环境干净整洁。

（三）收入增长成效

随着姚家山景区的发展，村民们也吃上了"旅游饭"。景区为村民提供了大量就业岗位，在职员工中有60%是当地村民；景区盈利后每年会按照约定给村民分红，景村一体，欣欣向荣；村民自发经营农家乐、民宿和土特产店。2012—2021年，姚家山村人均年收入从7869元增长至26300元，如图15-5所示。

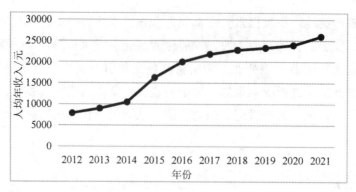

图15-5 2012—2021年姚家山村人均年收入

（四）社会影响成效

随着"红+绿"模式的成功推行，姚家山村先后被湖北省列为省级文物保护单位、省级国防教育基地、党员干部现场教学基地，还入选2020年度美丽乡村建设试点村名单，成为2021年度全国"红色美丽村庄"建设试点村。

三、经验与启示

（一）强化基层党组织建设，统筹红色资源空间布局

有效开发和利用红色文化资源，实现乡村振兴，可以从以下几方面入手。

首先，必须充分发挥党组织的领导作用。优化村级党组织班子、组织开展党组织生活会等，可以促进党员干部分析和解决问题能力的提升，使基层组织存在的边缘化和虚化问题得到有效解决。同时，广大党员干部也要以身作则，以高度的思想自觉和行动自觉当好红色资源开发的保护者、开发者、创新者、宣传者，在红色文化资源开发中协调和兼顾各方利益，更好地发挥红色文化资源开发的社会综合效益。

其次，要建立长效管理机制。红色资源保护对象可以具体到物化形态，既包括有形的物质文化遗产，也包括无形的革命故事、标语口号等非物质文化遗产。在主体和责任方面，成立红色资源保护与开发领导机构，以实现对红色资源的有效统筹，对各方主体的责任和义务加以明确，在此基础上建立系统的红色资源保护机制。

最后，要统筹红色资源空间布局，创新合作机制建设。一方面，妥善处理老区建设与自然生态、红色资源保护的关系，对乡村布局进行合理调整，构建疏密有度、错落有致的空间格局；另一方面，培育具有地方特色的文化产业集群，推动区域合作。

（二）坚持绿色发展理念，以绿水青山培育金山银山

乡村旅游发展可以促进资本、技术和文明在城乡间流动，为乡村地区的建设、发展与振兴注入更多的活力。但是，传统的旅游发展模式往往由于过度注重短期效益、过度使用当地资源、破坏地方生态环境等而受到质疑，绿色发展理念则始终以保护地方资源和文化为基础，倡导一种可持续的发展方式。姚家山村在进行旅游开发的同时，尊重当地村民的利益诉求和生活习惯，对整个村庄的老房屋进行统一规划，同时对整个村庄和文物建筑群进行了原貌修复，修建公共设施，改造管道，拓宽道路，缓慢而有节制地将现代元素融入当地的风土人情之中，确保村落原有景观风貌的延续性，通过优美风光和特色人文创造了独特的"红+绿"模式，以生态振兴有效推动乡村振兴。

（三）因地制宜文旅融合，品牌助力乡村振兴

乡村振兴的总体要求"产业兴旺、生态宜居、乡风文明、治理有效、生活富裕"充分诠释了以人民为中心的发展思想，而产业兴旺是乡村振兴的重点，是实现共同富裕的基础。姚家山村以旅游产业为支柱，不仅体现出乡村环境之美，还展现出人文之美，将产业升级转型，形成品牌价值。姚家山村拥有得天独厚的红色资源，这种独特的地情文化资源在全面推进乡村振兴过程中起着非常重要的作用，将红色资源的开发利用和乡村地区的组织、生态、产业、文化等结合，可以提高红色资源的利用率，协同推进乡村组织振兴、文化振兴、产业振兴、生态振兴，实现乡村经济社会的多元化发展。因此，有效地将地情文化资源与旅游产业融合是姚家山村全面推进乡村振兴的重要突破口。

乡村要找到适合自己发展的道路，就要充分利用个性化、多元化乡村文化，而地情文化资源正是个性化、多元化乡村文化的载体。地情文化资源是因地制宜推进乡村发展的重要资源，只有在不同地区采取不同的措施，才能真正实现乡村文化振兴、乡村产业振兴。2017年，中共中央办公厅、国务院办公厅印发《关于实施中华优秀传统文化传承发展工程的意见》，明确要求做好地方史志编纂工作。2018年，中共中央、国务院印发《乡村振兴战略规划（2018—2022年）》，明确提出鼓励乡村史志修编。因此，无论是文化振兴还是乡村振兴，地情文化都是重要的组成部分，也是乡村公共文化服务体系中不可或缺的一部分。总之，因地制宜地使用地情文化资源进行文旅融合，不仅能打造特殊的旅游品牌，也有助于实现其转型升级。

（四）注重人才培养，为乡村振兴提供根本支持

人才振兴是乡村振兴的关键力量。其一，邀请文化旅游专家、高端人才等建立文化旅游发展智库，积极推动智库专家参与重大决策。坚持文化旅游招商引资与人才引进相结合，引进文化旅游领域领军人才、高端人才、高层次人才、急需人才及其团队和项目。通过高端人才、新型人才引入新技术、新想法，改变单调乏味的红色旅游单线路，赋予当地红色旅游新生机。其二，加强农村剩余劳动力的转移培训。姚家山村"两委"利用教育培训平台和高校力量对村民进行农村职业培训，能够很好地满足村民对受教育的渴望，提升农民自身职业技能水平；能够很好地促进农村转型，打造社会主义新农村，实现农业可持续发展；能够在很大程度上提高城市化水平和国家工业生产能力；能够为"三农"问题的解决提供很大的助力。其三，乡村环境的改善、资源和文化价值的重塑、地方品牌形象的建立和乡村产业的兴旺发展提高了农民对乡村地区的认同和依恋，使更多的本地人才留在乡村、更多的年轻人返乡创业。

参考文献

[1] 贺雪峰，桂华.从乡村全面振兴看中国式现代化的推进之路——贺雪峰教授访谈[J].学术评论，2024（1）：16-24.

[2] 李丹阳，钟楚原.乡村产业振兴中"内外联动"而"内不动"问题探析——基于A省S市驻村第一书记帮扶实践的田野调查[J].中共福建省委党校（福建行政学院）学报，2023（6）：128-137.

[3] 肖新建.深刻认识和把握人与自然和谐共生的现代化[J].当代世界，2023（2）：55-60.

[4] 胡惠林.乡村文化治理能力建设：从传统乡村走向现代中国乡村——三论乡村振兴中的治理文明变革[J].山东大学学报（哲学社会科学版），2023（1）：50-66.

[5] 郭雅楠.金融支持乡村振兴战略存在的问题及对策[J].现代农业研究，2022（12）：138-141.

[6] 孙竹青.数字经济推动乡村产业振兴的路径研究[J].当代农村财经，2022（12）：20-22.

[7] 黄小倩，沈小强.教育数字化转型背景下乡村教师专业发展策略研究[J].贵州师范学院学报，2022（9）：70-76.

[8] 刘羿良，冷娟.乡村振兴战略下乡村多元主体协同生态治理路径研究[J].云南财经大学学报，2022，38（11）：100-110.

[9] 金丽馥，严家玮.乡村治理体系现代化进程中乡镇政府的角色定位探究[J].农场经济管理，2022（12）：12-18.

[10] 王留鑫，赵一夫.文化振兴与乡村治理：作用机制和实现路径[J].宁夏社会科学，2022（4）：100-105.

[11] 王馨，赵鑫.中国乡村治理模式历史演进及启示[J].三晋基层治理，2022（5）：26-30.

[12] 毕晓燕，沈子华.法治化视角下农业循环经济可持续发展问题与策略[J].农场经济管理，2022（5）：42-45.

[13] 韩广富，叶光宇.从脱贫攻坚到乡村振兴：乡村特色优势产业的战略思考[J].西南民族大学学报（人文社会科学版），2021，42（10）：136-143.

[14] 费孝通.乡土中国·乡土重建[M].北京：生活·读书·新知三联书店，2021.

[15] 江国华，罗栋梁.乡镇政府治理职能完善与治理能力现代化转型[J].江西社会科学，2021，41（7）：203-210.

[16] 颜奇英，王国聘.乡村生态振兴的实然之境与应然之策——基于江苏美丽乡村建设的研究[J].江苏农业科学，2021，49（23）：8-14.

[17] 丘水林，靳乐山.生态保护红线区人为活动限制补偿标准及其影响因素——以农户受偿意愿为视角[J].中国土地科学，2021，35（7）：89-97，116.

[18] 靳伟，裴淼，董秋瑾.文化回应性教学法：内涵、价值及应用[J].民族教育研究，2020，31（3）：104-111.

[19] 黄晓霓，张星星.决胜全面建成小康社会的决定性成就[J].当代中国史研究，2020，27（6）：42-55，158.

[20] 周大众.乡村少年"野性"生命气象的呵护[J].当代教育论坛，2020（4）：103-110.

[21] 徐朝卫.新时代乡村治理与乡村产业发展的逻辑关系研究[J].理论学刊，2020（3）：85-92.

[22] 原贺贺.整村推进背景下村庄分化的政策过程[J].地方治理研究，2020（1）：43-54.

[23] 邱婷.双重经营：农业产业化中的家庭经营及其内在逻辑——基于鲁西南Q村蛋鸡养殖产业的调查[J].农林经济管理学报（社会科学版），2020，19（3）：333-341.

[24] 汤吉军，戚振宇，李新光.农业产业化组织模式的动态演化分析——兼论农业产业化联合体产生的必然性[J].农村经济，2019（1）：52-39.

[25] 公丕祥.新中国70年进程中的乡村治理与自治[J].社会科学战线，2019（5）：10-23.

[26] 何晓璇.乡村土地资源评价对策分析[J].智能城市，2019，5（18）：31-32.

[27] 张紧跟，周勇振.信访维稳属地管理中基层政府政策执行研究——以A市檀乡为例[J].中国行政管理，2019（1）：80-87.

[28] 朱天义,张立荣.新时代农村集体经营何以延续？——政府主导下的连片特困地区乡村产业发展模式比较[J].河南师范大学学报（哲学社会科学版）,2019,46（4）：30-38.

[29] 吴军.农业产业升级下的乡村治理[J].人民论坛,2019（16）：72-73.

[30] 闫春化.扶贫产业落地中"精英帮扶"的实践及内在机理——以辽宁省Z县A村养殖业为例[J].西北农林科技大学学报（社会科学版）,2019（4）：78-86.

[31] 卢青青.资本下乡与乡村治理重构[J].华南农业大学学报（社会科学版）,2019,18（5）：1-10.

[32] 廖彩荣,郭如良,尹琴,等.协同推进脱贫攻坚与乡村振兴：保障措施与实施路径[J].农林经济管理学报,2019,18（2）：273-282.

[33] 王夏晖,王波,王金南.面向乡村振兴 农村环保面临的挑战与对策[J].中国农村科技,2018（2）：30-34.

[34] 刘本斌.临夏少数民族地区高中生公民意识教育的现状分析及对策探讨[J].思想政治课研究,2018（2）：137-140.

[35] 孙玉娟,佟雪莹.推进我国乡村治理现代化的路径选择[J].知与行,2018（1）：21-25.

[36] 佟雪莹.推进我国乡村治理现代化的路径选择[J].知与行,2018（1）：21-25.

[37] 唐超,胡宜挺.村治能人推动农村产业融合探析——基于安徽省夏刘寨村的调查[J].湖南农业大学学报（社会科学版）,2017,18（1）：7-14.

[38] 聂承静,刘彬,程梦林,等.基于区域协调发展理论的京津冀地区横向森林生态补偿研究[J].安徽农业科学,2017,45（33）：168-171,203.

[39] 张蓓.以扶志、扶智推进精准扶贫的内生动力与实践路径[J].改革,2017（12）：41-44.

[40] 王蔷.财政产业项目资金注入集体资产相关利益主体的博弈行为研究[J].农村经济,2017（6）：94-101.

[41] 韦顺国.论乡村文化建设与社会主义核心价值观的培育[J].百色学院学报,2016,29（4）：31-33.

[42] 谢东升,张华.我国乡村治理模式的历史演进及启示[J].现代经济信息,2015（9）：43-44.

[43] 张家军,钱晓坚.论文化回应性教学及其对我国教育的启示[J].比较教育研究,2015,37（5）：87-92.

[44] 刘奇葆.以美丽乡村建设为主题 深化农村精神文明建设[J].党建，2015（9）：18-21.

[45] 王乐.乡村少年"离土"教育的回归——基于"文化回应教育学"的视角[J].湖南师范大学教育科学学报，2014，13（3）：98-102.

[46] 李长吉.论农村教师的地方性知识[J].教育研究，2012，33（6）：80-85，96.

[47] 荀安经.巴蜀地区农村文化建设研究[D].咸阳：西北农林科技大学，2011.

[48] 张荣国.社会主义新农村道德规范的构建[J].农业考古，2009（3）：108-111.

[49] 俞可平.思想解放与政治进步[M].北京：社会科学文献出版社，2008.

[50] 刘铁芳.乡土的逃离与回归——乡村教育的人文重建[M].福州：福建教育出版社，2008.

[51] 国务院法制办公室.中华人民共和国法规汇编（1982—1984）第六卷[M].中国法制出版社，2014.

[52] 李德华.新手教师实践性知识的建构——从教师生活史分析[J].当代教育科学，2005（12）：26-30.

[53] 郭正林.农村权力结构的民主转型：动力与阻力[J].中山大学学报（社会科学版），2004（1）：8-14，122.

[54] 于建嵘.岳村政治——转型时期中国乡村政治结构的变迁[M].北京：商务印书馆，2001.

[55] 王沪宁.比较政治分析[M].上海：上海人民出版社，1987.

[56] 中共中央文献研究室.三中全会以来重要文献选编（下）[M].北京：人民出版社，1982.

[57] [德]卡尔·马克思.法兰西内战[M].中共中央马克思恩格斯列宁斯大林著作编译局，译.北京：人民出版社，1961.

[58] 闻钧天.中国保甲制度[M].上海：商务印书馆，1935.

与本书配套的二维码资源使用说明

本书部分课程及与纸质教材配套数字资源以二维码链接的形式呈现。利用手机微信扫码成功后提示微信登录，授权后进入注册页面，填写注册信息。按照提示输入手机号码，点击获取手机验证码，稍等片刻收到4位数的验证码短信，在提示位置输入验证码成功，再设置密码，选择相应专业，点击"立即注册"，注册成功。（若手机已经注册，则在"注册"页面底部选择"已有账号？立即登录"，进入"账号绑定"页面，直接输入手机号和密码登录。）接着按提示输入学习码，须刮开教材封面防伪涂层，输入13位学习码（正版图书拥有的一次性使用学习码），输入正确后提示绑定成功，即可查看二维码数字资源。手机第一次登录查看资源成功以后，再次使用二维码资源时，在微信端扫码即可登录进入查看。